원씽One Thing 교실

원씽 교실
One Thing

저자
전은주, 김라영, 유성민, 김진오

도서출판
수류화개

추천사

　'미래'라는 단어는 가능성과 도전 그리고 희망의 의미를 품고 있습니다. 특히, 우리 아이들과 매우 어울리는 단어입니다.

　우리 세종시의 선생님들이 전국의 초등학교 선생님들을 미래 역량교육으로 초대하기 위해 참으로 의미있는 책을 펴냈습니다.

　이 책에서 초대하는 교실은 자기조절력 교실, 디지털 리터러시 교실, 자기주도성 교실, 협력 교실입니다. 각각의 교실마다 우리 아이들이 미래사회를 살아가기 위해 꼭 익히고 배워야 할 내용과 방법들을 친절하게 잘 안내하고 있습니다.

　전국의 선생님들이 이 책을 통해 많은 영감을 얻어 자기만의 빛깔나는 교사교육과정을 펼칠 수 있기를 기대합니다. 그래서 우리 아이들 모두가 각자 소중한 빛깔을 뽐낼 수 있기를 희망합니다.

　군맹무상群盲撫象하지 않도록 서로가 서로에게 긍정적 자극을 주고받으며, 집단지성의 힘으로 책을 만드셨다는 네 분의 집필

선생님들의 말씀이 힘 있게 가슴에 와 닿습니다.

　다시 한 번 출간을 축하드리며 앞으로도 우리 아이들을 위해 함께 애써 주실 것이라 굳게 믿으며 선생님들이 진정 희망이고 보물이라는 말씀을 꼭 드리고 싶습니다.

세종특별자치시교육청 교육감 최교진

교사의 한 가지 빛깔교육,
아이들의 삶에 무지개 빛을 띄우다

하나의 관점으로 세상을 꿰뚫어 볼 수 있었던 과거와 달리 다양한 관점과 방식으로 세상을 바라보아야 하는 시대가 왔다. 이러한 변화에 맞춰 교육계는 변화하고 있고, Change Maker로서 교사들은 미래교육의 토대를 마련하기 위해 여러 방면에서 고군분투 중이다.

이 책의 저자 4명도 이러한 움직임에 공감하며 무지개 빛깔처럼 아이들의 삶을 다양하게 채워줄 미래교육을 고민하고자 주 1회씩 만나 다양한 현장의 상황을 나누었다. 4명의 교사들은 이러한 고민들을 공감의 토대 위에 군맹무상群盲撫象하지 않도록 원인을 분석했고, 교육실천가로서 변화를 위해 실제적으로 할 수 있는 노력은 무엇일지 고민했다.

- 미래교육의 대부분이 수업의 통찰이 없는 새로운 기술의 소개로 끝난다.
- 아이들에게 키워주어야 할 역량이 너무 많다.

- 교과목 지식을 중시하는 수업과 학생활동 중심수업 사이에서 갈피를 못 잡겠다.
- 속도가 너무 빠르다 : 코딩 교육의 붐이 지나고 지금은 AI 교육을 위한 에듀테크 형태로 가고 있다.
- 아이들은 자꾸 변하는데, 이러한 변화를 담을 수 있는 환경이 제대로 마련되어 있지 않다.
- 일부 교사들은 공유하고 협력하는 교육과정을 운영할 준비가 되어 있지 않다.
- 수많은 교육 용어, 방법이 나오는데, 어떤 기준으로 교사교육과정을 운영해야 할지 모르겠다.

사회의 변화만큼이나 교육현장에서도 다양한 교육 방법과 기술들이 봇물처럼 쏟아지고 있다. 정보의 홍수 속에서 단순히 콘텐츠를 재생하는 교사에 머무르지 않기 위해서는 다시 한번 본질로 돌아가 과거의 교육을 되돌아보는 과정이 필요하다. 또한 미래를 향한 교육의 방향은 어떠해야 할지를 고민해 보며 실제 변화를 이끌어갈 수 있는 동력을 찾는 통찰의 과정도 요구된다. 이러한 숙고의 과정을 거친 후 저자들은 교육 변화의 기초는 교사에게 주어진 자율성에서 쌓이고, 책임감이 수반된 전문성 위에서 꽃 필 수 있음을 깨닫게 되었다. 이러한 저자들의 통찰은 각자의 수업을 돌아보게 했고, One Thing 미래역량교육을 제안하게 되었다.

One Thing 미래역량교육이란 미래핵심역량 중 공동체의 강점을 살릴 수 있는 역량 한 가지를 택하여 아이들의 배움이 일어날 수 있도록 구성·운영하는 교사교육과정이다. One Thing 미래역량교육은 긍정심리학에 기반한 강점 교육이고, 한 가지의 교육 효과가 청향만리清香萬里하여 다른 교육적 효과도 이끌어낸다는 원리를 품고 있다. 더불어 교사와 아이들이 함께 빚어낸 한해살이 빛깔이 아이들의 이후 삶 속에서 지속적으로 빛을 낼 것이라는 기대도 품고 있다.

이 책에는 저자 4명의 4색 빛깔 교사교육과정 운영 사례가 담겨 있다. 4명의 저자가 선택한 미래핵심역량의 One Thing은 자기조절력, 디지털 리터러시, 자기주도성, 협력이다. 왜 이런 역량을 선택했을까? 자기조절력은 미래사회를 살아갈 학생들이 필수적으로 갖추어야 할 마음의 습관이고, 디지털 리터러시는 미래교육과정과 삶 속에서 디지털 소양을 이룰 수 있게 돕는 역량이며, 자기주도성은 OECD Education 2030에서 제안하는 학생 주도성(Student Agency)을 이루는 토대가 되고, 마지막으로 미래사회의 일자리의 변화 속에서 가장 필요한 것은 다른 사람들과 함께 할 수 있는 능력, 바로 협력이기 때문이다. 네 가지 One Thing 미래핵심역량은 미래에 대한 고찰, 학생, 학부모, 교사, 학교, 지역사회의 상황과 각자의 강점과 철학을 고려한 것을 바탕으로 선택된 것이다. 그렇기에 해마다 바뀔 수도 있다.

그렇다면 자기조절력, 디지털 리터러시, 자기주도성, 협력 교실을 만들어가기 위해 모든 교육 활동을 응집하는 힘은 무엇일까? 바로 교사의 철학함이다. 철학은 사유함인데, 이러한 사유함은 통찰력을 갖게 하는 가장 기본적인 활동이기 때문이다.

자기조절력 교실의 선생님은 학생들이 의지를 갖춰 자신의 감정을 통제하며 자기조절력을 갖게 하는 교육의 흐름을 세워 활동을 엮었고,

디지털 리터러시 교실의 선생님은 학생들이 문해 능력을 갖춰 삶을 능동적으로 바라보게 하는 교육의 흐름으로 교육과정을 재구성했다. 자기주도성 교실의 선생님은 페스탈로치의 교육원리를 통해 학생이 활동의 중심이 되게 하는 교육의 흐름으로 한해살이를 엮었고, 협력 교실의 선생님은 듀이의 교육원리에 대한 통찰을 통해 학생 스스로가 자기 삶의 주인이 되게 하는 교육을 고민하였고 이를 반영한 교사교육과정을 실현했다.

좋다고 하는 교육 활동을 어떠한 기준도 없이 내 학급에 적용한다면 과유불급過猶不及으로 오히려 중심을 잃은 교육을 하기 마련이다. 공동체의 강점이 잘 살아나도록 내 학급의 학생들에게 필요한 것이 무엇인가에 대한 질문으로 One Thing 교사교육과정을 채워간다면 앞에서 언급했던 교육현장의 고민들을 해결할 수 있는 방법들을 찾게 될 것이다.

이 책은 총 2부로 구성되어 있다. 1부에서는 미래핵심역량에 대한 탐색, One Thing 미래핵심역량을 바탕으로 한 교사교육과정 운영 방식의 제안, 교육 환경의 방향, 전문적 학습 공동체 운영에 대한 생각을 담았다. 2부에서는 One Thing 미래핵심역량이 바탕이 된 교사교육과정 운영 방식으로 4인의 교사가 실천한 사례를 담았다. 4명의 현장 교사들이 한 고민과 실천 사례가 담긴 이 책이 미래교육을 실현하고자 하는 선생님들에게 기술보다는 방향을 고민해 보게 하는 생각의 간이역과 같은 역할을 하기 바란다.

| 목차 |

추천사 ... **004**

여는글 교사의 한 가지 빛깔교육, 아이들의 삶에 무지개 빛을 띄우다 ... **006**

1부 One Thing 미래역량교육

1장. 미래는 이미 교실문을 노크하고 있다 ... **014**
  1. 변화할 미래교육의 방향 ... **015**
  2. 미래교육의 디딤돌이 될 현재교육에 대한 질문 ... **032**

2장. 미래형 교육과정을 고민하다 ... **047**
  1. 미래핵심역량 ... **048**
  2. One Thing으로 성장하는 교실 ... **063**

3장. One Thing 미래교실의 문을 열다 ... **079**
  1. One Thing 미래교실을 위한 환경 ... **080**
  2. 교사교육과정 운영 ... **095**

4장. One Thing, 교육에 "함께"를 추가하다 ... **107**
  1. 혼자가 아닌 함께 성장해요 ... **108**
  2. 위기교실 관리위원회를 제안하다 ... **116**

One Thing 미래역량교육의 실제 **2부**

1장. 자기조절력 교실로 초대하다 ... 128
    1. 자기조절력 씨앗 틔우기 ... **131**
    2. 자기조절력으로 성장하기 ... **139**
    3. 자기조절력 열매 맺기 ... **163**

2장. 디지털 리터러시 교실로 초대하다 ... 165
    1. 디지털 리터러시 씨앗 틔우기 ... **168**
    2. 디지털 리터러시로 성장하기 ... **176**
    3. 디지털 리터러시 열매 맺기 ... **199**

3장. 자기주도성 교실로 초대하다 ... 202
    1. 자기주도성 씨앗 틔우기 ... **205**
    2. 자기주도성으로 성장하기 ... **220**
    3. 자기주도성 열매 맺기 ... **234**

4장. 협력 교실로 초대하다 ... 239
    1. 협력 씨앗 틔우기 ... **242**
    2. 협력으로 성장하기 ... **251**
    3. 협력 열매 맺기 ... **271**

닫는 글 ... 277

1부

One Thing
미래역량교육

One Thing 미래역량교육이란 미래핵심역량 중
공동체의 강점을 살릴 수 있는 역량을 한 가지 택하여
학생들의 배움이 일어날 수 있도록
교사교육과정을 운영하는 교육 제안이다.

1장

미래는
이미 교실문을
노크하고 있다

1. 변화할 미래교육의 방향

미래교육은 미래의 이야기를 담는다

요즘 선생님들께서는 어떤 연수를 찾아 들으시나요? 그리고 그 연수는 선생님의 어떤 역량을 키워주는 것 같나요?

저는 요즘 미래교육, AI, 뇌과학, 민주시민교육, 기후 변화 등과 관련한 연수에 관심을 두고 있어요. 미래교육과 AI, 코딩과 관련된 연수를 들으면서 메이커 교육의 실제에 도움이 되는 지식을 쌓아 기능을 익히고, 민주시민교육과 환경에 관한 연수를 들으면서 우리 아이들이 살아갈 앞으로의 세상에서 마주할 문제들은 무엇인지, 그리고 어떻게 해결하는 것이 좋은지 고민해 보고 있어요.

미래교육을 스마트하고 좀 더 창의적인 면을 강조한 기술적인 접근으로 다루는 것이 보편적이지만 본질적으로 미래교육의 방향을 고민해 보는 것도 필요한 접근법이죠. 지금의 교육이 정말로 미래교육을 향해 가고 있는지 점검해 보면서요. 그런 면에서 우리가 지속 가능한 미래를 만들 수 있는 교육을 고민하는 것도 의미 있고요.

미래학자 토마스 프레이는 급격한 변화의 시대에 살아가고 있는 지금, 우리의 의사결정이 다음 세대의 삶을 결정한다고 했어요. 미래로의 전환점에 서 있는 만큼 변화의 열쇠를 쥐고 있는 것이죠.

교육계에서는 이런 변화를 더 통찰력 있게 바라보고 있는 것 같아요. 미래교육을 고민할 때 블렌디드 수업, 교육공간혁신 등의 세세한 변화와 더불어 교육의 방향은 어떠해야 할지도 고민하며 미래를 살아갈 아이들에게 그들이 바라는 미래를 꿈꿀 수 있도록 해주는 것이죠.

혼돈 속에서 선생님들은

코로나 팬데믹 상황은 우리 교육 현장에 큰 혼돈을 불러왔다. 학생들이 등교하지 못한 교실에서 교사만 혼자 덩그러니 컴퓨터 화면을 보며 수업을 하는 진풍경이 벌어졌다. 처음 겪어보는 상황들 앞에 우리 모두는 모든 것이 새롭고 두려운 신규 교사가 되어버렸다. 그러나 혼돈 속에서도 교사들은 좌절하지 않았다. 학생들이 오지 않은 교실에서 여러 가지 콘텐츠를 제작하거나 실시간 쌍방향 수업으로 학생들이 배움을 이어갈 수 있도록 노력하는 '교육 크리에

체인지 메이커change maker는
변화를 이끄는 사람을 뜻해요

이터'가 되었다. 얼리어답터 선생님들이 강사가 되어 연수를 개설하였고, 교사들은 새로운 기기와 기술을 스스로 찾아다니며 배우고 교실에 적용했다. 예상치 못한 상황에 시행착오를 겪기도 했지만 교사들은 체인지 메이커가 되어 교육 현장의 변화를 주도하였다.

이러한 교사로부터의 변화는 교육의 변화에 의미 있는 시사점을 제공한다. 2000년대 초반, 자율적이고 개별 학습자 중심의 교육을 표방하는 열린 교육이 우리 교육계의 화두였던 적이 있다. 열린 교육은 당시에 미래세대를 위한 혁신적 교육으로 각광받았지만 근본적인 변화를 이루지 못하고 교실 벽만 허문 교육이라는 오명을 쓰고 말았다. 열린 교육이 실패한 원인이 무엇일까?

마이클 풀란Michael Fullan은 《학교 개혁은 왜 실패하는가?》에서 새로운 교육 철학에 대한 교육 주체들의 개념이 다를 때 교육개혁은 혼란과 자원의 낭비만 초래하고 실패로 귀결된다고 하였다. 제도를 도입하려는 이들과 받아들여야 하는 이들의 동상이몽이 변화의 기회를 놓친 것이다. 지금도 교육 현장에는 개혁의 바람을 타고 다양한 교육 사상과 기술들이 쏟아져 들어오고 있다. 개혁에 대한 본질적인 물음과 철학을 공유하지 않으면 또다시 변화의 기회를 놓치게 될 것이다. 이 기회를 놓치지 않기 위해서는 체인지 메이커로서의 교사 역할이 중요하다.

과거에는 상상만 했던 스마트교육의 현장이 현실이 되어 가고 있다. 그리고 많은 교사들이 그동안 현장에서 경험해 보지 못했던 여러 에듀테크를 접하고 있다. 미래교육으로 변화하기 위한 발걸음의 속도는 팬데믹 상황 속에서 더 빨라진 듯하다. 하지만 개혁을 이끌 교육 주체들은 정확하게 예측할 수 없는 상황 속에서도 중심을 잃지 않고 나아갈 준비를 하고 있다. 교사들은 지금부터 미래교육이 무엇인가에 대해 고민해 보고 미래교육의 방향에 대한 질문을 던져야 한다. 가장 먼저 미래의 모습부터 상상해 보자.

눈 깜짝할 사이

라디오는 38년, TV는 13년, 아이팟은 4년, 인터넷은 3년, 페이스북은 1년, 포켓몬고는 19일, BTS 다이너마이트 뮤직비디오는 8시간. 이 숫자들이 의미하는 것은 각각이 5,000만 명의 사용자 달성에 걸린 시간이다. 앞으로 또 어떤 기술들이 등장할지 모르지만 정보의 파급력은 갈수록 빨라지며 우리 사회는 초연결시대로 변화하고 있다. 인공지능 관련 학회 포럼에서 어떤 기술을 설명하는 논문이 발표되었는데 같은 포럼에서 바로 그 논문을 반박하는 다른 논문이 발표되는 일이 벌어지기도 한다. 이렇게 빠르게 변화하는 시대에 아직 오지도 않은 미래의 모습을 정확하게 예측하는 것은 더욱 어려운 일이다. 그럼에도 우리가 미래를 상상하고 예측해 보아야 하는 이유는 학교 교육의 목적이 학생들의 미래를 향하고 있기 때문이다.

4차 산업혁명의 소용돌이 속에서

4차 산업혁명은 미래를 설명하는 데에 가장 함축적이면서도 적합한 단어이다. 전 세계인들의 삶의 양식을 바꿀 힘이 있으며 정치, 경제 등 우리 사회의 많은 요소에 대한 변화를 일으킬 수 있는 4차 산업혁명을 잘 파악한다면 미래사회의 구체적인 모습을 떠올리고 준비하는 것에 있어서 큰 도움이 될 것이다.

2016년 다보스 포럼에서 밝힌 4차 산업혁명의 정의는 "오프라인과 온라인이 일치하는 시대"이다. 그렇다면 왜 '산업혁명'이라고 부르는 것일까? 온라인과 오프라인이 일치하지 않는 이전의 3차 산업혁명 시대까지 경제생활의 3요소는 토지, 자본, 노동이었다. 이 세 가지 요소를 제외하고는 경제 메커니즘이 이루어지지 않았다. 어떤 것을 생산하기 위해 토지라는 공간에 자본을 들여서 생산 설비를 놓아 재화를 생산할 수 있는 환경을 마련하여 사람을 고용하고 노동을 통한 생산을 해야만 했다. 이 구조를 벗어나는 산업은 거의 존재하지 않았다.

그런데 제레미 리프킨*Jeremy Rifkin*은《한계 비용 제로 사회》에서 기술집약적인 환경에서는 한계 비용이 제로에 가까운 사회가 탄생할 수 있다고 언급한다. 인터넷을 활용하여 공산품과 서비스의 가격을 낮추고, 유통구조의 개편으로 생산 비용이 절감된다는 것이다. 현재에도 이미 물리적인 공간을 임대하기 위한 자본이 필요하지 않아 초기 자본을 아낄 수 있는 산업이 활발하게 성장하고 있다. 한계 비용이 줄어들었다는 것은 토지와 자본의 양만 줄어든다는 의미가 아니다. 재화를 생산하는 데에 노동력 또한 필요하지 않게 될지도 모른다.

앞선 세 차례의 산업혁명에서는 동력은 점차 자동화되기는 하였지만 모두 인간의 노동력이 절대적으로 필요했다. 반면 제4차 산업혁명의 동력인 기술의 융합은 인간의 물리적인 힘 없이도 생산을 가능하게 한다. 인공지능이 인간의 노동력을 대체한다면 이러한 미래가 실현될 수 있다. 이것은 미래사회의 또 다른 중요한 특징인 인공지능에 대한 담론으로 이어진다. 이제 인공지능으로 대표되는 기술들을 4차 산업혁명을 이야기할 때 빼놓을 수 없게 되었다.

인공지능, 적인가 친구인가

AI 전문가, 토비 월시*Toby Walsy*는 《AI의 미래 생각하는 기계》에서 인간사를 바꿀 획기적인 기술적 특이점이 나타날 것이라고 예상하는 시점(약 2050년)에 다음과 같은 열 가지의 변화가 있을 것이라고 예측했다. 이 변화 모습들을 살펴보면서 미래의 모습을 상상해 보자.

1. 자율주행 자동차 시대
2. 컴퓨터 가정 의료 시대
3. 가상과 현실이 뒤섞인 하이퍼리얼 시대
4. 컴퓨터가 인간을 채용하고 해고하는 시대
5. 모든 지시는 음성 대화로 진행
6. 인공지능 범죄의 유행
7. 로봇 스포츠팀 등장
8. 무인 수송 시대 보편화
9. 로봇의 뉴스 제작 및 보도
10. 대역 로봇으로 영생의 꿈 도전

위의 열 가지 미래의 모습 속에서 발견할 수 있는 공통점은 인공지능이 인간이 하던 일을 대신한다는 것이다. 자동차 운전을 사람 대신 인공지능이 하고 있으며, 의사 대신 인공지능이 진료를 보고 심지어 스포츠까지도 인공지능이 할 수 있게 된다. 인공지능의 원리는 세상에 존재하는 수많은 데이터를 저장하고, 각 데이터에 특정한 반응을 하도록 코딩하여 다양한 상황에서 마치 인간이 지적 능력으로 판단하는 것처럼 보이게 한다. 알파고와 이세돌의 바둑 대결에서 그 원리의 위력을 실감할 수 있었다. 알파고는 바둑의 많은 경우의 수를 데이터로 입력하여 각 상황에서 최적의 수를 둘 수 있도록 코딩되어 있는 인공지능이다. 인간이 세상에 존재하는 많은 경우의 수를 피하여 변칙적인 수를 두는 것은 매우 어려운 일이기에 알파고가 이세돌에게 승리를 거둔 것은 어쩌면 예견된 일인지도 모른다.

이러한 원리를 바탕으로 공정이 단순하고 변수가 한정된 1, 2차 산업에서는 이미 인공지능이 사람의 자리를 대체하고 있는 사례가 많다. 인공지능은 전력만 원활하게 공급된다면 인간처럼 지치지도 않으며 인간이 하는 실수에 비해 오류를 일으킬 확률을 최소화할 수 있다. 게다가 생산 주체의 입장에서 인건비보다 인공지능을 활용하는 데 드는 비용이 더 경제적이다.

그에 비해 3차 산업인 서비스업은 비교적 인공지능의 위협으로부터 안전하다는 주장이 있다. 사람을 상대하는 것은 예측이 어려워 훨씬 변수가 많고 '정답'이 없기 때문이다. 그러나 4차 산업혁명 시대에는 인공지능이 인간의 행동을 분석하면서 인간에 대한 데이터를 축적하게 된다. 이에 따라 인간의 행동이 예측 가능해지기 때문에 인공지능이 서비스업마저 대체해갈 것이라는 진단이 있다. 결국 4차 산업혁명과 인공지능의 발전은 우리 인간 사회의 일자리 지형도를 완전하게 변화시킬 것이다.

제4차 산업혁명 시대에 인공지능 테크놀로지가 서비스업 일자리까지도 대신한다면 인간은 도대체 어느 방향으로 가야 하는가? 여전히 희망은 있다. 사라지는 것이 있으면 새롭게 떠오르는 것도 있는 법이다. 이전의 산업혁명들을 곱씹어보면 4차 산업혁명은 우리에게 또 다른 기회라는 것을 알 수 있다. 1811년 일어난 러다이트 운동은 영국 중부와 북부의 섬유 공업 지대에서 일어난 노동자의 반자본주의 운동이었다.

노동자들의 불만은 기계가 사람들의 자리를 빼앗고 인간이 인간적으로 대우받지 못한다는 것이었다. 그러나 사회 전체적으로 본다면 그 당시 인간이 하던 일을 기계가 대신하게 된 총량에 비해 서비스업의 일자리가 현저하게 늘어났기 때문에 전체 일자리의 수는 늘어나게 되었다. 즉, 변화하는 시대를 읽고 앞으로 새롭게 부상하게 될 분야를 파악한다면 오히려 산업혁명은 기회가 될 수 있다.

이처럼 인공지능은 일자리의 측면에서 우리 사회에 위협을 가하는 해로운 존재처럼 여겨질 수 있다. 그러나 인공지능을 개발하고 다루는 것은 결국 인간이 하는 일이라는 것을 잊지 말아야 한다. 인공지능이 가지고 있는 빅 데이터 또한 인간 세상에 관한 일이다. 4차 산업혁명과 인공지능은 우리에게 새로운 부가가치를 창출할 수 있는 기회를 제공하고 있는 것이다. 교사들은 이 점에 주목하여 미래사회를 주도적으로 이끌어갈 학생들을 길러나가야 한다.

그들은 디지털 네이티브

"젊은이들은 사치를 좋아하고 예절이 없을뿐더러 권위를 경멸하여 어른을 무시할 뿐만 아니라 공부해야 할 때에도 수다를 떨고 있으니 한탄스러울 뿐이며 국가의 미래가 걱정된다."
"요즘 젊은이들의 행태를 보아하니 말세가 왔다."

요즘 아이들은 어떤 아이들일까? 예의가 없는 아이들이 많아져 생활지도가 어려워지는 요즘을 생각한다면 위의 글에 공감이 될 것이다. 그러나 놀랍게도 위의 문장은 기원전 4세기 그리스의 철학자 소포클레스의 기록과 고대 수메르의 기록에 언급된 내용이다. 이전 세대의 어른들이 새로운 세대의 아이들을 잘 이해하지 못하는 상황은 어제오늘의 일이 아니다. 우리는 아이들을 어떻게 바라보아야 하는가? 인성이나 학력 모두 기준이 모호하고 지역별, 학급별 편차가 크기 때문에 평균적으로 어떻다고 단정 짓기는 어렵지만 미래교육을 논하기 위해서는 우리 아이들에게 다른 세대가 가지고 있지 않은 특징이 무엇인지를 살펴볼 필요가 있다.

요즘의 젊은 세대를 흔히 MZ세대라 불러요. Millenium세대와 Z세대를 합한 용어로, 10~30대를 일컬어요.

각종 매체에서는 세대별 특징을 구분하여 여러 명칭으로 부르는데, 현재 학교에 재학하고 있는 학생들은 Z세대나 알파 세대로 불리고 있다. Z세대란 1995년 이후 출생한 10대에서 20대를 일컫는 말로 중·고등학교 청소년, 그리고 20대까지 아우르는 세대라고 할 수 있다. 이들은 실용적 소비를 추구하며 '디지털 네이티브'라고 불린다. 알파 세대란 2010년부터 2020년대 중·후반대에 출생한 세대로, 현재 초등학교에 다니고 있는 아이들 대부분이 알파 세대에 속한다. 이들은 자기 생각을 잘 표현하는 성향을 보유하고 있으며 역시 '디지털 네이티브'들이다. 디지털 네이티브의 주요 특성은 무엇인가? 바로 아이들이 디지털 기기를 다루고 습득하는 것이 이전 세대보다 훨씬 능숙하다는 것이다. 디지털 네이티브는 이전의 세대, 즉 기성세대와는 다른 방식으로 사고하고 정보를 처리한다. 태어날 때부터 손에 스마트폰이 쥐어진 아이들은 디지털 세계가 마치 모국어를 배우는 것처럼 익숙하다.

현재 초등학교 5, 6학년 국어 교과에는 매체를 활용하여 자료를 만들고 발표하기 단원이 있다. 대부분의 경우 아이들은 이 단원을 흥미롭게 받아들인다. 학생들은 영상 편집 앱이나 컴퓨터의 여러 영상 편집 프로그램에 대해 설명을 듣고 스스로 이것저것 만져본 후 이내 간단한 영상 편집을 해낸다. 초등학교 고학년 이상의 아이들에만 해당하는 특징이 아니다. 상당수의 저학년 아이들도 스마트폰이나 패드 등을 기본적으로 다룰 줄 안다. 디지털 기기를 배우는 속도도 마치 언어 학습의 결정적 시기에 있는 아이들처럼 어른들보다 훨씬 빠르다. 학교에서 미술을 잘하는 아이들은 종이 대신 스마트 패드에 그림을 그리고 있다. 그들은 어린 시절의 우리와 전혀 다른 이들이다.

우리는 디지털 이방인

반면, 현재 학교 현장에 있는 교사들 대부분은 어릴 때부터 스마트폰을 다루어본 세대가 아니다. 그로 인해 새로운 디지털 기술을 배워가는 것이 마치 외국어를 배우는 것처럼 어려운 과정일 수밖에 없다. 이러한 상황에서 이전 세대의 어른들이 디지털 네이티브인 학생들을 어떻게 가르쳐야 할까? 교사들은 디지털 이방인이지만 수업에 적용할 만한 새로운 기술이 나오면 스스로 연수를 찾아다니며 연구한다. 그런데 새로운 것을 익힌 지 얼마 되지 않아 또 새로운 것들이 어디선가 튀어나온다. 소프트웨어 교육이 중요하다고 해서 코딩의 기초를 배워놓았더니 이번에는 또 메이커 교육이 중요하다고 한다. 디지털 기술의 진화에 따른 교육 트렌드의 변화는 디지털 이방인들을 혼란스럽게 만든다.

디지털 네이티브를 처음 소개한 마크 프렌스키에 따르면 교육이 맞닥뜨린 가장 큰 문제는 교사가 시대에 뒤처진 디지털 이전의 언어를 갖고서 거의 완전한 디지털 언어를 사용하는 이들을 가르치려 한다는 점이다. 실용적 소비를 추구하는 Z세대, 자신의 의견을 가감 없이 표현할 줄 아는 알파 세대에게 전통적인 교육 방법은 진부하게 느껴진다. 이들은 디지털 콘텐츠를 소비하는 것에 익숙하여 자극적인 영상에 호기심을 강하게 느낀다. 이 세대에게는 지식적 권위를 느끼는 대상은 없다. 왜냐하면 모르는 것이 있으면 부모님이나 선생님이 아니라 인터넷에 물어보면 그만이기 때문이다. 우리 삶에 필요한 지식을 전수하는 것이 더는 중요하지 않다는 의미가 아니다. 중요한 것은 디지털 네이티브와 디지털 이방인의 지식을 습득하는 방식이 다르다는 것이다. 교사가 변화하는 미래와 아이들을 읽는 것은 미래교육의 첫걸음이다. 교육의 목적은 결국 이 아이들이 살아갈 미래를 겨냥하고 있기 때문이다.

교육 패러다임의 변화

지금까지 우리는 4차 산업혁명과 인공지능, 그리고 미래세대의 특징에 대해 알아보았다. 미래에는 빠르게 사회 전반적인 패러다임의 변화가 있을 것이며 그에 따라 우리의 교육도 변화가 있을 것이다. 다가올 패러다임을 미리 준비한 사람들이 결국 그 패러다임을 주도할 것이다. 이에 교육 패러다임의 변화를 잘 읽고 예측하는 것은 매우 중요하다.

각 시대의 교육은 각 산업혁명의 특징을 그대로 반영한다. 데릭 키트와 제이 필립 슈미트*Derek keats and*

패러다임paradigm은 미국의 과학사학자인 토마스 쿤에 의해 통용되기 시작한 용어로, 어떤 한 시대 사람들의 견해나 사고를 지배하고 있는 이론적 틀이나 개념의 집합체를 의미해요.

*J.Philipp Schmidt*는 그 변화의 발걸음을 교육 1.0, 2.0, 3.0으로 정리했다. 교육 1.0은 주로 교사 중심의 수동적인 도제식 교육이 주를 이루었으며, 교육 2.0은 지식 암기 및 시험 기반의 양적 교육의 특징을 가지고 있다. 교육 3.0은 교사 중심에서 학생 중심으로의 변화가 이루어졌고 교사는 코디네이터 혹은 안내자가 되었다. 교육 1.0과 교육 2.0은 구시대의 교육 패러다임처럼 보이지만 해당 시기는 기계 설비의 도입으로 효율성을 최고의 가치로 여긴 시절이었기에 주입식 교육이 적합한 인재를 길러내기에 합리적이었다. 교육 3.0은 정보화 사회의 분위기에 따라 웹 기반 디지털 및 모바일 기술 활용을 권장하고, 플립 러닝 등 교육에 새로운 기술을 접목하기 시작했다. 즉, 교육 패러다임은 각 시대의 특징을 반영하고 있다는 것이다.

현재의 패러다임인 교육 3.0은 학생 맞춤형 학습, 대화형 학습과 같은 지금의 교사들이 대부분 공감할만한 교육의 형식을 띠고 있다. 이 흐름을 타고 세계경제포럼에서는 교육 4.0 프로젝트를 진행하고 있다. 이 프로젝트는 4차 산업 혁명을 위한 새로운 교육 형태로, 교육 혁신을 통해 디지털 및 사회적 정서적 기술을 갖춘 차세대 인재 양성이 목표이다. 또 한 번 교육 패러다임의 변화가 일어나고 있는 것이다.

그 동안의 교실은 잊어라

20세기의 네모난 교실 칠판 앞에서 열심히 수업하고 있는 교사, 책걸상에 앉아있는 학생들의 전통적인 교실 모습은 여러 교육 패러다임을 거치면서도 크게 바뀌지 않았다. 기술 융합 시대의 교실은 어떠할까?

이미 배움의 장소와 시간의 제약이 사라졌다. 온라인 수업이 오프라인 수업과 공존하는 것은 더는 미래가 아니다. 미래에는 정규 교과의 학습을 3D 홀로그램을 통하여 가정에서도 학교 수업을 듣는 것처럼 공부할 수 있고, 멀리 있는 친구와 협력하여 모둠 활동을 할 수도 있을 것이다. 지금처럼 딱딱하게 정해진 시간에 정해진 장소에서 똑같은 과목으로 수업하는 방식보다 훨씬 인간적이면서 실재감이 더해진 유연한 수업 방식이 전개될 것이다.

인공지능 로봇이 보조교사로서 교수·학습을 도와주는 교실은 어떠한가? 인공지능이 학생들의 상태와 학습 정도를 수시로 체크하고 진단하면서 교사를 도울 수 있다. 이미 일부 영어 교실에서는 인공지능이 원어민 교사 역할을 하는 경우도 있다. 이처럼 즉흥적으로 아이들에게 필요한 지식을 전해줄 때 인공지능의 도움을 받을 수도 있다. 행정적인 측면에서도 인공지능의 빅 데이터를 활용한다면 업무를 경감할 수 있을 것이며 교사의 전문성을 발휘하여 학생들에게 좀 더 섬세하게 다가갈 기회가 될 것이다.

또 기술 융합 시대의 교실은 증강현실(AR)과 가상현실(VR)을 통한 체험 학습의 장이 될 것이다. 체험 학습은 그 자체로 흥미를 유발하기도 하지만 여러 교과 내용을 오감으로 직접 경험하면서 효과적으로 학습할 수 있는 방법이기에 학교 교육과정에서 매우 중요하다. VR 기술이 더욱 발전한다면 아이들은 교실에서도 실제 역사적 장소에 간 것처럼 체험해 볼 수 있고 실제 현장 체험 학습으로는 쉽지 않은 다른 나라나, 심지어는 우주 체험도 가능해질 것이다.

아이들의 체육 시간도 날씨나 공간, 종목에 구애받지 않을 것이다. 특별한 시설이 갖추어지지 않으면 쉽게 접하지 못했던 야구, 테니스, 볼링 등 놀이를 VR을 통해 경험할 수 있고 쾌적한 실내환경에서의 가상현실 스포츠 비중이 높아져 신체활동을 오히려 증가시킬 수도 있다. 몸은 교실에 있을지 모르나 배움은 가상현실 속에서 충분히 일어날 수 있다.

언급된 것 이외에도 다양한 미래의 기술이 활용되는 무한한 가능성이 있는 미래의 교실을 기대해 본다. 어쩌면 오랜 옛날의 사람들에게는 자동차나 비행기, 스마트폰 등이 상상하기도 어려운 획기적인 발명품인 것처럼 우리의 상상을 뛰어넘는 무언가가 교실 안에서 우리와 공존하게 될지도 모른다.

미래의 눈은 학생 한 명 한 명을 바라보는 눈

인간의 두뇌 발달 및 정신장애를 연구하는 응용학습심리학자, 존 메디나*John Medina*는《브레인 룰스》에서 모든 사람의 뇌 회로는 발달 속도와 양상이 다르기 때문에 동일한 사건을 앞에 두고도 다른 학습 결과로 나타난다고 했다. 그렇기에 한 학급 안에서도 학생들의 수준은 매우 다양하다. 꼭 가르쳐야 할 성취 수준에서 이미 앞서 있는 아이들이 있는가 하면 아직 부족한 아이들도 있다. 이러한 선택의 기로에서 교사들은 평균적인 수준에 맞추어 수업을 설계할 것인지, 앞서가거나 부족함을 호소하는 아이들에게 더 집중하는 교육을 설계할 것인지를 고민한다. 하지만 이런 고민으로 나온 해답조차도 개별 학생들을 100% 만족시키기에는 역부족이다.

인공지능 로봇이 아이들의 개별 교육을 돕는 교실을 상상해 보자. 교사가 아무리 교육과정과 생활지도 등 다양한 방면에서 전문성을 발휘한다고 하더라도 한 교실에 평균 23명 내외의 학생들이 있는 한, 모든 학생들의 개별성을 고려하여 매 수업을 이끌어나간다는 것은 여간 힘든 일이 아니다. 그러나 정확한 분석 능력과 데이터를 가지고 있는 인공지능 로봇이 도와준다면 이 문제를 해결할 수도 있다. 물론, 지금도 인공지능을 활용하여 개별 학습 결과를 진단받아 활용하는 시스템이 사교육 시장에서 확산되고 있다. 그러나 공적 교육 시스템으로 연계된 인공지능 정보체계가 현장에 정착된다면 교사들도 지금보다 손쉽게 학생 개개인의 학습 정도를 진단하여 적절한 피드백을 제공할 수 있게 된다. 진정한 의미의 개별화 교육이 여러 가지 미래 기술과 학급당 학생 수 감축 등의 제도적인 노력을 통해 하루빨리 교육 현장에서 이루어지기를 소망해 본다.

인문학과 과학기술의 융합

4차 산업혁명 시대에는 과학과 기술 교육이 중요하며 동시에 문학, 예술, 철학, 역사와 같은 인문학적 소양 교육을 강화하는 것도 중요해질 것이다. 기술이 인간의 능력을 넘어선다고 하더라도 인문학적인 질문에 대한 답을 제시하는 것은 인간의 몫이다. 인류의 궁극적인 삶의 목적과 의미는 오직 인간 자신만이 스스로 찾을 수 있고 인류의 미래를 결정하는 것은 첨단 기술을 사용하는 인간이어야 하기 때문이다.

기존의 우리 교육에서는 문과와 이과의 구분이 뚜렷했다. 문과 출신이라면 현상에 대해 감성적으로 사고하고, 과학적인 지식을 잘 알지 못하는 것이 당연한 것처럼 여겨졌다. 이과 출신이라면 과학적이고 논리적으로 사고하며 인문학적 지식을 등한시하는 것이 일반적이었다. 게다가 그 문과와 이과를 구분하는 기준은 학생의 특성이나 재능보다는 수능에서 무엇을 선택하는 것이 더 유리한지에 대한 결론이었다. 그러나 앞으로 펼쳐질 미래는 과학적 사고와 인문학적 사고가 긴밀한 관계를 맺으며 이루어질 것이다. 미래의 기술들은 더욱 다양하고 복잡한 인문학적인 질문을 요구할 것이다. 가령 '자율주행 자동차가 인명 사고를 일으켰을 때 그 책임은 누가 지어야 하는가?' '인공지능 로봇으로 사람의 일자리를 대체하는 기업이 사회적 책임을 져야 하는가?' 등의 질문에 대한 답을 찾기 위해서는 철학적인 고민이 필요하다. 화려한 기술을 활용하면서도 인문학적인 문제의식이 들어있는 예술 작품이 더욱 각광받고 있다. 융합적 인재를 기르는 교육이란 특정 계열에 편중하여 이루어지던 지식교육에서 탈피하여 인문학과 과학기술에 걸쳐 골고루 기본적인 지식을 쌓고 경험하면서 세상을 보는 시야를 더 넓히는 교육인 것이다.

결국은 인간을 위한 교육

미래교육이 연상시키는 것은 첨단 기술, 4차 산업 혁명, 인공지능 등이다. 그러나 기술보다 더 중요한 것을 놓치고 있지는 않은지 고민해야 한다. 현재 대한민국의 교육이 향하고 있는 최종 목적지는 대학입시이다. 학생들 대부분이 그것을 목표로 공부하고 있고 그 수요에 맞게 교육 현장도 입시에 최적화되기 위해 노력해왔던 것이 사실이다. 미래를 살아갈 역량을 기르며 다른 친구와 협력하는 것보다 경쟁에서 살아남아야 하는 것이 우리 교육의 현실이었다. 이런 모습들은 전인교육과 홍익인간을 지향하는 우리 교육의 이상과는 괴리가 크다. 우리 교육에 인간성이 많이 사라진 모습을 지금도 우리는 목격하고 있다.

과거의 시스템이 옳지 않더라도 오랫동안 굳어져 온 시스템을 단번에 바꾸는 것은 쉽지 않은 일이다. 그러나 문제점을 진단하고 보완하고자 하는 장기적인 노력이 우리 교육을 변화시킬 것이다. 인간성을 잃어가는 것이 우리 교육의 문제점이라면 다시 그 인간성을 회복하는 것이 결국 우리 교육의 과제이다. 인간성 회복이라는 당연하고도 오래된 과제의 해결은 미래교육에 대한 다양한 담론이 결국 인간을 위한 것임을 자각하는 것이다.

그렇기에 미래의 교육은 인간만이 할 수 있는 역량에 초점을 맞추어 발전될 것이다. 학교는 사회를 살아가는 데 필수적인 지식을 가르치는 것을 넘어 미래를 개척하는 역량을 길러주는 공간이 될 것이다. 이러한 인간성 발달을 위한 교육을 교실에서 실현하는 것은 전문성을 갖춘 교사들의 역할이다. 어떠한 기술과 방법이 우리 교육에 도입되든 학습의 방향을 설정하고 설계해가는 기준점은 교사로부터 시작된다.

마하트마 간디*Mahatma Gandhi*는 '미래는 현재 우리가 무엇을 하는가에 달려있다.'라는 명언을 남겼다. 그의 말처럼 미래교육은 현재 우리가 하는 행동과 도전으로 변할 수 있는 길이 달라지기에 미래교육을 향한 우리 모두의 노력이 필요하다. 미래교육이 구체적으로 어떻게 변화할지, 미래의 교실은 어떤 모습일지 정확하게 예측할 수는 없다. 하지만 적어도 천편일률적 수업과 표준화된 잣대로 학생들을 기계적으로 평가하는 교육방식이 계속되지 않을 것임은 분명하다. 미래학교는 완전히 새로운 모습으로 재설계될 것이다.

2. 미래교육의 디딤돌이 될 현재교육에 대한 질문

지금 프로젝트 학습은 '잘' 이루어지고 있는가?

저는 아이들의 문제해결력을 향상시켜주고 싶어 프로젝트 학습을 자주 하는 편이에요. 사회, 과학과 연결된 프로젝트를 하다 보면 아이들은 사회에 더 관심을 갖게 되고, 자신들의 삶과 연결된 주제를 학습하면서 좀 더 흥미롭게 학습에 집중하는 모습을 보여요.

하나의 문제 상황 아래 교육과정을 재구성하여 프로젝트를 진행하다 보면 조사학습, 만들기 학습이 활동에 들어가게 돼요. 그리고 여러 교과 및 개념을 융합해서 학생들의 창의력도 길러주는 효과를 얻기도 하죠.
그런데 저는 아이들이 조사 활동을 할 때 더 집중해서 보게 돼요. 혹시 모둠 조사 활동으로 무임승차를 하는 학생은 없는지, 해결에 필요한 정보를 어떻게 얻고 조사하는지를 꼼꼼하게 살피면서 학습을 진행시켜요.

맞아요. 저도 프로젝트 학습을 할 때 긴장이 더 되는 것 같아요. 프로젝트 학습을 하다 보면 학습의 과정을 즐기기보단 다른 모둠보다 더 나은 결과물을 얻는 데에 집중하여 친구의 의견을 무시하는 모습도 보이기도 하고, 한 사람의 실력으로 문제를 해결해 가려는 모습을 보이기도 해요. 학습에 임하는 태도에 더 신경 쓰게 되는 거죠.

음, 저는 교사들이 프로젝트 학습을 하는 이유를 잘 생각해보며 적용해야 할 것 같아요. 무리한 교육과정 재구성으로 단순 흥미만을 일으키는 주제는 아닌지, 프로젝트 학습 안에 개개인의 성장이 담길 수 있는 활동이 들어가 있는지, 문제를 해결할 때 그 학습 방법이 적절한 방법인지 생각하는 과정이 중요하거든요.

단순 기초학습에 대한 개념습득과 전달은 어떤 상황에서는 일제식 전달이 더 효과적일 때도 있으니까요. 교육 트렌드를 무조건 따라 하는 것이 아니라 미래교육의 방법을 고민하면서 실천하면 좋겠어요.

다시 현재로 돌아올 차례

패러다임의 변화는 언제나 혼란을 동반한다. 토마스 쿤이 언급한 것처럼 새로운 패러다임은 이전의 패러다임에 대해 의문을 제기하고 그것을 해결하는 과정에서 형성된다. 우리는 아직 오지 않은 미래의 패러다임을 말하고 있지만 결국 우리는 현재의 패러다임에 있다. 앞서 미래교육의 모습이 어떠할지에 대해 알아보았다면 이제는 다시 현재를 자세하게 살펴볼 차례이다.

패러다임은 어느 날 갑자기 단번에 바뀌는 것이 아니다. 특히 교육 패러다임은 여러 교육 주체들이 오랜 시간을 들여 바꾸고자 하는 노력이 있어야 변화한다. 그러한 관점에서 교육 4.0을 준비하는 시점인 현재는 교육 3.0과 교육 4.0 사이의 과도기라고 보아도 지나치지 않을 것이다. 먼저 미래교육을 준비하기 위한 현재 교육 3.5의 모습이 어떠한지를 먼저 살펴보자.

역량 중심 교육과정으로 전환되고 있다

2015 개정 교육과정은 미래교육을 위한 역량 기반 교육과정으로 나름의 변화를 추구하였다. 교육과정에서 역량의 등장은 시사하는 바가 크다. 거의 100년이 넘는 시간 동안 전 세계의 교육과정은 대부분 학생들에게 가르쳐야 할 교과 지식이 무엇인지 결정하는 것이 가장 중요한 이슈였다. 미래를 잘 살아가기 위해서는 교과 지식만 필요한 것이 아니라 미래에 적응하고 미래 사회를 개척해 나갈 수 있는 힘을 길러야 한다. 세계 교육 포럼(WEF, World Education Forum)을 비롯하여 미래학자들과 미래를 준비하고 있는 교육자들은 그것이 역량이라고 말하고 있다. 2015 개정 교육과정에서 교과 내용 요소와 함께 아이들이 길러야할 역량에 대해 언급했다는 것은 기존의 교육 패러다임을 바꾸어보고자 하는 시도로 볼 수 있다. 미래를 이끌어가야 할 학생들은 교과의 내용과 함께 역량을 함양해야 한다는 사회적 공감대가 형성되었다는 것이 2015 개정 교육과정의 큰 의미라고 할 수 있다.

역량 기반 교육과정이 도입되면서 수업 활동의 모습도 많은 변화를 겪었다. 가만히 앉아서 지식을 외우게 하는 교육보다는 학생들의 흥미와 배움 욕구를 자극하는 학생 활동 중심 수업이 새로운 교육 트렌드로 자리 잡게 되었다. 학습의 중심은 교사에서 학생으로 옮겨졌고 학생이 배움의 중심 주체가 되었다.

정말로 역량이 진리인가

그러나 역량이 중요하다고 해서 정말 중요한 것을 간과하고 있는 것은 아닌지 고민해 볼 필요가 있다. 역량을 강조하는 것이 곧 지식을 등한시해야 한다는 논리로 진행되어서는 안 된다는 의미이다.

지식은 사고력이나 창의성, 문제해결력 및 분석력과 밀접하게 통합되어 있다. 또 스스로 학습을 진단하고 보완할 수 있는 능력인 메타인지 또한 기초학습 능력에 해당한다. 지식은 그 자체로 역량과 밀접한 관련이 있을 수밖에 없다. 단순 지식 암기만을 강조한 기억 재생식의 문제 풀이를 목표로 하던 교육방식이 문제였던 것이다. 지식의 본질을 다시 생각해보자. 지식을 잘 안다는 것은 교과 지식을 잘 암기하고 있는 것에서 더 나아가 이 지식을 실제에 활용하고 스스로 심화·발전시킬 수 있다는 것을 의미한다.

인지심리학자 대니얼 윌링햄*Daniel T. Willingham*이 《왜 학생들은 학교를 좋아하지 않을까?》에서 밝힌 고등 사고 능력이 기본 배경지식과 밀접한 관련이 있다는 견해는 역량과 교과 지식의 관계에 대하여 중요한 시사점을 제공한다. 뇌의 작동방식에 따르면 배경지식은 역량을 의미 있게 사용할 수 있는 바탕이 된다. 예를 들어 제2차 세계대전의 발발 원인에 대해 비판적으로 생각하는 것을 배웠다고 해서 그것이 반드시 중동의 현재 상황에 대해서 또는 미국 독립전쟁의 발발 원인에 대해 비판적으로 생각할 수 있는 능력으로 전이된다고 확신할 수 없다. 비판적 사고의 과정은 배경지식과 밀접하게 관련이 있기 때문이다. 전이 가능한 역량도 지식과 관련되어 있을 때 더 깊게 사고할 수 있도록 해준다. 결국 인지과학적 관점에서 비판적 사고 역량을 배우는 것과 함께 배경지식을 습득할 수 있도록 교육해야 한다는 결론에 도달한다. 책을 읽을 때도 폭넓은 기본 지식이 다양한 분야의 텍스트를 읽고 이해할 수 있게 해주는 것과 같은 원리인 것이다.

앞으로는 학생들이 세상을 이해하는 데 도움이 될 수 있는 스키마 (외부의 환경에 적응하도록 환경을 조작하는 감각적·인지적·행동적 지식과 기술을 통틀어 부르는 말)를 능동적으로 형성할 수 있도록 교육해야 한다. 지식을 저장하고 기억하는 것에서 더 나아가 개념의 이해, 학문 이해의 기반이 되도록 해야 하는데 이는 지식과 역량이 짝을 이루어 표층 학습에서부터 심층 학습까지 나란히 발전되어야 가능한 것이다. 그러므로 우리가 지식만을 강조하는 교육에서 이제는 지식을 아울러 활용할 수 있는 능력인 역량교육 중심으로 나아가고자 하는 것이다.

아이들에게 모든 것을 맡겨야 하는가

학습자 중심 교육과 그것에서 비롯된 학생 주도 학습은 미래의 교육 패러다임에서는 널리 일반화될 교육방식으로 여겨진다. 학생들이 수업을 주도하고 스스로 배움을 넓혀 가는 모습은 우리 교육의 지향점이면서 모든 교사들이 꿈꾸는 이상적인 모습이다. 루소*Jean-Jacques Rousseau*는 《에밀》을 통하여 아이들이 어린 시절의 즐거움과 감격을 경험으로 스스로 배울 수 있도록 하는 것이 그들의 자연스러운 성장과 학습에 옳은 방식이라고 하였다. 그러므로 사실적 지식을 전달할 때 학생들이 능동적으로 그 지식을 발견하게 하고 학생들의 자연스러운 성향을 파악하여 가르치는 것은 교육적으로 옳다고 할 수 있다. 그렇다면 교사는 무엇을 하고 있어야 하는가? 아이들이 스스로 공부할 줄 알고 자신에게 필요한 것을 찾아서 학습한다면 극단적으로 교사는 필요 없는 것이 아닌가?

그런데 소극적인 교육을 주장했던 루소마저도 교사가 아이들이 자연스럽게 학습하기 위한 환경을 조성하고 체계적으로 안내하는 존재가 되어야 한다고 했다. 교사의 안내와 지도 없이 학생에게 학습 경험을 체계적으로 제공하는 것은 불가능하다. 학생들을 자기 주도적인 학습자로 성장시키기 위해서는 방임하는 것이 아니라 오히려 교사의 울타리가 필요하다. 특히 배경지식이 많지 않은 초등학생의 경우 교사의 지도 없이 학생 스스로 지식을 형성하는 것은 어려운 일이다. 뉴턴*Isaac Newton*은 자신이 많은 과학적 성취를 이룰 수 있었던 이유는 "거인들의 어깨 위에 올라서 있었기 때문"이라고 했다. 모든 학문은 다른 사람들이 이룩해 놓은 성취를 이용할 때 발전 가능한 것이다. 교사는 전문성을 발휘하여 지식을 학생들에게 가장 효과적으로 전할 수 있는 다양한 방법을 적절하게 활용할 줄 알아야 한다.

교사가 부재한 자기 주도적 발견학습은 위험 요소가 있다. 대표적인 자기 주도 학습법인 프로젝트 수업을 예로 들어보면 교사의 철저한 안내와 배경지식은 필수적이다. 만일 교사가 배경지식을 가르쳐 주지 않고 모든 것을 학생들 스스로 찾아내기 원한다면 프로젝트 활동의 질이 현저하게 낮아질 수 있다. 실제로 프로젝트 수업 연수를 듣고 무작정 그 방식을 도입했다가 오히려 수업이 재미없다고 생각하는 학생들도 있고 무엇을 배웠는지 모르겠다는 학생들도 있다는 사례를 주변에서 종종 듣는다. 학생들의 수준에 어울리지 않는 프로젝트를 수행하거나 배경지식이 형성되지 않았을 경우 혼란, 좌절감, 의욕 상실 등을 경험할 수도 있다. 프로젝트 학습법을 교실에서 적용하는 것 자체가 무조건 학생들을 위한 것이 아니며 그렇게 적용했을 때 학생들이 학습에 흥미를 느끼게 한다는 학습자 중심 교육의 목표마저 상실할 위험이 있다. 학생들이 스스로 실생활 문제들을 해결할 수 있는 능력을 갖춘 후 프로젝트를 수행할 수 있도록 교사가 철저하게 준비하고 학생들을 이끌어주어야 한다.

교육이 이루어지는 과정에서 학생들의 생각을 최대한 존중하는 것은 좋지만 그들의 생각이 늘 옳은 것은 아니다. 아이들이 발견하는 모든 것은 그 나름의 의미가 있으나 교육이 오직 그것에만 집중한다면 반드시 가르쳐야 할 내용을 놓칠 가능성이 있다. 이때 교사의 역할이 중요하다. 교사는 아이들이 발견한 것을 교육과정과 연결 지어서 유의미한 것으로 만든다. 혹여나 아이가 옳지 않은 생각을 통하여 무엇인가를 발견했다면 교사는 그 생각을 읽고 되물어주어야 한다. 교사가 면밀한 관찰력을 통해 전문성을 발휘하여야만 자기주도적 발견학습은 우리가 상상하는 이상적인 모습으로 학생들을 성장시킬 수 있다. 가르쳐야 할 지식과 교사의 전문성이 결여된 학생 주도 수업은 경계해야 하겠다.

흥미롭다는 것은 재미있다는 것인가

학생 중심 교육에서 학생의 흥미를 고려해야 한다는 것은 20세기 듀이*John Dewey*의 이론에 따라 경험주의 교육이 확산되면서 교육계의 대명제처럼 여겨져 왔다. 미래에도 학생들의 개별 특성과 잠재력을 고려한 교육과 학생들의 역량을 성장시키는 교육이 대두될 것이기 때문에 학생의 흥미를 고려한 교육은 더욱 중요해질 것이라고 예상된다.

그런데 '흥미'하면 떠오르는 것이 재미라는 인식 때문인지 학생의 흥미를 고려한다는 명목으로 교실에 재미만 남는 경우가 있다. 아이들이 학습에 재미를 느끼고 재미있는 수업으로 인해 학교에 오는 것 자체를 즐길 수 있게 되는 것은 중요한 일이다. 그런데 학생들의 재미를 유발하는 것은 성공했지만 꼭 가르쳐야 할 기초 학습 능력과 기초·기본 교육 내용들을 놓치게 된다면 성공한 교육이라고 할 수 있을까?

아동의 흥미를 고려한 교육을 강조했던 듀이조차도 아동의 흥미를 존중한다는 것은 단순히 재미만을 추구하는 것과는 다른 일이라고 하였다. 그에 따르면 아동은 일상에서 겪는 문제 상황과 그것을 해결하고자 하는 욕구를 통하여 학습 동기를 가지게 된다. 일상적인 경험이 교육적 경험으로 이동하는 과정에서 흥미를 느낀다는 의미이다. 즉 교사가 적극적으로 학생들이 일상에서 겪는 문제들을 파악하고 이를 교육과정과 연결하여 교육적인 경험으로 만드는 것이 곧 아이들의 흥미를 고려한 교육이 된다는 것이다. 그 과정에서 아이들은 학습의 필요를 스스로 느끼게 되고 자기주도 학습을 하게 된다. 교사들은 학생들이 스스로 문제 상황을 이해하고 학습을 해야 하는 이유를 발견할 수 있는 자료를 활용해야 한다. 거기에 더하여 학생들이 웃음꽃을 피우는 반응까지 이끌어내면 금상첨화라고 할 수 있을 것이다.

어떤 학급의 아이들은 역사보다 과학에 더 관심이 많다. 그렇다고 해서 가르치는 과정에서 역사를 배제하거나 과학에만 치중하여 가르치는 것은 아이들의 흥미를 고려한 교육이라고 할 수 없다. 역사 스토리텔링, 역사 토론, 역사 속 과학 이야기 조사 활동 등 다양한 교육 방법을 활용하면 아이들은 과학뿐만 아니라 역사에도 흥미를 갖게 된다. 그러고 나면 역사 공부 자체에 내재적인 가치를 발견하게 되어 아이들은 스스로 역사책을 찾아서 읽고 공부를 한다. 영국의 교육철학자 R.F.디어든R.F.Dearden은 《초등교육문제론》에서 아동의 흥미를 고려한 교육에서 교사의 중요한 역할은 아동의 흥미를 일방적으로 따르는 것이 아니라 새로운 흥미를 자극하는 것이라고 했다. 아동의 흥미를 교육의 소재로 삼아 수업을 이끌 수도 있다. 아이들의 흥미 요소를 파악하여 그것을 교과와 연결하여 수업을 할 수 있다면 더없이 훌륭한 아동 중심 교육이라고 할 수 있을 것이다. 이와 더불어 교육을 하는 과정에서 학생들이 학습 자체에 내재적인 가치를 느끼는 흥미를 갖도록 교사가 부단히 노력해야 한다는 점을 잊지 말아야 한다.

'새로운' 기술을 소개하는 것이 미래교육인가

  그동안 교실에서 보지 못했던 새로운 기술들이 교육 현장에 들어오고 있다. 교육과정에 소프트웨어 교육이 추가된 것과 관련하여 피지컬 컴퓨팅 도구로 네오봇, 터틀봇, 드론과 같이 코딩을 재미있게 익힐 수 있는 로봇들이 교육 현장에 많이 소개되었다. 메이커교육이 미래에 부상할 것이라는 전망에 따라서 3D 펜과 3D 프린터 등을 가르치는 학교도 늘었다. 아이들은 신기한 기술을 체험하며 즐거움을 느낀다. 아이들의 흥미와 미래교육의 모습이라는 두 마리 토끼를 모두 잡을 수 있기에 이러한 기술들은 전국적으로 빠르게 확산될 수 있었다. 교육과정에 새롭게 들어오는 차세대 교육 내용들과 미래교육이라는 명목으로 교실로 들어오고 있는 신기술들은 미래의 교육 패러다임으로 향하고 있는 과정에서 발생하는 현상이다. 이 현상이 부정적이라고 할 수는 없지만 우리 교사들은 능동적이고 비판적인 자세로 받아들여야 한다.

  터틀봇을 예로 들자. 햄스터 로봇과 함께 생김새가 귀엽고 카드 코딩, 라인 코딩 등 다양하고 신기한 기능이 있어 생김새만으로도 동기 유발이 되는 교구다. 이러한 로봇을 활용한 수업이 '요즘 트렌드'의 일부분이 되었다. 이 때문에 많은 학교에서는 예산 부담을 감안하면서도 터틀봇과 같은 교구를 장만하기 위해 애쓰고 있다.

귀여운 외모에, 유용한 기능을 다양하게 탑재하고 있는 터틀봇

피지컬 컴퓨팅 도구의 사용이 미래수업의 중요한 조건이 될 수 있을까? 어쩌면 터틀봇이라는 교구도 시간이 흐르면 옛 교실의 유물이 될지도 모른다. 또한 초등 교육과정에서 소프트웨어를 가르치는 의도는 아이들에게 컴퓨팅 사고력을 길러주기 위함이다. 그렇기에 터틀봇을 사용하는 방법을 익히는 것 자체는 미래를 준비한다고 할 수 없다. 중요한 것은 이러한 교구가 있을 때 어떻게 사용하는가이다. 새로운 교구를 사용하기에 앞서 학생들에게 가르치고 싶은 역량과 학생들이 꼭 배워야 하는 교과 내용을 고민하고 파악해야 한다. 다음으로 그 목적을 달성하기 위한 도구로서 기능할 수 있도록 교구를 활용하는 것이 교사의 역할이다. 이러한 과정을 통해 새로운 교구를 활용한다면 학생들의 흥미와 역량, 지식까지 많은 것들을 놓치지 않는 수업을 설계할 수 있게 된다.

그렇다면 새로운 교육을 한다는 것은 무엇을 뜻하는가? 해답은 교육 주체인 교수자의 전문성과 학습자의 특성을 살펴보는 일이다. 교사는 자신만의 교육 철학을 가지고 학생들을 바라보아야 한다. 그리고 기존에 있거나 또는 새롭게 추가된 다양한 교육 방법, 교구들 중 자신 앞에 있는 학생들에게 최적의 교육을 선택하여 제공하는 전문성을 지녀야 한다. 미래에 새롭게 들어올 다양한 에듀테크는 아이들이 지식을 더 효과적으로 학습할 수 있도록 교육하는 방법에 선택지를 더해줄 뿐이다. 그렇게 더 다양해진 선택지 속에서 교사의 교육과정 전문성이 빛을 발하여 학생들의 학습이 이전보다 더 촉진되는 것이 바로 미래의 교육이 아닌가 생각해 본다.

우리나라 학생들은 디지털 역량을 가지고 있는가

IT 강국이라는 말은 꽤 오랫동안 우리나라의 장점을 표현하는 말이었다. 그도 그럴 것이 우리나라처럼 1인당 스마트 기기 보유율이 높은 나라가 없다. 미국의 시장조사기관 퓨 리서치가 2018년에 조사한 결과에 따르면 우리나라의 성인 스마트폰 보급률은 95% 정도로 세계 1위이며, 같은 조사에서 우리나라 성인들의 SNS 사용자 비율은 76%로 77%를 기록한 이스라엘에 이어 2위이다.

또한 우리나라 콘텐츠 전송 네트워크 기업 아카마이 코리아가 발표한 '2017년 1분기 인터넷 현황 보고서'에 따르면, 우리나라의 인터넷 평균 속도는 28.6Mbps로 세계 1위라고 한다. 이는 13분기 연속 세계 1위 자리를 지킨 기록이며, 광대역 인터넷 보급률에서도 1위를 기록했다. 통계를 보지 않더라도 해외여행을 해 본 한국인이라면 한국의 인터넷 속도가 월등하다는 것을 쉽게 느낄 수 있고, 한국을 방문한 외국인들이 어디에나 있는 무료 무선 통신망에 놀라는 장면을 대중 매체에서 쉽게 접할 수 있다. 우리나라가 얼마나 스마트 환경에 대한 접근성이 좋은지 알 수 있다. 이렇게 경이로운 수준의 IT 인프라를 갖추고 있기에 미래로 가는 길에서 우리나라가 비교적 앞서 있는 나라라는 자부심이 생기는 것은 이상한 일이 아니다.

〈OECD PISA, 2018〉
학생 수 대비 PC 비율 37개국 중 32위
디지털 기기 활용 빈도 31개국 중 29위
디지털 기기 활용 역량 인식 32개국 중 31위

왼쪽의 자료는 마치 인터넷 인프라가 잘 확충이 되지 않은 개발도상국의 자료처럼 보인다. 그러나 놀랍게도 이 자료는 우리나라의 교육 현실을 분석한 자료다. 우리 국민들은 우리나라가 'IT 강국'이라는 자부심이 있기에 이러한 통계는 다소 충격적으로 다가온다. IT 인프라와 IT 활용 교육의 수준은 꼭 비례하는 것은 아닌 것으로 보인다.

인공지능을 활용한 개별 맞춤형 교육이 미래의 교육이 될 것이 분명하지만, 아직도 학교의 1인 1스마트 기기 보급률 성장은 더딘 편이다. 일부 스마트교육 선도학교나 사립학교에서는 이러한 환경이 조성되어 있기도 하지만 여전히 대부분의 학교에서는 스마트 기기 접근성이 높지 않은 것이 사실이다. 공교육에서 아이들에게 스마트기기 활용 교육을 제공하려 한다면 교육기관인 학교에서 학생들에게 스마트 기기를 자유롭게 활용할 수 있는 환경을 마련해야 할 것이다.

스마트 교육에 관한 문제는 이뿐만이 아니다. PISA의 보고서에 따르면 우리나라 15세 학생의 ICT(정보통신기술을 융합하여 정보를 주고받으며 운영, 관리하고 이용하기 위한 기술) 활용 능력은 최하위권이다. 그나마 여러 ICT 활용 능력 항목 중 평균 정도의 능력을 보이는 항목은 게임, 채팅, 검색이다. 그 외에 ICT 기계를 생산적인 일에 활용하는 능력은 다른 국가에 비해 현저히 낮은 수치이다. 이 역량은 앞에서 언급한 알파세대가 스마트 기기를 잘 다루는 능력과는 다른 문제이다. 따라서 이 문제는 스마트기기 보급률이 낮다는 사실보다 더 경각심을 가져야 할 일이다. ICT를 능동적으로 활용할 줄 아는 능력을 신장시키는 것은 오랜 기간에 걸친 교육을 통해서 가능한 일이기 때문이다.

중요한 것은 스마트 기기를 무작정 들여와 아이들에게 사용할 수 있도록 하는 것이 아니라 그 기기를 '어떻게' 사용해야 하는지에 대한 교육이다. PISA의 보고를 통해 뛰어난 스마트 기기 보급률이라는 사실에 취해 정작 미래사회에 꼭 필요한 디지털 리터러시나 디지털 활용 생산 능력 등을 기르는 것은 등한시한 것이 아닌가 하는 반성을 하게 된다. 디지털 네이티브의 역량이 체계화된 스마트 교육을 만나 디지털 활용 역량을 키워갈 수 있어야 한다.

미래를 위한 학생 평가는 어떻게 이루어져야 하는가

미래교육의 핵심이 역량을 함양하는 것이라면 학생 평가 또한 역량을 평가하도록 해야 한다. 역량은 지식을 단순 암기하는 것을 넘어 그 것을 활용하고 자신의 삶에 유의미한 것으로 다가오게 하면서 길러진다. 그러한 종합적인 인지적 과정을 평가할 수 있다면 역량 중심 교육이 더욱 완성도 있게 이루어질 것이다. 역량과 관련된 지식과 기능, 정서적 측면까지 함께 평가하기 위해서는 역량별로 학생의 처음 모습과 학습한 이후의 모습이 어떠한지 변화를 알아볼 수 있도록 해야 한다. 그렇기에 일회성 평가가 아니라 지속적인 관찰을 통한 평가가 이루어져야 한다. 미래교육의 또 다른 핵심인 개별화 교육을 위해서도 의미 있는 일이다.

그동안 초등교육 현장에서는 선다형 평가 대신 수행평가가 확산되는 등 많은 개선이 있었지만, 아직 역량을 평가하는 시스템이 완전히 정착했다고 볼 수는 없다. 수행평가는 자연스러운 학습 과정에서 이루어져야 함에도 인위적인 평가 환경을 조성하여 평가하기도 한다. 또한 오랜 기간 학생에 대한 관찰을 통해 이루어져야 함에도 일회성으로 끝나는 경우가 있고 몇 가지 지식을 암기하여 서술하도록 하는 형태로 이루어지기도 한다.

이러한 현실의 문제를 극복하는 것은 위해서 교사들은 각 학급에서 학생들에게 길러주고자 하는 역량이 무엇인지 고민하여 설정하는 것에서부터 시작할 수 있다. 그리고 각 역량이 갖추어져 있을 때를 가정하여 목표하는 모습이 무엇인지 상상해야 한다. 역량은 수업뿐만 아니라 학생들의 일상에서 행동 및 태도 등으로 나타나는 것이므로 교사가 개별 학생을 면밀하게 관찰하는 것이 필수적이다. 이러한 과정을 통해 평가를 계획한다면 자연스럽게 수업이나 생활지도의 방향이 역량을 향해 나아가게 된다.

또 평가를 통해 각 교과의 연결 지식을 놓치지 않았는지도 판단해야 한다. 초등학교에서는 역량과 함께 교과 지식도 중요하기 때문이다. 교사는 교육과정 문해력을 발휘하여 교육과정에 명시되어 있는 성취기준과 내용 요소들을 학생들이 잘 숙지했는지 평가해야 한다. 학생들의 기능이나 태도를 위해서는 수행평가를 사용하고 때로는 지식을 평가하기 위해 선택형, 진위형 혹은 서술형 평가를 사용할 수도 있다. 이처럼 다양한 평가 방법을 시의적절하게 활용하여 앞으로의 교육에 효과적으로 연계하는 것이 교사의 역할이다. 이를 위해서 학생 평가의 이미지가 '경쟁적인 시험 치기'에 머무르는 것이 아니라 일상과 수업 중에 자연스럽게 각자의 성장에 대한 피드백이 이루어지는 것이라는 인식이 먼저 보편화되어야 한다는 과제를 안고 있다.

답은 본질 속에 있다

지금까지 여러 교육적 사안에 대해 물음표를 던져보면서 미래교육에 한 걸음 더 다가서 보았다. 나름의 교육적 고민을 통해 다양한 질문거리들의 답을 찾아보았다. 다양한 해답이 나왔지만 그 해답에는 공통점이 있다는 것을 발견할 수 있었다. 그것은 바로 교육의 본질 속에 답이 있다는 것이다. 다양한 갈래의 질문들은 모두 우리가 왜 교육을 하는 것인가, 교육의 속성이 무엇인가, 아이들은 무엇을 어떻게 배워야 하는가에 대한 질문으로 귀결되었다. 우리는 아이들이 현재와 미래의 삶을 더 잘 영위하게 하기 위해 교육을 한다. 교육은 아이들이 세상을 살아가는 데에 반드시 필요한 기초·기본 지식을 습득하고 기초 생활 습관 및 학습 태도를 형성하여 전인적인 자아발전을 위해 존재해야 한다. 또한 효과적인 교육은 지금 가르치는 아이들의 발달 과정과 개인적인 특성이 고려되어야 한다.

미래에 교육 패러다임이 바뀐다고 할지라도 이와 같은 본질에 입각하여 더 섬세하고 효과적인 교육으로 발전하는 것이 바로 교육의 모습이다. 그렇기에 미래교육이 지금보다 나은 모습일 것이라는 희망이 있는 것이다. 새로운 기술이나 교육 방법들은 그 과정에서 우리에게 더 많은 선택지를 제공해 주고 교육을 더 풍성하게 만드는 역할을 할 것이다. 그 자체가 본질은 아니라는 점을 잊지 말아야 한다.

여러 가지 질문에 대한 답을 찾는 과정에서 교육계에서 당연하다고 여겨지던 주장이나 유행을 무비판적으로 수용하고 그 의미를 왜곡하여 적용한다면 오히려 희망적인 미래교육에서 멀어진다는 것을 알 수 있었다. 따라서 우리는 미래교육으로 향하는 길목에서 나타나는 현상이나 문제점들을 교육적인 고민을 통하여 해결하고 발전시켜 나가야 한다. 그 고민의 주체는 가장 먼저 교사들이어야 한다. 미래로 가는 과도기에서 교육 현상을 제일 앞에서 경험하고 있으며 올바른 변화를 실현해야 하는 이들이기 때문이다.

결국 다시 교사의 역할에 대한 논의로 돌아오게 되었다. 각각의 교사는 눈앞에 놓인 교육 사안에 교육적인 고민을 통해 해결책을 찾는다. 다음으로 여러 교사들이 함께 고민하고 실천해 나가면서 변화를 위한 교육정책이 실현된다. 그 연속된 분위기가 교육 문화를 만들고 결국 패러다임의 변화로 이어진다. 따라서 교사의 교육적인 고민은 모두 빠짐없이 소중하다. 이 책을 통해서 교사들의 교육적 고민에 대한 논의, 공감, 문제 해결 과정이 활발하게 이루어지기를 소망한다.

2장

미래형
교육과정을
고민하다

1. 미래핵심역량

불확실한 미래, 우리 아이들은 어떤 직업을 꿈꿀까

로지라는 가상 인간이 하는 광고를 본 적이 있나요? 저는 그 광고를 보고 깜짝 놀랐어요. 춤을 추는 움직임이 너무 자연스러워 춤이 특기인 연예인인 줄 알았거든요. 1997년 '아담'이라는 사이버가수가 나왔을 때 이게 바로 사이버가수라고 생각했는데, 로지는 그렇지 않네요.

저도 공감해요. 로봇이나 가상현실을 배경으로 한 세계가 우리가 사는 세계로 더 빨리 스며든 것 같아요. 며칠 전 호텔 광고에서 AI로봇 서빙고 Servinggo가 스스로 엘리베이터를 타고 움직이며 객실에 필요한 물품을 가져다주고, 손님들의 음성명령을 처리하는 모습을 보니, 와~ 이제 우리가 상상했던 미래가 가까이 왔다 생각하게 됐죠.

메타버스Metaverse란 말을 들어본 적이 있나요? 메타버스는 '가상', '초월' 등을 뜻하는 '메타Meta'와 '우주(Universe)'의 합성어로, 가상현실(VR)보다 한 단계 더 진화한 3차원의 가상세계에요. 제페토, 마인크래프트, 로블록스 등 요즘 메타버스의 세계가 더 커지고 있어서 대학입시 박람회, 은행의 메타버스 영업점도 개설된다고 해요. 우리가 보는 세계뿐만 아니라 사이버 세상이 더 입체적으로 다가오는 것 같아요.

이제 아이들의 활동 영역은 현실 세계뿐만 아니라 가상의 세계까지 넓어지겠군요. 지금의 아이들이 커서 살아갈 세계는 불확실성을 가지면서도 가능성이 넓은 곳처럼 느껴지네요.

네, 맞아요. 그래서 저는 발전해가는 사회를 보며 우리 아이들의 진로 지도를 어떻게 해야 할까를 고민해요. 예전에는 대통령, 선생님, 요리사 등 다양하면서도 명확한 꿈의 직업을 꿈꾸었다면, 지금의 아이들은 빠른 사회의 변화까지도 고민해야 하거든요.

그렇죠. 로봇과 가상 인간이 대체를 하는 직업도 생겨나고, 인간만이 할 수 있는 영역만을 고민하다 보면 구체적인 직업이나 꿈을 명확하게 드러내지 못할 수도 있을 것 같아요. 아이들의 고민만큼 교사들의 고민도 커지네요. 불확실성은 지금 우리가 가르치는 내용도 달라지게 만들기 때문에 사회에 대처할 수 있는 힘을 길러주어야겠어요.

NEW TYPE

《사피엔스》의 저자 유발 하라리*Yuval Noah Harari*는 《21세기를 위한 21가지 제언》에서 미래사회를 위한 인간이 갖추어야 할 자질은 한 번도 경험한 적 없는 상황에서 유연하게 대처할 수 있는 능력이라고 말한다. 유연하게 대처하는 능력이 중요시된다는 것은 사회가 빠르게 뷰카화되어 가고 있다는 것을 뜻하기도 한다. 뷰카화는 일촉즉발의 상황이

뷰카VUCA는 변동적(Volatility)이 불확실(Uncertainity)하며 복잡(Complexity)하고 모호(Ambiguity)한 사회 환경을 말해요.

비일비재한 전쟁 상황 속에서 쓰던 군사용어였는데, 지금은 상황이 빠르게 변하여 경각심과 유동적인 대응 태세를 갖춰야 하는 금융시장이나 현대 사회를 빗대어 쓰는 말이 되었다. 앞으로는 뷰카화가 더욱 가속될 것이다. 우리 아이들은 이런 전쟁터와 같은 유동적인 상황에 잘 적응할 수 있을까? 이 질문에 답은 생각보다 긍정적이다. 그리고 그 답은 우리 아이들의 모습에서 찾을 수 있다.

응답하라 1996 엄마, 2021 딸

1996년, 엄마의 5학년 시절 정보생활

시골에 살았던 엄마 집 TV에는 지상파 방송인 KBS만 나왔다. 김희선이 나오는 화제의 드라마 '토마토'를 보려면 SBS 방송이 나오는 집을 찾아 나름의 여행을 떠나야 했다.

인터넷은 전화선으로 연결된 '천리안'이라는 모뎀을 통해서 접속 가능했고, 컴퓨터를 통한 유일한 놀이는 지뢰 찾기였다.

아래아한글 파일을 저장하기 위해서 네모난 디스켓을 가지고 다녔고, 유명한 게임을 하기 위해서는 친구가 선물 받았다는 CD를 빌려야 했다. 정보를 찾는 쉬운 길은 책을 찾아 읽거나 선생님께 여쭈어보는 것이었다.

2021년, 5학년 딸의 슬기로운 정보생활

5살 때부터 패드를 조작할 줄 안 딸은 1학년 때부터 자판을 치는 법을 익혔고, 2학년 때부터는 '틱톡'이라는 곳에 영상을 촬영하고 편집하기 시작해 이제는 앱을 활용해 다양한 영상을 만든다.

4학년 때부터 학교에서 내준 과제를 프레젠테이션으로 만들기 시작해 이제는 수준 높은 발표 자료로 수업 시간에 발표한다.

스마트폰이나 TV 속 인공지능을 활용해 정보를 검색해 자기 취향에 맞는 콘텐츠를 찾고, 필요한 정보를 찾아 요리 활동이나 과학실험을 즐기고, 자신의 활동을 온라인 속 다른 사람과 공유한다.

정보검색을 보다 용이하게 하고, 자신의 생각이나 느낌을 다양한 매체를 활용해 효과적으로 표현할 줄 아는 5학년 딸의 정보생활을 살펴보면, 미래를 살아갈 지금의 아이들은 뷰카화된 사회 속에서 문제를 잘 발견할 줄 알고 변화에 빠르게 적응할 수 있으리란 기대가 생긴다. 이런 지금의 아이들을 《NEW TYPE의 시대》의 저자 야마구치 슈山口周는 NEW TYPE이라 정의한다. 문제를 발견할 줄 알며 변화에 빠르게 적응하는 자가 NEW TYPE형 인재인 것이다. 야마구치 슈는 OLD TYPE과 NEW TYPE을 다음과 같이 비교하기도 했다.

OLD TYPE	NEW TYPE
정답을 찾는다	문제를 찾는다
예측한다	구상한다
성과지표로 관리한다	의미를 부여한다
생산성을 높인다	놀이를 접목한다
규칙에 따른다	자신의 철학에 따른다
한 조직에 머문다	조직 사이를 넘나든다
철저히 계획해서 실행한다	우선 시도한다
빼앗고 독점한다	나눠주고 공유한다
경험에 의지한다	학습 능력에 의지한다

뉴타입은 정해진 정답을 찾기보다는 환경의 변화를 기회로 바꾸고, 하고 싶은 일에 집중하며, 나누고 공유하는 일에 집중한다. 그리고 이들은 경험에 의지하기보다는 무언가를 새롭게 학습하는 능력에 의지

한다. 이는 2021년 5학년 딸의 디지털 활용 배움 사례 속에서도 나타난다. 아이는 포토샵 수준의 "procreate" 앱을 아이패드에 깔아 레이어마다 설정을 달리하며 입체적인 그림 작품을 완성하는 것을 어렵지 않게 해낸다. 유튜브나 틱톡을 통해 관련 기술을 쉽게 익혔기 때문이다. 피아노를 배울 때도 'Simply Piano'라는 앱을 깔아 혼자서 손가락을 두는 방법을 익히고, 캐논을 쳐보며 연습을 한다. 익숙하지 않은 부분은 공유플랫폼 속 영상을 보며 자신의 부족한 점을 찾아내 고친다. 빠른 사회 변화에 적응하기 위해서는 빠르게 배워야 하는데, Z세대인 이 아이는 그런 능력을 이미 탑재하고 있는 것 같다. 분수의 통분과 약분은 어려워하면서도 자신의 삶에 필요한 것은 디지털 세상에서 빠르게 찾아 학습할 수 있는 아이들을 주변에서도 흔하게 볼 수 있다. 지금의 아이들은 미래사회에 적응할 수 있는 잠재력이 충분하다. 그러하기에 지금 시대 아이들의 강점을 극대화해 미래에 필요한 능력을 길러줄 수 있는 NEW TYPE을 향한 교육이 필요한 시점이다.

뉴타입이 마주할 미래

MIT의 맥스 테그마크 *Max Tegmark* 교수는 《라이프 3.0》에서 AI의 위협을 이렇게 설명한다.

"산업혁명 시기에 우리는 인간의 근육을 어떻게 기계로 대체할 것인지 궁리하기 시작했고, 사람들은 근육보다 정신을 더 써서 돈을 더 많이 받는 일자리로 옮겨갔다. 블루칼라 일자리는 화이트칼라 일자리로 대체됐다. 이제 우리는 우리의 두뇌를 어떻게 하면 기계로 대신할 수 있을지 궁리하고 있다."

앞으로 아이들이 살아갈 미래는 인공지능과 함께해야 할 모습들이 많아질 것이다. 새로운 기술은 인간 생활에 편리함을 준다는 기대감도 있지만 우리가 지금까지 겪어보지 않은 것이기에 두려움을 갖게 되는 것도 사실이다. 그리고 미래학자들은 인공지능이 인간의 정신을 흉내 내고 스스로 학습할 수 있는 능력까지 갖추게 되면 도리어 인간을 지배하는 상황이 벌어질 수도 있다고 경고한다. 벌써 인공지능으로 인해 인간의 직업에 많은 변화가 생겼다.

인간의 두뇌를 대체한다는 AI는 이미 인간의 한계를 넘어섰다. 거리를 달리는 자율주행 자동차를 넘어 주식, 골프, 작곡 등 인간의 심리적 활동까지 수행할 수 있는 수준에 이르렀다. 그러나 인공지능에게는 명확한 한계가 있다. 인간이 세운 알고리즘과 방대한 데이터에 의한 학습에 움직인다는 사실이다. 또 인공지능은 인간이 부여한 가치를 습득할 뿐이다. 그렇기에 아무리 인공지능이 고도로 발전한다 하더라도 인간을 대체할 수는 없다. 그리고 누군가는 또 아무도 가지 않은 길을 개척하고 새로운 기술을 활용하여 세상에 없던 직업을 만들어낼 것이다. 그 토대 위에 세워진 새로운 가치가 사회를 이끌 것이다. 그러한 변화는 특별한 영웅이 아니라 지금 시대의 아이들이 이끌어갈 것이다. 그렇기에 미래를 살아갈 NEW TYPE의 아이들에게 막연한 두려움을 갖게 하기보다는 보다 적극적이고 희망적인 메시지로 미래를 그리게 하는 것이 미래교육으로 가는 첫걸음이 될 것이다.

내가 꿈꾸는 직업이 사라진다고요

2013년 9월, 칼 베네딕트*Carl Benedikt Frey*, 마이클 오스본*Michael Osborne* 교수가 발표한 〈고용의 미래〉 보고서에는 자동화시스템의 발달에 따라 2033년쯤에 가장 먼저 없어질 직업으로 텔레마케터, 화물창고 업무 종사자, 시계 수리공, 스포츠 경기 심판, 모델 등을 꼽았다. 9위에는 자동차 엔지니어도 있었고, 판사, 약사, 의사, 회계사, 변호사도 위험군에 있었다. 반대로 사라질 가능성이 없는 직업으로는 레크리에이션 활용 치료 전문가, 헬스케어 부문 사회복지사, 구강·안악면술 외과의사, 영양사, 심리학자, 초등학교 교사 등이 꼽혔다.

판사, 약사, 의사, 회계사, 변호사가 거론된 것이 의아할 것이다. '사'로 끝나는 직업은 사회적으로 인정받고 있어 그 직업을 갖기 위한 과열 현상을 쉽게 볼 수 있기 때문이다. 그러나 다음과 같은 세상을 상상한다면 그럴듯해 보일지 모른다. 앞으로는 빅데이터를 기반으로 병을 진단하는 로봇이 생길 것이다. 정밀하게 코딩된 로봇이 수술을 맡고 처방전을 넣으면 약이 제조되는 자판기가 상용화된다. 의사와 약사가 하는 일의 대부분을 인공지능 로봇이 더욱 정확하게 수행하게 된다면 현재 사회적 지위가 높은 직업들도 안전하지 않을 수 있다. 그렇다면 상상한 대로 앞서 언급된 직업들은 인공지능 로봇에 의해 꼼짝없이 대체되고 말 것인가?

〈고용의 미래〉에서는 로봇이나 인공지능에게 대체되지 않을 직업의 조건으로 다음의 세 가지를 말하고 있다.

첫째, 지각과 통찰력을 요구하는 일(perception and manipulation tasks)
둘째, 창의성을 요구하는 일(creative intelligence tasks)
셋째, 사회적 지능을 요구하는 일(social intelligence tasks)

여기서 사회적 지능은 무엇을 뜻할까? 네이버 지식백과에 따르면 일상생활에서 자기 및 타인의 감정과 사고 행동을 이해하고, 그러한 이해의 바탕 위에서 적절하게 행동할 수 있는 능력을 의미한다. 지각과 통찰력, 창의성, 그리고 사회적 지능은 인공지능이 흉내 낼 수 없는 능력이다. 미래의 일자리 지형도를 그리기 위해서는 현재 존재하는 직업들이 이러한 능력을 요구하는 직업인지 살펴볼 필요가 있다.

다시 의사의 사례로 돌아가 보자. 환자가 살아날 '가능성'을 조금이라도 더 높인다는 데이터가 입력되어 있다면 암 환자에게 인공지능 의사는 당장 병원에 입원해서 항암치료를 받고, 신기술에 의거하여 수술을 받으라고 지시할 것이다. 하지만 환자는 인간 의사와의 상담을 통해 방법을 결정할 것이다. 왜냐하면 환자는 마지막 순간을 아름답게 보낼 수 있는 자신의 삶의 질(Quality of life)을 고려한 선택을 할 수도 있기 때문이다. 이처럼 인간만이 할 수 있는 능력이 그 직업에 요구된다면 사라질 것이라고 예상했던 직업들도 유지될 수 있다.

국제로봇연맹(IFR)의 〈생산성, 고용, 직업에 미치는 로봇의 영향〉 보고서에는 로봇은 노동 행위를 대체하는 것이지 직업 자체를 대체하는 것은 아니라고 말한다. 이처럼 우리가 AI와 로봇의 본질을 생각하며 인간의 자유의지와 같은 인본적 가치를 지킬 방법을 고민한다면 우리 아이들에게 미래의 직업에 대해 좀 더 실제적인 안내를 해줄 수 있다. 그리고 어떤 직업이 미래에 사라질 것이라 예측하는 것보다 미래를 살아갈 아이들이 인공지능에 대체되지 않을 능력을 갖추도록 길러주는 것이 교육의 지혜로운 역할이 될 것이다.

역량의 시대는 계속 이어진다

교육에 관한 담론에서 가장 중요한 질문 중 하나는 '무엇을 가르칠 것인가'이다. 무엇을 가르칠 것인지에 대한 사회적 합의가 이루어지고 나면 그것을 바탕으로 '어떻게 가르칠 것인지' 결정하게 된다. 현재의 이 질문에 대한 답은 '교과'로 집약됐다. 한 인간이 사회 구성원으로 기능하기 위해 교과 지식을 학습해야 한다고 여겨져 왔고, 그 결과 오늘날 국어, 수학, 사회, 과학 등의 교과 간 경계가 굳어졌다.

이와 관련하여 페디웰*J.Abner Peddiwell*의 '검치 호랑이 교육과정' 우화를 떠올려보자.

교육에 관한 우화 '검치 호랑이 교육과정'

검치 호랑이(신생대 시기에 번성했던 송곳니가 길게 난 호랑이과 맹수)가 인간을 위협하던 시절, 부족의 한 진보적인 사람이 '우리 부족 사람들이 의식주와 안전을 위해 할 줄 알아야 하는 것은 무엇일까'라는 질문을 가지고 교육을 시작했다. 그는 검치 호랑이를 잡기 위한 덫 설치하기, 그물 짜기, 불 사용법 등을 교육과정으로 삼아 교육했고, 이 교육법은 빙하기를 지나 검치 호랑이가 멸종된 시기에도 실시됐다. 환경이 변하면서 새로운 동물(곰)이 나타났다. 그런데 곰은 불을 무서워하지 않았다. 곰을 잡기 위해서 어른들은 새로운 기술을 받아들여야 했고, 곧 새로운 기술은 빠르게 마을을 안정시켰다. 그런데 교육은 새로운 기술에 맞춰 변하지 않고 그대로이자 어른들은 교육을 주관하는 원로를 찾아가 교육과정을 바꾸자고 제안한다. 그러나 원로들은 이런 말을 하며 어른들을 설득시켰고, 어른들은 곧 수긍했다.

"교육이란 거센 물살 속에서도 당당하게 버티고 서 있는 바위와 같이 변화하는 조건 속에서도 버티어 내는 그 무엇이네. 교육이란 어떤 영원한 진리이며, 검치 호랑이 교육과정은 그중의 하나라는 사실을 알아야 하네!"

원로들은 물고기를 맨손으로 잡고 불을 다루는 등의 교육은 그 기술을 익히게 하는 것보다는 그를 통해 민첩성을 기르고, 고상한 용기를 길러주는 의도가 있다고 본 것이다. 이것이 바로 역량이다. 교과란 교육과정을 운영할 때 필요한 지식이나 기능을 작은 활동 단위로 구조화해 놓은 하나의 예시이기 때문에, 그 바탕을 이루는 역량을 잘 살펴야 한다.

현재 학교에서 가르치고 있는 것 중 많은 것들이 미래에는 활용할 수 없는 것이 될 수도 있고, 우리가 미래교육이라고 믿고 있는 기술들도 더 먼 미래에는 무용지물이 될 수도 있다. 그렇다면 미래를 대비하기 위해 학교에서는 무엇을 가르쳐야 하는가? 중요한 것은 미래사회에 잘 적응하고 나아가 미래사회를 이끌어갈 수 있는 탄력성을 길러주는 것이다. 설령 그동안 본 적이 없는 새로운 기술이 갑자기 등장한다 해도 그러한 탄력성을 가지고 있는 사람은 사회 속에서 방황하지 않고 적응하며 살아가게 된다. 미래는 인간이 인공지능의 도전 앞에서 인간만이 가질 수 있는 능력을 요구한다는 것을 앞서 확인했다. 인공지능에 대체될 수 없으면서 미래에 적응하는 데에 꼭 필요한 능력, 그것이 바로 미래핵심역량이다.

미래핵심역량은 무엇이어야 할까

그렇다면 학교에서는 어떤 역량을 가르쳐야 할까? 먼저 여러 사회학자 및 미래학자, 교육학자들이 꼽는 미래에 갖춰야 할 역량을 먼저 파악해 본 후 미래교육과정에 담길 세계 교육의 흐름에 따른 미래핵심역량을 예측해 보자.

《미래학자의 일자리 통찰》의 저자 최윤식 아시아미래인재연구소 소장은 미래에 필요 없는 능력은 빠른 계산력과 기억력이며, 핵심을 통찰하는 능력, 소통을 위한 문화 이해력, 그리고 컴퓨터 알고리즘 이해력은 꼭 갖춰야 하는 능력이라고 했다. 더불어 평생 배움을 유지할 수 있는 호기심이라는 태도도 언급했다.

또한 KAIST 김진형 명예교수는 《AI 최강의 수업》에서 인공지능 시대의 시민교육과 미래사회에 필요한 4C 능력에 대해 언급한다.

> "인공지능 시대는 변화를 예측하기 힘든 상황이라 무엇보다도 변화에 적응하며 창의적으로 문제를 해결하는 능력이 가장 중요하다. 또한 혁신과 학습의 도구를 사용하는 능력도 필수적이다. 이에 더해 적극적으로 삶을 개척하고, 어디에서나 빠르게 적응할 줄 아는 인성도 필요하다."

김진형 교수가 말한 4C에 《뉴노멀》의 저자 윤기영 미래학회 부회장은 개인 회복력, 자기 개발력, 학습 민첩성을 추가적으로 제시한다. 앞으로의 사회는 재택, 온라인으로 소비하는 업종이 곧 성장산업이며, SW, 디지털 콘텐츠 산업이 성장함에 따라 인재 역량도 바뀌기 때문이다.

4C능력이란 비판적 사고능력(Critical Thinking), 창의성(Creativity), 소통능력(Communication), 협업능력(Collaboration)이에요.

"온라인 근무는 다른 측면의 역량을 요구한다. 인재를 뽑을 때도 온라인 네트워킹 및 협업 능력을 중시하게 될 것이다. 혼자 일하기 때문에 개인 회복력, 홀로 일하는 심리적 안전 성향도 중요하다. 상사가 관찰하면서 업무 지시나 훈련이 어렵기 때문에 전체적인 이해력이 높고, 주도적으로 일하는 인재를 선호하게 될 것이다. 재택근무는 상사나 동료로부터 배우는 기회가 적으므로 자기 개발력을 더욱 요구하게 된다. 듣기, 호기심, 학습 민첩성 또한 중요한 역량이 될 것이다."

기자이자 인문교육 작가인 임지은은 《내 아이의 첫 미래교육》에서 미래에 갖춰야 할 역량으로 자기다움, 평생 즐기는 배움력, 함께하고 싶은 사람이 되는 것, 남보다 잘하는 것이 아니라 남과 다르게 생각하는 힘, 문제 해결 능력, 디지털 리터러시를 꼽았다. 미래에는 혼자서만 잘하기보다는 함께 잘하는 방법을 아는 인재, 그리고 학습에 능동적인 모습을 보이는 인재가 필요함을 이야기했는데, 이는 김진형 교수가 제안한 4C에는 제시되지 않은 역량이기도 하다.

2018년 12월 25일, 구글 주최로 《21세기를 위한 21가지 제언》을 쓴 유발 하라리와의 대담에서 사회자는 미래사회를 살아갈 자신의 딸을 위해 어떤 힘을 길러주어야 하는지 물었다. 그때 그는 "감성적 지능, 정서적 안정감, 일생을 살아가는 동안에 계속해서 자신을 재창출할 수 있는 능력을 가져야 한다. 그리고 전통적인 지식주의 관점에서는 돌로 된 튼튼한 집 같은 정체성을 가질 필요가 있었다면 미래에는 이동하기 쉬운 정체성을 갖는 것이 합리적이다."라고 말했다. 이는 인문교육 작가인 임지은이 제시한 평생 즐기는 배움력과 맥락이 비슷하다. 평생 배울 수 있는 능력이 있어야 자신을 재창출하고, 새로운 정체성을 확립할 수 있기 때문이다.

세계적인 자기주도학습법의 권위자인 송인섭 교수는 《와일드》에서 뷰카화된 야생적(wild) 환경에서는 사람만이 지니고 있는 고유한 감성 능력에 창의성을 더한 '감성적 창의성'을 길러야 한다고 말했다. 그는 10년간 학습자를 집중 연구한 결과, 위기 상황에 남다른 문제해결력을 보이고 유연성을 발휘하며 자기조절력을 보인 학생들은 '감성적 창의성'이 발견되었다고 했다. 유발 하라리가 말하는 감성적 지능과 맞닿은 부분이 있지만 감성적 지능을 넘어 정서적 안정감, 자기 재창출 능력을 포함한 좀 더 포괄적인 역량이기도 하다.

핀란드 헬싱키 대학교의 교육심리학 교수인 키르시티 론카*Kirsti Lonka*는 《핀란드 교육에서 미래교육의 답을 찾다 : 미래핵심역량과 현상 기반 학습》에서 21세기에 갖춰야 할 역량으로 다음을 꼽고 있다.

1. 사고력과 학습력
2. 문화적역량, 상호작용과 자기표현
3. 자기조절과 자기관리
4. 다중 문해력
5. ICT 역량
6. 직무수행 역량과 기업가 정신
7. 참여와 사회적 행동력

2018년 이후부터 미국 명문대학교에서는 객관적 시험인 SAT 결과를 입학 전형에 포함하지 않기로 했다고 한다. 이에 따라 미국 100대 명문 사립고등학교에서는 핵심 역량 성취도를 중심으로 기재된 성적증명서를 발급하고 있는데, 《인사이드 하이어 에드》미국 교육 전문지는 핵심 역량 8가지를 이렇게 밝힌다.

1. 분석적, 창의적 사고 능력
2. 복합적 의사소통
3. 리더십과 팀워크
4. 디지털 양적 리터러시

5. 세계적 시각
6. 적응력 진취성 모험정신
7. 진실성과 윤리적 의사결정
8. 마음의 습관

눈여겨볼 만한 것은 8번째 역량이다. 이는 윤기영 미래학회 부회장이 제시한 개인 회복력과 심리적 안전 성향, 유발 하라리가 제시한 정서적 안정감과 맞닿는다. 미래 사회에는 무엇보다도 자기 마음을 다스리는 능력이 중요하다. 현재도 복잡한 사회 속에서 인간성은 점차 옅어지고 모든 것이 빠르게 변화한다. 나를 잃지 않고 나의 삶을 스스로 결정하기 위해서는 자기조절, 책임, 회복탄력성 등 마음의 습관에 관한 교육이 더욱 중요해질 것이다.

이러한 미래역량에 대한 사회의 분석 방향은 OECD DeSeCo프로젝트에도 담겨 있다. 그리고 OECD DeSeCo프로젝트의 후행 연구로 2015년부터 시행된 OECD Education 2030에서는 2030년을 살아갈 학생들에게 필요한 역량이 무엇인지 다시 규명하고, 개인과 사회의 '웰빙'을 추구하기 위한 교육과정 체계를 개발했다.

OECD 교육 2030의 제안은 크게 학습 개념틀(학습나침반) 개발과 교육과정 분석으로 나뉘는데, 학습 개념틀에서는 '변혁적 역량(transformative competencies)'을 세 가지로 제시했고, 이 세 가지는 기존의 역량과 다음과 같이 연결된다.

1. 새로운 가치 만들기(Creating new value) ➡ 창의성, 문제해결력
2. 긴장과 딜레마 해소하기(Reconciling tensions and dilemmas) ➡ 협동, 공감, 갈등관리

3. 책임감 가지기(Taking responsibility) ➡ 책임감, 시민성

개인의 변혁적 역량은 예측·기대(Anticipation), 행동·실행(Action), 반추·숙고(Reflection)의 'A-A-R 싸이클'을 통해 길러지는 것으로 보았다. 학습개념틀은 학습자가 익숙하지 않은 상황에서 스스로 탐색하고, 의미 있고 책임질 수 있는 방향을 찾도록 한다는 뜻이 담겨 있다. 그래서 학습의 주체는 학생이 된다. 그리고 학생이 자신의 위치를 찾아가도록 학습자 행동주체(Student Agency) 주변에서 교사, 학부모, 사회가 학습과 교육내용, 학습 방법 등에 영향을 주고받는 협력적 관계를 갖는 것도 중요한 요소로 본다.

2. One Thing으로 성장하는 교실

도대체 어떤 역량을 선택해야 하지

앞에서 많은 역량들을 보니 머릿속이 너무 혼란스럽네요. 저 역량들을 다 길러주어야 하는 것인가 하는 생각 때문에요.

맞아요. 지금도 교과마다 넘쳐나는 역량 때문에 수업을 구성할 때 망설이는 부분이 많이 있어요. 창의성을 길러주는 수업을 구성하면서 인성도 키워주어야 하고, 교과의 본질도 살려야 하고 40분 수업 안에 담아야 할 것이 많아 어떨 때는 지도안에서만 끝나고 마는 역량도 있어요.

저는 분명히 잘 전달되었다고 생각했는데, 학생들이 무엇을 해결해야 하는지 모르는 경우가 많아 반성할 때가 많아요.
그리고 정보처리 역량이나 협업 능력같이 장기간에 걸쳐 길러지는 역량이 있는가 하면 그 속성을 모르면 바로 파악하기 힘든 역량이 있어 내가 아이들을 잘 가르치고 있는지에 대한 의문이 들 때도 있죠.

답답할 때가 있죠. 제가 잘할 수 없는 분야를 보면 여러 연수를 통해 익혀도 아직 완벽하게 구현할 수 없는 부분도 있거든요.
예를 들어 미디어 리터러시를 길러주기 위해 여러 온라인 도구를 활용하여 수업하면서도 서로에게 공감하며 협력하는 역량까지도 키워줘야 하는 그 과정이 어려워요. 정량적으로 가능한 부분들이 없어서 답답한 거죠.

공감되는 부분이네요. 우리가 방향성을 가지고 수업 도구를 활용하고, 역량을 품은 교육과정을 구성하고, 먼 곳을 내다보며 지도해야 할 필요성이 느껴지네요.

수업은 예술이다

세 명의 바이올리니스트가 있다. 세 명의 연주자에게 같은 악보를 줘도 그들은 다른 영감과 느낌으로 곡을 연주한다. 요리사도 마찬가지다. 그들에게 똑같은 재료가 주어지더라도 요리사마다 재료의 재해석으로 맛의 느낌과 강렬함의 차이를 만들어내어 식객을 사로잡는다. 화가 또한 그러하다. 피카소의 경우를 예로 들어보자. 그의 그림을 처음 본 관람객들은 사실적이지 않은 그림에 공감하기 힘들어한다. 하지만 작가만의 철학과 의도, 기법 등을 이해하면 비로소 그의 그림을 다시 보게 되고 재평가한다. 이렇듯 악기 연주자, 요리사, 화가는 모두 자신만의 예술 세계를 펼쳐 보이며 그 속에서 전문성을 인정받는다.

교사도 마찬가지다. 교사마다 수업의 모습은 제각각이지만 교사 나름의 전문성과 철학을 담아 학급에 가장 필요한 것을 가장 효과적인 방식으로 가르친다. 같은 재료와 주제, 경험을 가지고도 완전히 다른 작품을 만들어내는 예술가와 같은 모습이다. 그러하기에 수업은 예술적인 측면이 강하다.

> "이로써 당연히 여러분이 무거운 책임을 짊어져야 합니다. 그러나 이 책임을 떠맡지 않고는 어떤 수업도 할 수 없습니다. 교사에게 처음부터 시간표와 온갖 것들을 지시하는 수업은 사실 진정한 의미에서 교사의 예술을 완전히 소멸시킵니다. 그렇게 되어서는 안 됩니다. 교사는 전체 학교 조직에서 실행하는 요소, 활기를 돋우는 요소가 되어야만 합니다."
>
> – 루돌프 슈타이너(2016), **발도르프교육 방법론적 고찰**, 밝은누리.

지금까지의 교육과 수업에 예술성을 부여할 여유가 있었는지 돌아볼 차례이다. 이는 수업을 평가하는 장면에서 잘 드러난다. 예술 작품에 대한 평가는 표현 기법뿐만 아니라 작가의 의도, 상황 맥락, 작품의 영향력 등이 중요하다. 수업도 예술이라는 관점에서 바라본다면 교사의 의도와 맥락, 학생들에게 어떤 영향을 주었는지 등이 중요한 평가 기준이 된다. 그런데 불과 몇 년 전까지 교육 현장은 교사의 수업을 볼 때 일률적인 틀과 잣대로 비판해야 할 점을 찾았다. 형식에 치우친 수업 분석은 "교사가 가르칠 때 등을 보이지 말아야 한다." "칠판을 3분법으로 나눠서 판서해야 한다." "도입–전개–정리의 시간 분배를 알맞게 해야 한다." 등의 기준에 종속되게 했다. 다행히 지금은 배움에 초점을 맞춘 수업 나눔으로 관점이 바뀌어 가고 있다.

교사를 아이들의 감정과 리듬에 배움을 조화롭게 꾸미는 예술가로서의 지위를 인정하는 교육철학자, 슈타이너는 교사의 주체적, 자율적

판단과 예술적 실천을 중요하게 여긴다. 변혁적 역량과 학생 주도성을 강조하는 미래형 교육과정 운영은 정교하면서도 창의적인 기법으로 조화로운 선율을 만들어내는 교사의 역량이 필요하다.

강점 스위치를 켜라

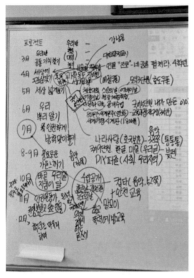

2월 말, 동학년이 함께 논의한 월별 주제

4학년 동학년과 함께 사회과에서 지역의 문화유산 단원을 지도했던 사례를 소개한다. 2월 말 교과별로 대강의 활동 방향 및 타 교과와의 융합, 꼭 길러주어야 하는 역량을 주제로 한 논의를 바탕으로 월별 프로젝트 주제를 선정했다. 6월의 주제는 '우리 뿌리 알기'였는데, 사회과에서 지역의 문화유산 및 역사적 인물을 알아보는 단원과 연계하여 지도했다.

우선 세 학급은 공통적으로 지역 사회의 전문가이신 교장선생님의 문화유산 및 역사적 인물에 관한 강의를 들었다. 그 후 이 강의를 바탕으로 첫 번째 학급은 학급 자체 문화유산 책을 제작하기를, 두 번째 학급은 한 개씩의 소재를 잡아 조사 보고서 만들기, 문화유산 지도 만들기를, 세 번째 학급은 같은 강의를 듣고 학습지를 통해 문화유산을 심화하여 조사해 본 후 다양한 활동(문화유산 소개 연극, 엔트리 활용 자료 제작, 프레젠테이션 발표 등)을 계획했다. 같은 강의를 들었지만 이후

세 학급의 활동 모습을 다르게 만든 요인이 무엇일까? 그 요인은 학급별 학생들의 성향과 교사의 강점의 차이였다.

첫 번째 학급 학생들은 함께 하는 활동을 좋아하는 성향이며, 교사는 미리캔버스 및 포토샵, 인디자인을 활용할 수 있는 능력이 있다. 이러한 학생과 교사의 특징은 학급 독립 출판 활동으로 이어졌다. 두 번째 학급의 아이들은 비교적 차분한 성향이고, 교사는 자료 검색 및 작품 제작 능력이 뛰어났다. 이러한 특징은 두 번째 학급 게시판에 걸린 거대한 문화유산 지도에 잘 묻어났다. 세 번째 학급의 학생들은 교사의 허용적인 분위기 속에서 활동하는 것에 익숙해져 있었기에 엔트리 코딩, 프레젠테이션 제작, 연극 놀이 등 다양한 능력을 활용하여 역사적 인물을 소개하는 프로그램을 개발했다.

한 가지의 주제도 수업 속에서는 다른 방식으로 구현된다. 교사마다 수업방식, 활용하는 도구, 학급의 실태가 다르기 때문이다. 교사는 자신과 학습자의 강점에 기반해 수업을 설계하고, 다양한 색깔의 수업으로 만들어내는데, 획일적이지 않은 교사의 수업 구현 방식은 학습자와 교사의 강점 스위치를 켜는 데부터 시작한다는 것을 알 수 있다.

One Thing 교육을 제안하다

이처럼 각각의 교사들은 저마다 특별한 강점을 발휘하여 고유의 빛깔로 채워진 예술적인 교실을 만들어간다. 본 책의 저자들은 교사와 학생들의 강점을 살리는 교실 운영 방법으로 One Thing 교실을 제안한다. One Thing 교육은 미래핵심역량 중 한 가지를 선택해 학급의 강점으로 살려 긍정적인 연쇄 효과로 다른 역량을 끌어올리는 교육원리를 담은 교사교육과정 운영 방식이다.

"인생에서 진짜 비극은 천재적인 재능을 타고나지 못한 것이 아니라 이미 가지고 있는 강점을 제대로 활용하지 못하는 것이다."

– 벤저민 플랭클린*Benjamin Franklin*

One Thing 교육의 기저에 깔린 강점이론은 긍정심리학(Positive Psychology)에 바탕을 두고 있다. 긍정심리학은 마틴 셀리그만*Martin Seligman* 교수가 창시한 학문으로, 인간의 긍정적인 심리적 측면(개인의 강점과 미덕, 선善 등)을 과학적으로 연구하여 인간의 행복과 성장을 돕는 심리학이다. 긍정심리학은 20세기의 정신의학자들이 프로이드의 영향으로 마음의 부정적인 면에만 집중하여 삶의 긍정적 가치를 돌아보지 못했다는 반성에서 시작됐는데, 마틴 셀리그만 교수는 《마틴 셀리그만의 긍정심리학》에서 긍정적인 삶을 만들 수 있는 것은 자신의 의지가 중요하다고 보았다. 학생 주도성(Student Agency)을 중심에 놓고, 개인과 사회의 '웰빙' 연결점을 찾는 교육을 하는 미래교육에서는 학생이 갖는 긍정적인 삶의 태도는 무엇보다 중요하다. One Thing 교육은 이러한 삶의 태도를 갖게 하기 위한 교사의 예술교육기법이다.

공감형 인간을 기르는 One Thing 교육

로이스 로우리*Lois Lowry*의 디스토피아적 세계관을 담은 소설 《기억전달자》에 그려진 인류의 미래는 One Thing 교육에 대한 흥미로운 시사점을 제공한다.

이 소설의 배경인 '커뮤니티'라는 공동체에 사는 아이들은 12세가 되면 어릴 때부터 원로회의 세밀한 관찰과 분석을 바탕으로 결정된 직업을 부여받는다. 아이를 잘 돌보는 아이들은 보모가 되고, 운송 수단에 관심이 많은 아이는 드론 조종사가 된다. 직업 선택에 본인의 자유의지를 반영하지는 않지만, 원로회는 12년 동안의 면밀한 관찰로 각각의 사회 구성원에게 최적의 직업을 부여한다. 중요한 점은 직업 부여의 기준이 오직 그 사람의 재능 한 가지라는 것이다. 다른 조건은 모두 동일하다. '커뮤니티'의 철저한 통제 아래 구성원들은 감정을 가질 수 없으며 자유의지에 따른 선택도 허용되지 않는다. 직업을 가진 이후에도 윤리적인 고민보다는 정해진 직업 매뉴얼대로만 움직인다. 이 사회에는 행복과 아름다움을 느끼는 사람은 없다. 감정을 일으키는 색깔이나 음악도 존재하지 않는다. 다만 통제된 언어로 즐거움과 기쁨을 표현할 뿐이다.

'커뮤니티'의 원로회는 사람의 가장 뛰어난 재능 '한 가지'를 보고 직업을 부여한다. 그렇다면 이 커뮤니티의 시스템은 진정한 One Thing인가? One Thing의 직역이 '한 가지'이기 때문에 사람의 강점 한 가지만을 기르는 교육이라고 오해할 수 있다. 그러나 본 책에서 제안하는 One Thing 교육은 이와 다르다. 소설에서는 공감 능력과 자유의지가 없이 정해주는 대로만 살아가며 감성과 창의성을 잃어버린 신인류의 모습을 그린다. One Thing 교육은 이와 반대로 교사와 학생의 강점을 고려한 미래역량 함양교육을 통해 서로의 감정과 자유의지를 존중하는 경험을 할 수 있도록 할 것이다.

《기억 전달자》속 커뮤니티는 마냥 상상 속에만 존재하는 것이 아닐지도 모른다. 인간이 가진 고유한 감정과 자유의지를 미래사회에는 더 통제하기가 쉬워질 것이다. 커뮤니티의 신인류처럼 통제당하고 있다는 인식조차 하지 못할 수도 있다. 사실 지금도 인공지능은 인류에게 선택지를 제공하고 있다. 쇼핑몰에서 물건 하나를 고르면 그와 관련된 다른 제품을 보여주고, 광고 또한 검색했던 쇼핑몰이나 제품 위주로 맞춤형으로 제공되고 있다. 유튜브 알고리즘은 자주 검색한 내용을 인공지능이 분석하여 사용자가 흥미를 가질 만한 영상을 추천해주고 있다. 편하게 선택할 수 있는 장점이 생겼지만 선택을 하기 위한 고민의 과정은 그만큼 줄어들었다. One Thing 교육은 손쉬운 결과를 얻는 과정보다는 고민의 과정에서 드는 감정을 다스릴 수 있는 교육이 되기를 희망한다. 그리고 그러한 교육을 통해 초연결 시대를 이끌 공감형 인간(Homo Empathicus)을 기르기를 소망한다.

One Thing 교육 설명서

One Thing 교육은 심오한 교육 이론이 아니다. 교사들이 지금까지 해오고 있던 교수 행위를 되돌아보면서 미래교육에 대한 고민을 더한 것이다. 그렇기에 One Thing 교육 설명서는 교육의 성과를 객관적이고 과학적으로 증명하기보다는 각각의 교사가 가진 경험에 공감하는 이야기를 담고자 한다.

첫째, One Thing 교실은 교사의 강점을 찾는 것이 아니라 공동체의 강점을 키우는 교육을 지향한다.

그렇다면 One Thing 교육은 교사 개인의 강점을 발전시키는 것인가, 학생 개인의 강점을 키워주는 교육인가? 미래교육에서 교사의 강점, 아이의 강점 그 자체를 살피는 것은 물론 중요하다. 그러나 One Thing 교실에서는 먼저 공동체의 강점을 고민해보고 교실이나 학교 공동체가 기르는 미래역량을 생각하는 과정이 필요하다.

자기방어로 버티는 아이를 품을 수 있을까?

부모님의 관심을 거의 받지 못하며 자란 아이가 있다. 어릴 때는 학습에 대한 부담감, 27명의 또래가 가득한 교실 경험이 없었기에 기관의 보육만으로도 특별한 문제 없이 자랄 수 있었다. 그러나 학교에 입학한 후에는 아침밥이 제공되지 않고, 일찍 하교하며 학습준비물을 스스로 준비해야 하는 등 여러 방면에서 어려운 상황이 되었다. 관심을 주지 않는 부모님의 태도로 인해 아이는 자신만의 학교 적응법을 세워 지냈고, 그 적응법은 친구들과의 갈등을 일으켰다.

리코더를 가지고 오지 않은 날, 친구와 다툼이 일어났다. 친구는 왜 가지고 오지 않았냐는 질문을 했을 뿐이다. 그러나 아이는 네가 무슨 상관이냐는 말로 대응하며 큰 싸움으로 번졌고 친구들 사이에서 '피해야 하는 친구'로 낙인이 찍히고 말았다. 사실 이 아이는 기죽지 않을 자기방어를 익힌 것이다. 부모님의 부족한 관심으로 인해 낮아진 자존감을 감추기 위해 공격적인 방식으로 상황을 해결하려고 한 것이다. 아이는 매일, 매 순간 결핍과 박탈감을 느끼며 자기 나름의 방어막을 쳐 감정의 전쟁터같이 느껴지는 학교에서 버티고 있었다. 다른 아이들은 아이의 상황을 잘 알지 못하기에 그 아이가 뱉는 거친 말과 행동들을 이상하게만 여겼고, 매일 담임교사에게 그 아이의 모든 말과 행동을 일러바치는 일에 더 집중했다. 이럴 때 나의 교실이 이 아이를 어떻게 품어줄 수 있을까?

아이 한 명의 특징을 단번에 바꾸려는 행동주의적 접근은 이 아이의 장기적인 성장에 크게 도움이 되지 않는다는 사실에 교사들은 공감할 것이다. 그래서 위 아이와 같은 사례를 만나면 교사는 그 학생이 결핍과 박탈감을 느끼지 않도록 교실 분위기를 먼저 조성해 줄 수 있을 것이다. 또 아이에 대한 격려를 통해 삶에 대한 용기를 갖게 하고, 협력을 통해 공동체의 따스함을 느끼게 함으로써 자신이 가진 감정을 다루게 되면서 학습의 활동에 자기주도성을 가지고 참여할 수 있는 분위기로 이끄는 것이다. 공동체의 따스한 경험은 아이에게 소속감을 갖게 하고, 공동체가 보이는 좋은 모습에 서서히 다가갈 것이다. 바로 이러한 흐름이 공동체의 강점이 될 수 있다.

이 아이를 품을 수 있는 것은 교실 분위기뿐만이 아닐 것이다. 이 아이가 디지털 리터러시의 강점을 가진 학급을 만나 디지털 역량에 발전이 일어난다면 이는 자신감 회복으로 이어질 것이고, 자신감의 회복은 다른 친구와의 관계 속에서 배려심을 갖게 하기도 할 것이다. 이렇듯 One Thing 교육은 아이 한 명의 성장과 함께 우리 반 아이들 전체의 성장까지 도모할 수 있는 지혜로운 방법을 찾아가는 교육이다.

둘째, One Thing 교육은 해마다 바뀔 수 있다. 교사는 특정 역량의 전문가가 아니라 적절한 역량을 선택하여 적용하는 전문가이기 때문이다.

저학년 전문가가 되고 싶은 A 교사, 자기의 교수법을 발전시키는 B 교사

A 교사는 그동안 고학년 위주로 담임을 맡아 왔는데 다가올 학기에는 2학년을 맡게 되었다. 저학년을 많이 맡아보지 않았다는 걱정을 안고 2월부터 2학년 학생들을 맞을 준비를 했다. 먼저 A 교사는 2학년 학생들을 지도하는 교수법을 보며 자신의 교수법을 다시 한 번 점검했다.

고학년 학생들은 "수업 시간이다."라는 한마디만 하면 쉬는 시간을 즐기다가도 수업할 준비를 하지만, 저학년 학생들에게 이런 말은 무의미할 때가 많다. 저학년 학생들을 수업으로 이끌기 위해서는 학생들의 흥미를 끌 수 있는 동기유발이나 자료가 필요할 때가 많다. 이런 부분을 알고 있기에 A 교사는 손 유희와 종이접기, 저학년을 위한 놀이 등 저학년 학생들과 즐거운 수업을 할 수 있도록 돕는 연수를 들으며 자신의 부족한 부분을 채워 나갔다.

B 교사는 학생들의 사고력을 신장시켜 주고, 학생들의 삶에 연결되는 학습이 될 수 있도록 독서와 글쓰기 지도를 해왔다. 그런데 십 년 전과 달리 학생들이 사고하는 방법도 변화가 되었고, 흥미를 갖는 지점도 달라졌다는 점을 인식하게 되었다. 그래서 연극이라는 활동을 접목하기 시작했다. 더 나아가 연극의 판을 학생들에게 돌려주기 위해 촬영에서 편집까지 스스로 할 수 있는 기회를 제공하는 것에 노력을 기울이기 시작했다.

두 교사의 노력은 새로운 교육 흐름에 따른 것일 수도 있다. 최근 체험 중심 연극이 부각이 되고, 놀이 중심의 교육 활동 사례가 늘고 있기 때문이다. 하지만 근본적인 변화는 교사의 고민에서 시작됐고, 그 고민을 해결하기 위해 연수 및 자기 성찰로 새로운 역량을 받아들일 준비를 한다. 교육의 본질 위에 새로운 교육 방법과 학급에 맞는 역량 교육을 녹이는 것이다.

초등학교 선생님은 카멜레온과 같은 모습을 가지고 있다. 매년 6개의 학년 범위 안에서 한 개의 학년을 맡게 되는데, 1학년부터 6학년까지 학생 발달 특성의 차이 폭이 크기 때문에 매년 다른 옷을 입듯 학급의 색깔을 바꾸어야 한다. 예를 들면 1학년 학생들을 대할 때에는 꼼꼼한 챙김으로, 6학년 학생들을 대할 때에는 자율성이 보장될 수 있는 허용적인 분위기를 형성해 주는 등 교사의 학급경영 방법을 바꾸어야 한다. 이 학급의 색깔은 학년에 따라 학급을 이루게 되는 학생의 특성에 따라서도 달라진다.

교사가 학급경영 방법을 바꿀 수 있다는 것은 그만큼 상황에 대처할 수 있는 교사의 무기가 많아야 한다는 것을 의미하기도 한다. 컴퓨터도 잘 다루고, 연극도 잘하고, 심리적으로 아이를 잘 이해하고, 학부모 상담도 잘하고, 수학도 재미있게 잘 가르쳐 주는 등 모든 방면에서 유능함을 보이는 그런 교사가 되는 것을 원하는 것이 아니라 학생들을 관찰하는 전문적인 눈을 가지고 학생들에게 가장 필요한 역량이 무엇인지 판단하여 적절하게 키워주는 변혁적 리더십을 가진 교사가 되기를 제안하고자 한다. 올해는 자기조절력을 기르는 학급을 가꾸었다면 내년에는 학생들에 따라 자기주도성을 기르는 학급으로 성장시킬 수 있다.

셋째, One Thing 교육은 미래를 지향하며 학생들의 디지털 소양 함양에 기여하는 것이다.

2022 개정 교육과정에서는 학생들이 기본적으로 갖추어야 할 기초 소양을 종전의 3R's(읽기와 쓰기, 셈하기)에서 여러 교과를 학습하는 데에 기반이 되는 언어, 수리, 디지털 소양으로 전환한다고 개정 방침에 밝혔다. 여기서 디지털 소양이 눈에 띈다. 2022 개정 교육과정의 디지털 소양은 문해 능력과 같은 개념이다. 문해 능력은 "일상생활에서 불편함이 없을 정도로 기본적인 수준의 읽기, 쓰기, 셈하기를 할 수 있는

능력"을 말하는데, 디지털 소양은 이 문해 능력을 디지털 상황에 한정하는 것이다. 다음은 OECD가 정의한 기초 소양이다.

OECD의 핵심 기반 중 인지적 기반의 요소와 정의

- **(언어 소양)** 다양한 목적을 위해 다양한 형식과 상황에서 텍스트와 시각적 정보를 이해, 해석 사용하고 창출하는 능력(부호/부호 시스템의 인코딩 및 디코딩을 기반으로 의미 만들기)
- **(수리 소양)** 디지털 환경을 포함한 일상생활에서 수학도구, 추리 및 모델링을 사용하는 능력
- **(디지털 소양)** 전통적인 literacy와 동일한 기초능력에 의존하지만, digital literacy는 디지털 상황에서 적용되며, 새로운 디지털 도구와 역량에 의존함
- **(데이터 소양)** 데이터로부터 의미 있는 정보를 도출할 수 있는 능력, 데이터 읽기, 작업, 분석 및 데이터와의 논쟁 능력, 그리고 '데이터의 의미'를 이해하는 능력을 포함

– 출처: 교육부

이 책의 1장에서 우리나라는 디지털 환경은 발전하고 있으나 이에 상응한 디지털 활용 교육이 제대로 이루어지고 있지 않음을 지적한 바 있다. 2022 개정 교육과정에서는 디지털 소양이 미래를 살아갈 이들을 위한 기초 역량으로 자리 잡은 만큼 현장에서의 체계적인 적용이 필요하다.

이 시대의 취업 준비생, J 군과 이야기를 나눈 적이 있다. 취업을 준비하다 보니 수많은 정보 속에서 자신에게 필요한 정보를 찾고, 이를 해석하고, 비교·분석하는 능력이 필요함을 절실히 깨달았다고 한다. 취업을 위한 강좌를 고르더라도 어떤 강의가 자신에게 도움이 되는지를 판단해야 하고, 자신을 위한 정부의 지원책은 없는지, 그 기업에서 원하는 가산점은 어떻게 등록해야 하는지, 자신이 받아들인 정보가 타당한지, 그 시점에 활용 가능한지 등을 판단하는 능력이 필요함을 느끼게 된 것이다. 미래에 우리 학생들은 개개인의 맞춤형 정보가 필요한 사람에게 찾아오는 AI 보편화 시대에 살아갈 것이다. J 군처럼 자신에게 필요한 정보를 찾아 헤매는 것보다는 좀 더 수월한 시대에 살아갈 것이다. 하지만 오히려 그만큼 디지털 정보를 올바르게 활용하고, 정보를 분별하며, 해석·활용하는 디지털 소양은 더욱 중요해질 것이다. 그러하기에 One Thing 교육에는 디지털 소양 함양에 기여하고자 하는 의지가 담겼다.

넷째, One Thing 교육은 민주주의를 기반으로 시민성을 기르는 교육을 지향한다.

One Thing 교육은 학생들이 미래를 살아가는 데에 필요한 역량을 중심으로 학생들의 자발적인 배움이 일어나는 것이 목적이다. 그리고 One Thing 교육은 교실 속 민주적인 관계에서 완성될 수 있다. 민주적인 교실을 실현하기 위해서는 다음 두 가지를 생각해 볼 필요가 있다.

먼저 One Thing 교실에서 교사의 역할이다.

"민주주의에서 교사들은 사려 깊음과 돌봄의 본보기가 되고, 문제 해결과 의사 결정의 모범이 되어야 한다. 깊이 있는 질문을 던지고, 연관관계를 만들어 나가고, 교실에서 일어나는 놀라운 것, 뜻밖의 것, 새로운 것을 통합할 수 있는 사람이어야 한다."

– 윌리엄 에어스*William Ayers* 지음,
홍한별 역(2012), **가르친다는 것**, 양철북.

윌리엄 에어스는 민주주의는 전체주의와 달리 각 개인의 인간성을 인정하며 불분명하고 불완전하고, 변화 가능성이 있는 공동의 사회 속에서 함께 살아갈 수 있도록 자유민의 자발성이 발현되는 형태라 이야기했다. 그러므로 모든 사람에게 똑같은 기준을 세울 수 없고, 민주사회의 교사는 관료주의적으로 돌아가는 기계 안의 톱니바퀴나 비인간적 시스템 안의 부속이 될 수는 없다고 보며, 교사를 "아이들의 성정을 돌보고 지원하는 유연성과 자율성을 지닌 윤리적 행위자"로 보았다.

때로는 민주주의 속 자유의 가치를 방임과 혼동하여 아이들의 모든 것을 허용하는 교사를 민주적인 교사라고 생각할 수도 있다. 그러나 아이들에게 교육적인 자유를 주는 것과 아이들을 방치하는 것은 다르다. 이와 관련하여 아이들의 자유와 의지를 심어주는 감성교육을 하는 자유발도르프학교의 설립자 루돌프 슈타이너는 교사가 아이들의 존중과 신뢰로 형성된 권위를 가져야 한다고 이야기한다. 아이들의 존중과 신뢰는 무조건적 허용에서 나오는 것이 아니라 '바로 된 본보기'를 통해서이다. 교사는 아이들이 민주적으로 자신의 의견을 표현하고 합의하는 경험을 할 수 있도록 '자유의 울타리'를 마련해 주는 역할을 해야 한다. 이처럼 One Thing 교실을 세우는 교사라면 민주적인 교사의 모습에 대한 성찰로 시작해보았으면 한다.

다음으로 민주주의 One Thing 교실에서는 내가 사는 지역, 세계, 이

웃에 대한 관심을 유발하는 내용을 통하여 존중과 자율, 연대를 통한 시민성을 기를 수 있도록 해야 한다. 미래로 갈수록 한 나라 안에서 해결할 수 없는 문제들이 점점 늘어날 것이다. 지금도 환경과 기후의 문제는 인류 공동체의 연대를 통해 해결하기 위해 노력하고 있고, 팬데믹 상황까지 몰고 오는 감염병의 문제는 국가 간의 공유와 협력으로 대처하고 있다. 앞으로는 과학과 경제, 환경과 기후 등 복잡하게 얽힌 문제들을 함께 해결해야 하는 상황이 더 다가올 것이다. 미래의 문제를 해결할 아이들에게 다양한 가치와 관심을 불어 넣어 주고, 그 안에서 살아갈 수 있는 시민으로서의 자질, 능력을 키워줄 수 있는 교육의 씨앗이 One Thing 교실에 담기기를 바란다.

3장

One Thing
미래교실의
문을 열다

1. One Thing 미래교실을 위한 환경

One Thing 교실은 교실공간에서부터 시작된다

 선생님들께서는 교실 공간을 어떻게 채우시나요? 예전에는 아이들의 작품으로 꽉 차게 꾸미는 데 치중했지만, 지금은 아이들에게 좀 더 편안하면 서도 활동 의지가 일어나는 교실로 꾸미고 싶다는 생각이 들어요.

 저는 시기별로 학생들이 하는 프로젝트 결과물을 과정별로 보여주는 환경 구성을 해요. 교실을 보 면 그 반의 분위기도 느껴지는 것 같아요. 그래서 One Thing 교실을 운영할 때 교실 공간을 많이 고 민하게 되는 것 같아요.

 맞아요. 학년을 맡게 되면 내 교실을 가장 먼저 탐 색하고, 이 교실에서 할 수 있는 것들을 흐릿하게 나마 구상해 보는 것을 가장 먼저 하죠.
그리고 학급의 교육과정 계획을 수립하면 그 계획 에 맞춰 교실 환경을 꾸미고, 내 교실에 무엇이 필 요한지, 우리 학년이 쓸 공간을 어떻게 꾸밀지 생 각하는 것 같아요.

공간에는 물리적 공간의 범위도 포함되지만 심리적 공간의 범위도 포함해요. 교사와 학생들이 함께 만들어가는 심리적 공간으로 교실 공간을 바꿀 수도 있죠.
우리가 지금 당장 변화시킬 수 있는 부분이죠. One Thing 교실은 공동체의 강점을 키우는 교육이기에 이러한 심리적인 변화를 교실 공간 속에 채우는 것도 의미 있는 것 같아요.

다른 철학자와 달리 공간에 대한 사유로 사회를 분석한 앙리 르페브르는 《공간의 생산》에서 새로운 사회적 관계가 새로운 공간을 요구하고 새로운 공간이 새로운 사회적 관계를 낳는다는 말을 했어요.
4차 산업혁명과 더불어 팬데믹 상황으로 뉴노멀의 기준이 생산되고 있는 요즘, 공간 또한 변화가 시작되어야 해요. 그리고 그 변화를 물리적으로만 받아들이지 않고, 심리적인 변화까지 일어날 수 있게 교실도 변해야 하죠. 그리고 One Thing 교실에도 이런 물리적, 심리적 변화를 담아야 할 것 같아요.

네모상자 교실은 변할 수 있을까

〈1970년대 교실〉　　〈2000년대 교실〉　　〈2020년대 교실〉

우리나라에 근대교육이 시작될 때부터 지금까지 변하지 않은 것은 바로 학생들의 책상과 의자가 주를 이루는 모습이다. 70년대 60명이 한 반에 머물며 교사 주도로 지식을 전달한 때도, 2020년대가 되어 학생 활동 중심 수업 구현을 노력하고 있는 지금도 책상과 의자만이 교실을 꽉 채우고 있다. 달라진 것이 있다면 70년대에는 한 반에 머무르는 학생이 많아 책상과 의자가 더 많았고, 90년대 말부터는 컴퓨터를 활용해 교사가 다양한 자료를 활용을 할 수 있게 됐고, 2020년대에는 스마트 패드 활용 수업이 더 보편화되어 학생도 스마트 기기를 활용할 수 있게 되었다는 것뿐이다. 70년대도 책상에 앉아 네모난 교실에서 공부했고, 2020년대에도 아이들은 책상에 앉아 네모난 교실에서 공부하고 있다.

공간 구성은 학생들이 어떻게 행동해야 하는지에 대한 단서를 제공한다. 예를 들어, 학생이 모둠활동에 적합한 개방적으로 배치된 좌석이 있는 교실에 들어가면 모둠활동에 참여하려는 경향이 강해지고, 모든 책상이 일렬로 배치되고 앞을 향하게 하면 학생들은 앞에 선 교사가 지시하는 말을 기다리는 것에 더 집중할 것이다. 허리를 꼿꼿하게 펴고 딱딱한 의자에 앉아 장시간 수업을 듣고, 쉬는 시간에는 책상과 책상의 자투리 공간에 앉아 놀고, 딱딱하게 각 잡힌 복도와 계단을 이동하는 학생들을 보면 일률적인 모양만이 존재하는 장소에서 어떤 재미난 상상을 하고, 즐거움을 느낄 수 있을까라

지금의 학교 대부분은 1962년 학교시설 표준설계도 제정에 따라 시설은 남향 배치, 편복도, 현관 양측 3~4개 교실 배치, 10m 내외 폭의 ―자형 건물의 양식을 따르고 있어요.

는 생각이 든다.

그런데 변하지 않을 것 같은 학교에도 변화가 시작되었다. 디지털 기술이 발달하고 있는 시대적 배경도 있지만 코로나 팬데믹 상황으로 이례 없이 전 세계의 학교가 문을 닫으면서 학교라는 물리적 공간이 꼭 필요한가에 대한 의견이 나오기 시작했다. 그리고 이러한 논의는 학교 공간의 재구성에 대한 논의에 불을 댕기게 되었다.

> "코로나 바이러스는 교육을 위한 시끄러운 모닝콜입니다. 우리는 이제 학교를 다시 새롭게 고치고 활성화할 기회를 얻게 되었습니다. (중략) 그래서 한 명의 교사가 무관심한 이들에게 '지식'을 부여하기 위해 고군분투했던 전통적인 교실과는 매우 다르게 보일 것입니다."
>
> — 프라카쉬 네어*Prakash Nair*

미국의 미래학자이자 학교 건축가인 프라카쉬 네어는 학교 공간에 환경 과학, 신경학, 심리학 및 아동 발달 등의 연구 결과가 건축에 들어갈 수 있도록 설계하는 EDI라는 회사의 CEO로, 6대륙 52개국의 학교를 설계했다. 그는 미래학자이자 작가로 학교 건축에 대한 생각을 여러 기고문을 통해 드러냈는데, 코로나 팬데믹을 계기로 학교 공간에 대한 인식의 변화가 시작된 만큼 학교 공간 혁신이 이루어져야 함을 강조했다. 더불어 그는 미래의 학습공간은 한 명의 교사가 벽으로 둘러싸인 네모난 교실에서 학생들을 가르치는 것이 아니라 학습커뮤니티라는 중심공간이 있고, 그 중심공간에 교실이 연결되어 4~6명의 교사가 100~150명의 학생들을 함께 교육하는 공간으로 거듭나게 될 것이라고 이야기하기도 했다. 그는 왜 학교 공간에 학습 커뮤니티를 제안했을까? 그의 생각을 이해하기 위해서는 교육미래학자이자 철학자인 데이비드 손버그*David Thornburg*가 '원시 학습 은유'로 묘사한 네 가지 학습 방법을 이해할 필요가 있다.

학습 환경의 분류

데이비드 손버그는 1970년대 후반부터 교육 분야에서 활동해 온 미래학자로, 인류가 오랫동안 학습해 온 방식을 4가지로 분류하여 설명했다. Campfire(모닥불 학습), Watering Hole(물웅덩이 학습), Cave(동굴 학습), Life(삶의 학습)가 그 유형이다. 프라카쉬 네어는 데이비드 손버그의 네 가지 학습 방법이 다양하게 경험되는 곳이 학교 공간이어야 한다고 생각했고, 이를 학교 디자인에 적용하여 학습커뮤니티 공간을 제안한 것이다.

그의 생각을 실현한 사례가 있다. 바로 미국 켄터키주에 있는 Eminence Elementary school이다. 그가 제안한 학습커뮤니티가 이 초등학교에서는 에듀허브Edu Hub로 구현됐다. 에듀 허브는 원형으로 되어 있는 최신의 도서관인데, 이 원형 공간을 중심으로 목공, 드론, 로봇, VR 체험, TV 스튜디오 연구실, 전통 공구 연구실 등의 메이커 랩 공간이 연결되어 있다. 에듀 허브는 Campfire와 같은 중심공간이고, 메이커 랩 공간은 Watering Hole과 같은 역할을 하는 공간인 것이다. 에듀 허브는 공간의 장벽을 없앤 구조를 가지고 있어 가변성을 갖게 했고, 모든 벽은 자석을 붙일 수 있고, 사용할 수 있는 표면으로 만들어 협업을 할 수 있게 만들었다. Cave와 Life를 공간의 가변성으로 이을 수 있는 장점까지 있는 학교 공간이다.

데이비드 손버그가 분류한 학습유형을 미래의 교육환경에 맞춰 재분류한 이도 있다. 바로 《교실이 없는 시대가 온다》의 저자인 존 카우치와 제이슨 타운이다. 데이비드 손버그가 제시한 4가지 학습공간에서 Life(삶의 학습) 대신 산꼭대기형 학습공간을 추가했다.

첫 번째는 한 사람이 동시에 많은 사람들에게 이야기하는 **모닥불형** 학습공간이다. 인류의 시작부터 이야기를 전달하는 최적의 장소는 모닥불 주변에서 시작되었다. 모닥불형 학습공간의 실제 교실 환경은 원 모양 좌석 배치 형태의 사회적 상호작용이 활발해지는 구성을 의미한다. 모닥불형 학습공간이 디지털 환경에서는 줌, 유튜브 등의 화상회의로 구현된다.

두 번째는 **물웅덩이형** 학습공간으로 실제 공간에서는 사람들이 많이 모여 정보를 공유하는 모든 공간을 의미하나 학교 환경에서는 조용한 장소를 요구하는 전통적 사고 때문에 거의 존재하지 않는다. 디지털 공간에서는 페이스북과 같은 SNS나 위키피디아, 나무위키같이 대중의 참여로 해결책을 얻는 크라우드 소싱 사이트, 구글 문서와 같은 공유 문서 편집 툴 등이 있다.

세 번째는 **동굴형** 학습 공간으로, 학습자가 자신이 배운 것을 되새겨 보는 과정에서 초인지를 활용하게 되는 모든 공간에서의 학습을 의미한다. 모닥불형 공간에서 이야기를 시작하고, 물웅덩이형 공간에서 학습자 간 의사소통을 통해 협력하며, 동굴형 공간에서 메타인지 사고를 통해 사고의 확장을 일으킨다. 디지털 공간에서는 코딩 프로그램, 디자인 프로그램, 프레젠테이션 제작 등이 있다.

네 번째는 **산꼭대기형** 학습공간으로 배운 것을 실제로 적용해 보는 온·오프라인의 모든 도전 공간을 의미한다.

학습 환경과 One Thing 교실

학습 환경의 4가지 유형과 4가지 역량을 연결 지어 보면 물웅덩이형은 협력의 역량이 주로 쓰이는 학습 환경이고 동굴형 학습공간은 자기 조절력의 공간이며 산꼭대기형의 공간은 주도성의 공간이다. 디지털 리터러시 역량은 역량 자체의 신장도 중요하지만 다른 역량의 신장을 위한 도구로 미래의 모든 학습 환경에서 쓰이게 된다.

환경이 한 사람의 정체성과 특징을 규정하는 데에 일정 부분 이상의 영향력을 가지고 있다는 것을 부정하는 사람은 없을 것이다. 위 4가지 유형의 학습 환경을 하나의 교실 환경에서 모두 구성하는 것은 현실적으로 어렵다. 그러나 에듀테크의 발달로 디지털 기술과 공간의 힘을 빌리면 학습자에게 다양한 학습 환경을 제공할 수 있고 학습자에게 실제와 연결된 의미 있고 미래에 필요한 역량을 길러나갈 수 있도록 도움을 줄 수 있다.

내 교실부터 시작되는 변화

그런데 학교 공간의 혁신은 거시적인 관점에서 변화를 요구하기 때문에 많은 시간이 필요해 보인다. 21세기 교육을 위한 교실 공간 마련은 현실적으로 어려운 것일까? 그렇지 않다. 학습자의 심리적인 변화와 활동 욕구를 고려한 교실 공간의 변화가 그 시작이다.

학교 공간을 연구하는 Spaces4learning.com에서 영국 Salford 대학의 연구원들이 교실 공간의 기능이 학업성취도에 미치는 영향에 대한 연구 결과를 게시했다. 이 연구원들은 15가지 디자인 요소를 조사했는데, 7가지가 학습에 영향을 미친다고 보았다. 그 7가지는 조명, 온도, 공기 품질, 소유권, 유연성, 복잡성 및 색상인데, 이 중 절반은 학생들의 편안함과 관련이 있었다. 교실 디자인이 학생들 학습률의 약 16% 영향을 끼치며, 학생들이 교실 공간에 편안함을 갖게 되면 긴장을 풀고 스스로 부정적인 생각을 차단하여 수업에 더 효과적으로 집중한다는 것이다. 특히 불안이나 감각 처리에 장애가 있는 학생들에게는 더 효과적이다. 이 연구에서 또 한 가지 흥미로운 점은 소유권과 유연성에 관련된 것이다. 이는 학습공간 설계에 학생들에게 선택권을 제공하는 것이다. 학생들에게 어디에 앉을지, 어떤 도구와 자료로 교실을 꾸밀 것인지 등에 대한 선택권을 주는 것은 학생들의 책임감 있는 의사결정을 촉진하고 자신감을 길러준다는 것이다. 지금 당장 많은 예산을 투입하여 교실 공간을 혁신적으로 바꿀 수 없겠지만 아이들에게 교실 공간의 선택권을 주는 작은 변화부터 시작해보면 어떨까?

디지털 공간으로의 변화 '에듀테크'

미래교실을 위해서 공간 구조와 주변 환경의 변화와 더불어 빠르게 변화되어야 하는 것은 교실의 스마트화이다. One Thing 교실도 디지털 기술을 활용한 수업을 적극 활용하고 있다. 코로나 팬데믹이 장기화되며 학교 현장에 스마트 기기 및 소프트웨어의 보급이 빠르게 이루어졌다. 화상 수업을 위해 웹캠, 듀얼 모니터, 마이크 및 헤드셋, 태블릿PC, 펜타블렛 등의 기기, 동영상 편집 프로그램 및 학생들의 의견을 모을 수 있는 앱의 보급, 교육 플랫

에듀테크Edu-Tech는 교육(Education)과 기술(Technology)의 합성어로, 산업통상자원부(2018)에서는 에듀테크를 교육 서비스업이 VR, AR, AI, 빅테이터 등 ICT기술과 융합하여 기존과 다른 새로운 학습 경험을 제공하는 혁신 분야로 정의하였어요.

폼 제공, 쌍방향 수업을 가능하게 하는 대화 창구 마련 등이 빠르게 교육 현장에 안착했다. 이렇게 교육에 기술이 결합된 것을 에듀테크라고 부른다.

이러닝E-learning이 교육환경을 오프라인에서 온라인으로 물리적인 측면에서 바꾸었다면 에듀테크는 물리적 공간뿐 아니라 인공지능, VR, AR, 빅데이터 등으로 심리적 공간까지 연결하는 것이다. 또한 이러닝이 교수자의 강의에 의존한다면 에듀테크는 학습자의 배움 과정에 집중한다. 에듀테크는 이러닝에서 한 단계 발전한 것이다.

에듀테크의 세 가지 방향

휴넷에듀테크연구소 소장인 홍정민은 에듀테크의 방향을 세 가지로 요약했는데 교육의 대중화, 교육 효과의 극대화, 교육과 일상생활의 결합이다.

교육의 대중화는 Mooc(Massive on the open online course)라고 불리고 있다. Mooc는 온라인 공개수업이라고도 불리며 웹 서비스를 기반으로 이루어지는 상호참여적, 거대규모의 교육을 의미한다. 처음에는 세계 유명 대학의 강의가 무료로 대중에게 공개되는 것으로 시작하여 현재는 다수의 교육기관이 참여하고 있고 네이버나 다음 등의 국내 포탈에서도 검색해 쉽게 들을 수 있다. 온라인 공개수업은 원격교육이 진화한 형태로 인터넷 토론 게시판을 중심으로 학생과 교수, 그리고 조교들 사이의 커뮤니티를 만들어 수업을 진행하는 것이 특징이다. 세바스찬 스런*Sebastian Thrun*은 미과학기술부 대통령 자문위원회(President's Council of Advisors on Science and Technology, PCAST)에서, 온라인 공개 수업은 기존의 강좌 제공 방식과 분명히 다르며, 강의뿐만 아니라 학생들이 사용한 여러 종류의 데이터들을 크라우드 소싱(온라인 공개수업 시 학생들 간의 피드백) 및 자동화된 채점 방식 등으로 재가공 및 개선이 가능한 신기술이라고 언급한 바 있다.

교육 효과의 극대화는 기존의 오프라인 수업에서 학생의 특성을 고려한 1:1 학습을 지향한다. 빅데이터와 AI, 증강현실, 가상현실을 적용하여 학생 개인에게 맞는 교육과정, 학습내용 등을 제공해 최상의 학습효과를 거둘 수 있도록 한다.

교육과 일상생활의 결합은 전통적 교육이 교실 안에만 머무르는 지식이었다면 에듀테크는 실생활에서 배운 내용을 활용하도록 하는 방향이다. 다른 사용자와의 연결을 통해 서로 배우게 하는 디지털 플랫폼과 앱이 있다. 인공지능을 활용한 에듀테크 기술의 가장 큰 장점은 빅데이터를 활용한 머신러닝을 통해 학습자 개개인의 학습 역량에 맞춘 교육이 가능하다는 점이다.

에듀테크의 발전

오늘날 에듀테크 기술의 핵심적인 측면은 인공지능(AI)이라 할 수 있다. 인공지능을 활용하기까지 컴퓨터 환경 기반의 CAI(Computer Assisted Instruction), 인터넷 환경 기반 WBI(Web Based Instruction), 모바일 환경(Mobile Learning), 클라우드 환경(Ubiquitous Learning)의 교육과 기술의 결합이 있었다.

구글 카드 보드와 스마트 기기를 활용한 세계 여러 나라의 유적지 및 관광지를 탐색하는 가상현실 VR(virtual reality) 교육과 디지털 교과서 사회, 과학 교과에서 각종 개념을 실감 나게 보여주는 증강현실 AR(Augmented Reality) 교육은 이미 몇 년 전부터 교실 현장에 쓰이고 있다. 지금도 VR, AR과 융합한 교육 콘텐츠와 기기가 개발되고 있으며 앞으로 교육과 연계해 활용할 영역이 무궁무진하다.

페이스북, 인스타그램, 카카오톡, 네이버 밴드 등 SNS(social network service)와 교육과의 결합이 필요한 이유는 이전 교육 내용의 전달 방식은 현재의 정보 전달 속도를 따라잡을 수 없기 때문이다. 국가 교육과정이 변하는 속도도 시대의 변화와 교육의 패러다임에 맞추어 빠르게 변화하고 있지만 그보다 더 중요하게 가르쳐야 하는 것이 무엇인지 종잡을 수 없을 만큼 어제와 오늘의 변화가 너무도 빠르다. 구글의 전前 회장이었던 에릭 슈미트Eric Emerson Schmidt가 "인류 문명이 시작했을 때부터 2003년까지 창출한 정보의 총량이 이제는 2일마다 창출되고 있다. 2020년에는 이러한 양이 2시간마다 창출될 것이다."라고 말했듯이 실시간으로 변화하는 현재를 따라잡기 위해서는 배움의 플랫폼을 다양하게 할 필요성이 커지고 있다.

에듀테크 시대 교사의 역할

에듀테크의 발전으로 교사의 역할도 기존 가르침의 영역에서 코칭의 영역으로 전환되어야 한다. 가르침으로 꽉 찬 수업에서 학습자 스스로 배울 수 있는 수업을 설계해야 한다. 우리는 어떻게 가르쳐야 하는가를 고민하기보다는 어떠한 것을 가르치지 않아야 하는지를 고민해야 한다. "지금 학교에서 배우는 것의 80~90%는 아이들이 40대가 되었을 때 필요가 없어질 가능성이 높다."라는 유발 하라리의 말이 아니더라도 지금 배우는 지식의 거의 대부분은 학생들이 살아갈 미래에는 필요가 없다는 것을 우리는 빠른 시대의 변화로 체감하고 있다. 그래서 우리는 학습자의 역량에 집중해야 하고 그것을 키워주기 위한 도구로

에듀테크를 활용한다.

　우리가 잊지 말아야 할 것은 에듀테크는 하나의 기술에 불과하다는 것이다. 인공지능을 중심으로 한 에듀테크의 발전이 학생들에게 줄 수 없는 자기조절력, 자기주도성, 협업, 디지털 리터러시 역량에 집중해야 한다. 나를 스스로 조절하고 주도적으로 행동하며 다른 이와 디지털 기술과 정보를 활용해 협력하는 미래인재를 길러나가는 방향이 바로 그것이다.

심리적인 교실 공간의 변화

　마지막으로 심리적인 공간 변화를 이야기해 보고자 한다. 공간은 심리적 범위까지 포함한다. 즉 학급에서 느껴지는 공기, 그 분위기는 교사와 학생이 충분히 만들어갈 수 있다. 강압적인 분위기, 민주적인 분위기, 서로 배려하는 분위기 등 교실에는 다양한 기운이 존재할 것이다. 에듀테크가 현재와 미래의 물리적 공간이라면 민주적인 공간으로서의 교실은 학생의 정서적 심리적 상태와 맞닿아 있다. 민주적이라는 말을 다양한 관점에서 접근할 수 있겠지만 여기서는 자기조절력, 디지털 리터러시, 자기주도성, 협력, 이 4가지의 역량이 민주적 공간으로서의 교실을 만들기 위해 어떻게 작동해야 하는지 살펴보고자 한다.

자율적인 감정 통제로 이뤄가는 평화로운 교실 — 자기조절력

　민주적인 사회에서는 개인이 자율적인 행동을 할 수 있는 권리를 갖는다. 그러나 그러한 자유에 대한 인식이 서로 다르면 갈등이 일어난다. 이러한 갈등을 다루는 것이 바로 민주적인 사회에서 이뤄지는 합의와 규칙이다. 그런데 이러한 합의와 규칙에 공감을 갖지 못하는 경우도 있다. 그리고 그러한 상태를 분노로 표출하면 학급의 분위기는 방임적인 상태가 되어간다. 자기조절력 교실을 운영하는 교사는 이러한 상태가 되지 않도록 학생들이 자신의 감정을 분명하게 드러내고, 좀 더 현명한 방법으로 표현할 수 있도록 합의를 이끌고자 한다. 그래서 자신의 감정을 분명하게 표현하는 학급 분위기를 형성할 것이다. 학생들 각자의 감정을 자율적으로 통제하게 되면 평화로운 교실 분위기가 형성될 수 있기 때문이다.

질문이 살아있는 스마트한 디지털 생활교실 ― 디지털 리터러시

질문은 학습자의 사고를 활성화시켜 배움을 살아있게 만든다. 위대한 발견과 성취는 모두 질문에서 시작되었고 의미 있는 배움도 결국은 질문에서 시작된다. 학습자 개인과 학습 공동체가 질문을 하는 분위기를 만들어가는 것이 무엇보다 중요한 이유이다. 질문이 넘치는 교실은 배움에 대해 열려 있다는 것이고 누군가가 배움을 독점하지 않는다는 것이다. 질문이 넘치는 교실은 교사가 가르침을 독점할 수 없기 때문에 학생과 학생 간의 가르침과 배움의 장면(Scaffolding)이 나타나게 된다. 질문을 생성하기 위한 가장 좋은 방법은 기록하는 것이다. 질문을 만들어 기록하고 다른 학습자와 공유하는 과정을 거치다 보면 질문의 양과 질이 좋아진다. 이러한 과정은 평소의 수업에서 쉽게 적용 가능하다. 수업을 시작하기 전에 수업 내용에 대해 질문을 적고 이 질문을 기반으로 수업이 끝나면 스스로 답하게 한다. 질문을 만들어 짝과 함께 이야기하고 모둠과 토론하며 가장 좋은 질문을 뽑아 전체에게 발표하는 과정을 거친다. 질문이 있는 교실은 학습자의 능동적인 디지털 리터러시의 역량 신장을 가능하게 한다.

서로의 비움으로 새로운 채움을 이어가는 우리가 만드는 교실
— 자기주도성

주도성이 있는 민주적 공간으로서의 교실을 만들기 위해 필요한 것은 비움이다. 비움을 먼저 실행해야 하는 주체는 교사이다. 교사의 비움은 학급 운영과 교수학습 측면에서도 모두 나타나야 한다. 교사가 주도권을 놓지 않고 단순히 학생의 의견을 들어주고 반영하는 것으로는 민주적인 공간으로서의 교실이 달성될 수 없다. 가득 찬 잔에는 아무것도 채워 넣을 수 없다. 교실에서 교사는 일정한 비움을 통해 가능한 학생들의 욕구를 반영해 주어야 하고, 학생은 그 비워진 곳을 스스로 채워 넣어야 한다. 교사로부터 학생으로의 주도성 이양은 계획적이어야 하며 체계적으로 진행되어야 한다. 비체계적이거나 무조건적인 비움은 방임을 낳을 뿐, 학생이 주도성을 발휘할 수 없기 때문이다. 학생의 욕구를 충족시키면서 자율과 책임을 강조하는 주도성 전략은 학생의 자아개념을 높이는 것은 물론 민주시민으로 살아갈 학생들이 학교에서 길러나가야 할 필수적인 역량이다.

좋은 관계를 맺으며 좋은 삶의 주인이 되어가는 교실 — 협력

나를 스스로 조절하고 주도적인 배움을 디지털 리터러시라는 도구를 활용한다면 마지막 단계에 필요한 것은 바로 협력이다. 민주적인 교실에서 협력의 시작은 다른 이와 관계를 맺는 것으로부터 시작된다. 앞의 세 가지 역량은 개인의 노력으로도 가능할 수 있지만 관계 맺음은 다른 이의 입장을 생각해야 하는 도덕성의 발달을 전제로 한다. 학교에서의 관계 형성이 장차 민주시민으로서 살아갈 학생들에게 필수적인 요소이지만 개인주의적 사고와 디지털 기술의 발달로 다른 이와 관계 맺음을 어려워하는 학생이 많다. 이렇게 중요한 관계 맺기의 기술은 정작 학교에서는 소홀하게 다뤄지기도 한다. 관계 맺기 기술에 참고할 만한 학자로 하워드 노프*Howard.M.Knoff*가 있다. 40여 년간 세계적인 교육컨설턴트로 활동하고 ACHIEVE Project를 이끌며 활동한 그는 친사회적 기술을 아래와 같이 3개의 영역으로 유목화했다.

- **사회적 차원에서의 기능**
  — 듣고 반응하고 참여하기, 의사소통하기와 협동하기, 사회적 문제 해결과 집단적 과정, 갈등 예방과 해결
- **정서적 차원에서의 기능**
  — 자신과 타인의 감정을 인식하기, 감정을 통제하고 경영하여 그 악영향을 최소화하는 대처 기술, 정서적 흥분상태에서도 적절한 행동을 보이기
- **행동적 차원에서의 기능**
  — 학교와 학급 같은 공적 공간에서 적절하게 행동하기, 자신의 학습에 능동적으로 임하기

과거에는 혼자만의 위대한 성취가 가능했다면 현재와 미래의 시대에는 협력과 협업이 필수임을 부정하는 이는 없을 것이다. 교실의 여러 가지 수업 상황에서 학생 간의 관계 형성이 부족할 때 우리가 원하는 미래에 필요한 교육적 효과는 기대할 수 없게 된다.

2. 교사교육과정 운영

교육과정을 가르치는 교사

저는 솔직히 왜 교과서대로 수업을 하면 안 될까하는 생각도 들어요. 왜냐하면 보편적인 평가 자료가 교과서를 토대로 하고 있고, 교과서 안에도 학생들의 활동이 중심이 되는 자료가 많이 들어있어 교과서대로 수업을 해도 아이들의 흥미와 역량을 충분히 키워줄 수 있는 요소가 많아 보이거든요.

교과서만을 가지고 하는 수업을 지양한다는 뜻 아닐까요? 그런데 우리는 교과만 가르치는 것이 아니라 창의적 체험활동, 범교과 학습, 무의식 교육과정 등을 담아 교육과정을 운영하죠. 학생 실태, 내용, 시수를 고려하면 재구성이 꼭 필요하고요.

맞아요. 프로젝트를 하는 것은 학습자가 좀 더 쉽게 이해할 수 있는 주제 중심으로 교과별 지식과 기능, 태도 등을 융합적으로 모으는 거예요. 그래서 학습의 양도 조절하고, 좀 더 학생 활동 중심적으로 수업을 계획할 수도 있죠.

그래서 교과서 재구성이 아니라 교육과정을 재구성, 재구조화해야 하는 거군요.

맞아요. 그래서 요즘은 이런 교사의 재구성 역량을 더 요구하는 것 같아요. 교사교육과정이라는 물감으로 아이들과의 삶을 기록해 나갈 수 있도록 말이죠. 그런데 한 물감으로만 칠하면 아이들의 색을 다 담아내지 못하니 교사 간 협력도 필요해 보여요.

교과서를 재인식하다

교사들은 더 이상 서책형의 교과서만으로 수업하지 않는다. 영상 자료뿐만 아니라 AR, VR 등을 담은 디지털 자료를 공유하여 수업에 활용한다. 교사들이 수업을 구성하는 방식도 많이 바뀌었다. 교사들은 교과서가 제시하는 활동만을 하지 않고, 성취기준에 맞추어 학생들에게 맞는 활동이나 프로그램을 찾거나 기획하여 수업에 적용한다.

교사들은 언제부터 교과서 속 활동을 벗어나 교육과정 재구성을 통해 성취기준에 맞는 활동으로 수업을 구성하는 일을 본격적으로 시작했을까? 교육과정에 국가 교육과정이 추구하는 인간상을 구현하는 역량이 도입되고, 교육과정 구성의 중점 사항에 학생 참여형 수업이 강조되면서 교사들은 국가가 예로 제시하는 교수 학습 방법을 더 발전시켜 적용하기 시작했다. 학생 참여형 수업은 프로젝트, 협동, 토의·토론, 플립 러닝 등 학생들이 활동에 참여할 수 있는 활동 중심의 수업을 말하는데, 이러한 변화에 발맞추어 교육계는 다양한 수업 공유 활동으로 학생 참여형 수업을 전파하기도 했다.

불과 몇 년 전만 해도 교사를 위한 연수 목록은 교과 전문성을 살릴 수 있는 과정이 대부분이었다. 예를 들면 수학 교과 관련 연수는 수학적 개념 및 원리를 탐구할 수 있는 수업 모형의 탐색, 학생들이 쉽게 범할 수 있는 수학적 오류 유형, 학생들에게 쉽게 수학적 개념 및 원리를 이해시킬 수 있는 지도 방법 등의 내용이 주를 이뤘다. 그러나 2015 개정 교육과정으로 전환되면서 학생 참여형 수업을 위해 필요한 프로젝트, 협동, 토의·토론, 블렌디드, 연극 수업 등 다양한 수업 방법을 익히는 데에 필요한 연수 내용으로 바뀌었다. 또한 교육과정 재구성, 교과의 목표, 내용, 평가의 일관성을 강화할 수 있는 방법, 과정 중심 평가 및 피드백을 강화할 수 있는 방법에 대한 연수가 이루어지고 있다. 역량 중심의 교육과정은 성취기준을 중심으로 수업의 재구성이 필수적이다. 교사들은 여러 교과를 통합적으로 접근하게 되었고, 주제 중심, 현상 중심 교육과정 재구성의 필요성을 인식하게 되었다.

교과서도 교과 간 통합과 재구성 가능성을 고려한 구성으로 바뀌었다. 5학년 2학기 사회에 우리나라의 역사를 배우는 내용이 편성되어 있다면 5학년 국어 지문은 조선 시대 역사적 인물에 대한 이야기가 나온다. 미술 교과서에는 사회과에서 배운 역사 개념으로 북아트 및 전통 미술품을 만들 수 있는 활동이 나오는 등 교과 간 연계성이 강화된 것이다. 역사적 문제를 가지고 프로젝트 학습을 한다면 교과 간 통합을 이끌어내 학생들의 활동이 자유롭게 이루어질 수 있는 시간을 확보할 여지가 더 많아진 것이다. 교사들도 이러한 점을 연구하면서 교과서 활동에 얽매이지 않고, 성취기준 중심으로 수업 구성을 하게 되었다. 그리고 다른 선생님들에게 수업을 공개할 때 한 차시의 알찬 수업을 보여주기 위해 노력하기보다는 교육과정의 재구성이 어떻게 이루어졌고, 수업이 어떤 의미를 갖는지를 보여주는 데에 초점을 맞춘 활동을 하게 됐다. 교과서를 가르치는 수업에서 교육과정을 가르치는 수업으로 전환이 된 것이다.

이제 교사의 교과서에 대한 인식은 교육과정을 이수할 수 있는 최적화된 자료가 아닌 교육과정을 운영하는 보조 수단이라는 것이다. 사실 세계 여러 나라, 특히 유럽과 미국 등에는 국정교과서가 없는 나라가 많다. 국가 교육과정 지침이나 인정 심사 기준을 가지고 있으나 교사에게 교과서 제작·선택·사용의 자유를 보장하는 것이다. 이와 같이 국정교과서 체제에서 벗어나 검·인정, 자유발행제로 가는 흐름은 더 확대될 전망이다. 교사에게 교육과정을 가르치면서 사용할 수 있는 자료로서 교과서를 채택하게 한다는 것은 학교 및 학생의 실태에 맞는 교과서를 사용할 수 있다는 장점을 가지고 있다. 그러나 학생이 전학을 갈 경우에 대처하기가 어렵다는 점과 교사의 재구성 및 지도 역량에 따라 교육의 질이 달라질 수 있다는 등의 문제점이 발생하기도 한다. 우리나라 또한 국정교과서 체제에서 점차 인정제로의 변화가 일어나고 있는 만큼 이러한 변화의 장단점을 잘 살펴 교육과정 전문가로서의 교사의 역량은 무엇이어야 할지 고민해볼 필요가 있다.

교사에게 주어진 교육과정 편성·운영의 전문성, 자율성, 책무성

2013년 한국교육과정평가원에서 발행한 《학교 교육과정 편성·운영을 위한 교사의 교육과정 전문성 탐색》에 관한 연구자료를 살펴보면 교사의 교육과정 전문성은 제6차 국가 교육과정 시기에 학교교육과정의 특색 있는 편성과 운영을 강조하면서 논의되기 시작했음을 파악할 수 있다. 이러한 논의는 7차 개정, 2007개정, 2009개정을 거쳐 최근에는 교사교육과정 개발로 발전하여 처방된 이론적 지식을 실천하는 '효과적인 교사'의 역할에서 반성적 실천가이면서 연구자로서의 교사 역할로 인식해가는 시점에까지 이르렀다.

그 중 곽영순 외(2013)의 《교사의 학교 수준 교육과정 편성·운영 역량 강화 방안》 연구자료에서 제시한 교사 전문성에 대한 패러다임의 변화를 살펴볼 만하다. 그에 따르면 전통적인 관점의 교사 전문성은 대학 중심의 이론가들이 세운 이론적 규범이나 처방된 지식을 교육 실천 속에서 잘 번역하고 적용하는 역할로 평가되었다. 교과별로 전통적으로 개발된 모형을 외워 수업 속에 적용하는 수업 방식이 이러한 흐름에서 나왔다. 국가 수준에서 상세하게 처방된 교육과정을 따르기에 교사 개인의 책무성이 강조되지는 않았다. 그러나 교육계에 개혁의 바람이 불며 교사 전문성의 패러다임에도 변화가 생겼다. 교사들은 knowledge-for practice, 전문가들이 교실 적용을 위해 생산한 검증 가능한 처방된 지식을 활용하기보다는 knowledge-in practice, 교사들이 자신의 실천에 대한 비판적 반성과 학습공동체 참여를 통해 구성한 지식을 교수·학습 활동에 적용한다는 것을 인식하게 된 것이다.

교사에게 자율성이 주어진 만큼 개별 교사의 책무성이 강조되는데, 이 두 요소는 교사의 전문성을 이루는 새로운 요소가 된다. 미래교육의 실행을 앞둔 교사가 앞으로 더 갖게 되는 자율성과 책무성은 무엇일까? 그리고 교사가 가져야 하는 구체적인 전문성은 무엇일까?

먼저 교사가 갖게 되는 교육과정 자율성에 관한 부분이다. 5차 국가교육과정 총론에서 학교는 '교육과정 운영 계획을 수립한다.'이고, 6차 국가교육과정 총론에서는 학교는 '학교 실정에 알맞은 교육과정을 편성한다.'라고 되어 있다. 학교가 교육과정 편성권을 갖게 된 것이다. 편성권을 갖게 된다는 것은 교육의 개별화와 자율화를 이룰 수 있는 중요한 권한이기도 하다. 이러한 교육과정 편성 및 운영에 대한 권한이 2015 개정 교육과정에서는 교사에게 더 강화된 형태로 제시되어 있다.

〈 **2015 개정 교육과정 총론 – 학교교육과정 편성·운영 "기본사항"** 〉

바. 교과와 창의적 체험활동의 내용 배열은 반드시 학습의 순서를 의미하는 것은 아니므로, 지역의 특수성, 계절 및 학교의 실정과 학생의 요구, 교사의 필요에 따라 각 교과목의 학년군별 목표 달성을 위한 지도 내용의 순서와 비중, 방법 등을 조정하여 운영할 수 있다.

"바"항 관련 총론 해설서

교과 전문가로서 교사는 학교 특성과 학생들의 발달 수준에 맞게 지도 내용의 순서, 비중 등을 재구성하고, 교수·학습 방법을 구안하여 맞춤형 수업을 하도록 노력하여야 한다. 교과나 창의적 체험활동의 내용 배열은 학습의 순서를 의미하는 것이 아닌 예시적인 성격을 지니고 있으므로 궁극적으로 학생이 성취하여야 할 교육 목표 및 성취기준에 따라 지도 내용의 순서, 비중 및 교수·학습 방법을 가장 효율적으로 재구성하여야 한다.

성취기준에 의거해 학생 및 학교 상황에 맞춰 가르칠 내용을 재구조화하고, 교실 속에서 최적의 상태로 실천될 수 있도록 교수·학습 방법을 고안하는 교사의 역량은 자율성이 보장된 환경에서 발휘될 수 있으므로 국가 차원에서 지침으로 그 토대를 마련해 준 것이다. 하지만 이러한 지침이 있다고 해서 지금 당장 교사들이 자율성이 생기지는 않는다. 교사의 자율성을 인정해 주고 키워주는 학교문화, 지역교육청의 지원, 학부모의 인식 등이 수반되어야 하는 문제도 있다. 그리고 가장 중요한 교사 자신의 의지도 필요하다.

다음은 교사가 가져야 하는 책무성에 관한 부분이다. 책무성(accountability)에 대해 서울시립대학교 김명숙 교수는 교육이 어느 상태에 있는지, 어느 효과를 보이는지를 관련자들에게 투명하게 알리는 과정이라고 정의하기도 했다. 이러한 공개는 교육 프로그램에 대한 반성적 성찰로 이어져 교육 결과에 미치는 요인을 분석하고 그 이유를 설명하는 데 활용되기도 하고, 재정적 지원으로 이어지는 요소로 쓰이기도 한다. 이러한 일련의 과정을 교사가 고민하고 책임 있는 자세를 가지며 끊임없이 연구하는 자세를 가져야 하는 까닭은 무엇일까? 바로 책무성은 자율성과 연계되어 있기 때문이다. 교사가 자율권을 가지고 교육과정을 편성해 학급에 적용했다면 이 효과는 어떠한지를 알리고, 실패했다면 그 요인은 무엇인지를 분석하여 재구성해야 하는 것이다. 그리고 그 교육 프로그램의 성패는 교사의 반성적 성찰과 연구로 이어져 교사의 전문성을 키우는 요소가 된다.

> "교사 전문성이라는 잠재태는 특정한 상황 맥락에 직면하여 현실태인 역량으로 구현된다."
>
> — 곽영순 외(2013), p.11

곽영순은 교사의 전문성을 인간 중심적이라고 한다. 교사는 인간을 다루는 일을 하기 때문이다. 그리고 이러한 전문성은 어떤 상황 맥락의 제약을 받게 되면 발휘되지 못하기도 한다. 교사의 전문성이 발휘된 순간은 이런 제약을 고려한 '상황 파악', '가치판단' 및 '목표 설정'으로 잠재되어 있던 전문성을 발휘하여 교육을 이끌어내는 역량을 발휘했다고 본다. 교사가 '상황 파악', '가치 판단' 및 '목표 설정'을 위한 숙의의 과정을 거치는 것이다. 이는 교사를 교육 정책을 실행하는 기능인으로 보기보다는 자신의 위치에서 세계와 끊임없이 교류하는 주체로 보기 때문이다. 그리고 이러한 숙의와 반성, 교류는 교사 학습공동체에서 이뤄져야 한다고 제안했다.

교사교육과정과 교사학습공동체

> 교사는 학교 교육과정의 최종적 실행자인 동시에 학생들의 능력과 요구를 가장 잘 파악하고 학교의 지역적 특수성을 가장 잘 아는 사람이다. 따라서 교사는 단순히 교육과정 사용자가 아니라 교육과정의 실천가임과 동시에 개발자 및 결정자로서의 전문적 역량을 발휘할 수 있도록 지속적인 노력을 기울여야 한다.
>
> — 2009 개정 교육과정 해설서, p.13

2009 개정 교육과정 해설서에 기술된 것과 같이 교사를 교육과정의 개발자로 보는 견해는 교사교육과정 개발이라는 연구로 이어져 이제는 실행단계에 있다. 교사교육과정(Teachers' Curriculum)은 교사가 개발한 교육과정을 말하는데, 교실 수준에서 실행하는 교육과정 재구성 또는 교육과정 개발이라고 해석할 수 있다. 세종특별자치시교육청과

제주특별자치도교육청에서는 교사교육과정이라는 용어로, 전라북도교육청과 경상남도교육청에서는 교사수준 교육과정으로, 경기도교육청에서 교사별 교육과정이라는 용어로 쓰이고 있다.

교육과정을 일반적으로 정의하면 '무엇을 가르치고 배울 것인가?'에 대한 답을 결정하는 교육학의 한 탐구 분야이다. 그리고 무엇을 가르치고 배울 것인가에 대한 답은 현장에 있는 교사들의 비판적 이해와 창의적 개발로 문서 속에 담긴 교육 계획이 실존적 체험과 반성으로 나타내어질 때 드러난다. 이것이 구현된 것이 바로 교사교육과정인 것이다.

그런데 교사교육과정을 교사 혼자만의 숙의와 비판적 이해로 세우는 데에는 한계가 있다. 교사교육과정은 교육공동체가 합의하여 세운 학교와 지역교육과정 내에서 이루어지기에 학교 안의 교사 학습공동체, 학교 밖의 교사 학습공동체와의 교류를 통해 세워질 필요가 있다. 교육 협력은 교사가 가지는 자율성의 범위를 확장시켜주고, 책무성의 부담을 줄여주기 때문이다.

교육과정 문해력을 갖춘 교사

전문성·자율성·책무성 기반 교사수준 교육과정 편성·운영 방안을 연구하는 영양초등학교(2020)는 교사수준 교육과정을 국가·지역·학교 수준의 교육과정을 교사가 해석하고 학생의 흥미와 능력, 교육 환경, 교사의 교육철학 등을 반영하여 학급 특색에 맞게 학급별로 교육과정을 편성·실행·성찰하는 교육과정이라고 정의했다. 더불어 교사수준 교육과정이 잘 이루어지기 위해서는 교육과정 문해력을 가져야 함을 강조했다.

교육과정 문해력이란 무엇일까? 한국교원대학교의 정광순 교수는 〈교사의 교육과정 문해력〉이라는 논문을 통해 교사가 국가수준 교육과정에 대한 자율권을 행사하기 위해 갖추어야 할 능력으로 정의했다. 이를 구체화시켜 경기도교육청은 성취기준을 중심으로 교육과정 문서를 읽고 해석하여 교육과정 재구성과 배움 중심 수업, 성장(과정) 중심 평가를 실행하는 교육과정 상용 능력으로 정의했다. 교육과정 문해력을 높이기 위해 경험과 실천에만 의존하기에는 한계가 있으므로 이론에 대한 탐구도 필요하다.

이론적 기반이 없이는 어떤 자료를 수집하기도, 어떤 현상을 초점화해서 바라보아야 할 것인지도, 어떤 문제점을 탐구할 것인지를 결정하기가 힘들다. 특히, 이론은 사람들 간 의사소통의 도구이기도 하고 동시에 특수하고 개별적인 현상에서 일반적인 원리를 도출할 수 있는 수단을 제공하기도 한다. 교육과정 연구를 하는 사람에게는 교육과정 연구의 방향성을 알려 주는 지표가 되므로, 교육과정 전문가인 교사도 교육과정 이론에 대한 탐구가 기본이 되어야 한다. 백워드 설계 모형이 무엇인지, 지금 시대의 교육과정 설계는 어떤 모형이 적용됐고, 어떤 과정이 설계되었는지 등의 탐구는 교사들의 교육 활동에 방향을 잃지 않게 해준다.

교육학적 배경지식도 필요하다. '역량'이라는 용어로 예를 들어보겠다. 2015 개정 교육과정에서는 미래교육이라는 말과 함께 역량이라는 용어를 등장시켰다. 왜냐하면 미래사회에서는 창의 융합형 인재를 요구하기 때문에 우리 교육에서는 이런 인재 양성을 위해서 무엇을 아는 인재가 아닌 무엇을 할 수 있는 인재 양성을 위해 핵심 역량이라는 용어가 필요했기 때문이다. 그러나 국가 수준의 교육과정은 대강화로 되어 있어 '역량' 속에 담겨진 뜻을 구체적으로 총론에는 담겨 있지 않다. 이에 교사들은 대강화된 용어 뒤에 숨겨진 수많은 교육적 시도 및 연구가 교육에 미치는 영향 및 의미를 찾아보려는 노력을 할 필요가 있다.

교과에 대한 전문성을 갖출 필요가 있다. 교육과정을 재구성하는 토대는 바로 교과에 대한 전문적인 이해 속에서 이루어질 수 있기 때문이다. 프로젝트 학습을 구성하려고 할 때 수학과 과학, 국어를 융합한다고 하면 프로젝트 학습 주제에 걸쳐지는 성취기준을 분석하고, 교과 간 융합을 구성하게 된다. 그런데 내용의 위계성, 연계성, 학습 방법의 유사성도 고려되지 않은 채 프로젝트 학습을 구성하게 되면 자칫 산만한 학습으로 이어질 수도 있고, 흥미 위주의 활동 체험으로만 끝날 수도 있다.

이러한 오류가 범해지지 않게 하는 것이 바로 교과에 대한 전문성을 갖는 것이다. 인문학과 연계하는 연구를 한 뒤에는 과학과 학생에게 과학 속 지식을 학생들이 사는 세상과 연결 짓는 이야기를 더 찾아 보여주게 되었고, 수준별 지도 방법을 연구한 뒤에는 수학과 학생에게 수학과에서 쉽게 범할 수 있는 오류를 토의·토론으로 각색하거나, 아이들이 자기주도적으로 문제를 해결하며 오류를 찾아볼 수 있도록 활동을 구성하는 등 수업 아이디어를 더 쉽게 떠올릴 수 있었다. 교사가 교과에 대한 전문성을 갖게 된다면 교사는 교육과정의 재구성을 형식적이지 않고 의미 있는 배움으로 구현할 수 있다.

아이들의 삶을 다채롭게 채울 One Thing 교사교육과정

교육은 국가교육과정이라는 흰 캔버스지에 교사교육과정이라는 물감을 칠하는 작업이다. 앞서 제안한 One Thing 교육은 교사들이 구현하는 교육과정 속에서 여러 빛깔로 표현될 것이다. 어떤 선생님은 서사적인 이야기로 보랏빛을 채워주고, 어떤 선생님은 생태학적인 접근으로 초록빛을 채워주고, 어떤 선생님은 열정적인 모습으로 빨간빛을 채

위줄지도 모른다. 우리 반 학생들을 위한 교육은 무엇인지를 고민하며 교육과정을 설계하려는 교사의 노력은 결국 아이들에게 닿아 아이들의 삶을 다채롭게 채울 것이다.

인도의 교육사회학자이자 20세기 가장 위대한 철학자로 꼽힌 크리슈나무르티*Jiddu Krishnamurti*는 《크리슈나무르티, 교육을 말하다》에서 국가 교육과정을 교사가 뛰어넘어야 한다고 말한다. 학생들은 기본적으로 국가 교육과정을 성취해야 하지만 그 위에 교사가 그 나름의 철학과 교사 교육과정으로 학생들에게 진심을 다하는 교육을 해야 한다는 의미이다. 하나의 국가 교육과정을 따른다고 하더라도 100명의 교사가 100가지 이상의 교사 교육과정을 발휘할 수 있는 것이다. 더불어 그는 교육자가 학생들에게 전하는 것은 교육자 자신이기에, 교육자는 자기 자신을 잘 이해하고 기성의 생각 틀로부터 자유로워야 한다고 말한다. 미래교육으로 나아가기 위해 한 발자국을 뗀 지금, 우리는 기성의 교수 습관과 교육적 사고에서 벗어나 교육과정 개발자로서 전문성을 발휘할 수 있기를 기대해 본다.

4장

One Thing,
교육에 "함께"를
추가하다

1. 혼자가 아닌 함께 성장해요

교실이라는 공간에 고립된 교사

 초등학교 선생님들은 중·고등학교 선생님들과 달리 한 교실에서 수업을 하고 업무를 봐요. 쉬는 시간, 점심시간에도 아이들과 함께 하기 때문에 수업을 하는 도중에는 다른 선생님들과 교류할 시간이 많지 않아요. 수업 후 각자의 업무를 조금 보고 나면 퇴근 시간이 가까워져 교류할 시간을 많이 확보하지 못하죠.

 맞아요. 그래서 상의해야 할 일들은 많은데 만나기가 어려우니, 요즘은 카카오톡이나 메신저 등으로 더 자주 소통하는 것 같아요. 그런데 이런 온라인상의 만남만으로는 교실 안에서 가지고 있는 고민이나 특수한 상황에 맞는 어려움 등을 공유하기가 어려운 것 같아요.

 그런데 그런 만남을 교사의 성향에 따라 어려워하는 경우도 있는 것 같아요. 어떤 선생님은 "혼자만의 공간에서 업무를 볼 수 있어 좋다. 혼자 하면 더 빨리 끝내고 쉬운데, 함께 하려면 제대로 의견을 낼 수 없다."라고 말하기도 해요. 교재연구만 해도 퇴근 시간이 가까워지는 시정 속에 소모성 만남은 선생님들의 시간을 뺏는 것이 아닐까 생각도 들어요.

그런 '소모성 만남'을 '의미 있는 만남'으로 바꾸는 문화운동을 하면 어떨까요? 비판의 모습이나 일방적으로 가르쳐 주려는 위엄 있는 만남 말고, 서로에게 도움과 위로가 될 수 있는 조언이 오가는 만남을 할 수 있도록요.
요즘은 전문적 학습 공동체가 제도적으로도 활성화되어 이런 만남을 지원하고 있는데요, 이런 만남이 자발적으로 이루어지면 교사를 교실이라는 곳에 고립시키지 않을 수 있을 것 같아요.

그래서 자발적인 모임이 중요한 것 같아요. 앞으로의 학교 교육에는 교사의 가르치는 영역에서 자율성이 더 주어지는데, 교사 혼자서 그 모든 것을 준비하기에는 부담이 생길 수밖에 없어요.
One Thing 교육도 마찬가지죠. 이럴 때 함께 할 수 있는 든든한 지원군들이 함께 한다면 교사들도 지치지 않고 앞으로 나아갈 수 있을 것 같아요. 그리고 그러한 문화 형성은 교사들의 마음에서부터 시작될 수 있는 것 같아요.

같이의 '가치'

일반 회사와 다르게 학교라는 공간 속의 학급은 독립성을 갖는다. 교사 개인이 맡은 학교 내 업무와 해당 학년의 수업만 잘 끝내면 큰 문제 없이 하루를 마칠 수 있기 때문이다. 이러한 특성은 교사 각 개인이 교직에 요구되는 전문성을 발휘하며, 독립적으로 업무와 수업 연구를 수행하는 것을 뜻하기에 《학교교육 제4의 길》의 저자인 앤디 하그리브스*Andy Hargreaves*는 이를 '자율적 전문성'으로 정의했다.

이러한 자율적 전문성이 교육과정의 표준화에 중점을 두었던 과거의 시기에는 개인 수준의 전문성 영역으로도 충분히 대처가 가능하기 때문에 큰 문제가 되지 않았다. 하지만 앞으로의 사회는 교사 수준의 전문성 개발을 넘어 교사 공동체 수준의 집단 전문성 개발을 요구한다. 과거 지식의 유용성과 효율성에 대한 많은 것들이 도전을 받고 있는 시기이기에 불확실성에 함께 대처할 필요가 있다.

한 학교의 연수 사례를 소개하고자 한다. 이 학교의 선생님들은 아이들의 놀 권리 확보 및 사회성 향상 프로그램을 진행하기 위해서 놀이에 대한 역량 함양 연수가 필요하다는 의견을 모았다. 그런데 코로나 팬데믹 상황으로 외부 전문가를 모셔 오지 못하는 상황이 되었다. 이에 내부 전문가를 활용하자는 의견이 나와 회원들이 놀이에 관한 연수를 영역을 나눠 협력해서 가르치기로 했다. 분야는 손놀이, 전통놀이, 어울림교육놀이, 공동체 놀이, 뉴스포츠, 연극놀이로 나누었고, 전문적 학습공동체 회원들이 각 영역의 전문가가 되어 놀이 활동을 위한 이론과 실습 활동을 준비했다. 교사들이 부담을 느낄 것이라고 생각했던 것과 달리 전문가로서 책임감 있게 연수를 이끌었고, 학교 실태에 맞게 내용을 전달하니 참석률은 100%에 가까웠다. 연령대가 다양했지만 서로를 강사로서 존중하게 되니 1년 후에는 끈끈함도 더해졌다.

위 사례처럼 협력은 아이들을 향한 교육에서만 강조될 것이 아니라 교사들 간에도 중요하게 인식되어야 하는 가치다. 같이의 '가치'는 교직 문화를 바꿀 수 있는 힘이 있기 때문이다. 위 사례에서 한 가지 더 살펴볼 점은 강사로 서기를 부담스러워했던 선생님의 변화였다.

교사도 사회 속에 있는 인간이기에 각양각색의 성향을 가지고 있다. 앞에 서서 주도적으로 이끄는 것을 좋아하는 교사가 있는 반면 앞에 서기를 두려워하는 교사도 있다. 또한 정적인 활동을 주로 하는 교사가 있는가 하면 동적인 활동을 주로 하는 교사도 있다. 하지만 교사는 학생들에게 도덕성과 보편성을 가르치는 자리에 있기에 교직이라는 곳에 한해서 가끔 자신의 성향을 뛰어넘는 모습을 보이기도 한다. 교사가 교직 내에서 사회화된 모습인 것이다. 교사를 대상으로 MBTI 연구를 한 논문의 사례가 흥미롭게 다가온다. 교사 개인의 성향이 학급 운영에 어떤 영향을 미치는가에 관한 것이었는데, 논문의 결과는 '영향을 미치지 않는다.'였다. 내성적인 성향을 가진 교사도 학생들 앞에서 흥미를 유발하는 수업을 하기 위해 외향적인 모습을 보이기도 하고, 정적인 것을 좋아하지만 학생들의 발달을 위해 동적인 활동을 나서서 하기도 한다는 것이다.

강사로 서기를 부담스러워했던 선생님도 연수에 함께하고 싶은 마음이 컸기에 이러한 성향을 이겨내고 강사로 서게 됐고, 그 변화는 교사에게 더 협력적인 모습을 갖게 했다. 함께 배움을 만들어냈다는 연수의 경험은 혼자가 아닌 '함께'하면 더 좋다는 것을 깨닫게 한 것이다.

소통하며 성장해요

교직은 가르침의 상황이 항상 존재하는 곳이다. 교사의 한마디로 학생의 자존감이 살아나기도 하고, 무의식적인 행동으로 상처를 받는 아이가 생기기도 한다. 학급은 매 순간 배움이 일어나기 때문에, 교사는 학생의 작은 행동에서도 왜 그런 행동을 하게 되었는지, 그것이 학급에 미치는 영향은 무엇인지를 고려해야 한다. 그러므로 교사는 상황을 잘 파악하고 있어야 하고 동료나 학생과의 소통이 원활해야 한다. 그리고 내 가르침의 방법이 학생과 다른 길처럼 보인다면 그들과 소통하면서 다름을 인정해야 하며 같은 길이 될 수 있도록 다듬어가야 한다.

학교라는 작은 사회 속에는 내 학급만 존재하는 것이 아니고 다른 학급도 존재한다. 그리고 내 학급 아이들의 성장이 잘 이루어지려면 다른 학급과의 관계도 원만하게 유지되어야 한다. 특히 One Thing 교육을 실천하고자 한다면 내 학급 아이들의 성장만 바라는 것은 적절하지 않다. 오히려 내 학급의 강점 교육이 다른 학급의 강점 교육으로 이어져 학교 공동체의 강점으로 이어질 수 있도록 해야 한다. 내 학급의 강점과 다른 학급의 강점이 융화되었을 때 두 학급은 또 한 번의 성장이 이루어질 수 있기 때문이다.

동료 교사를 경쟁관계로 보지 않고 함께 교육을 이끌어가는 동지로 보면 교사가 가지는 역량의 범위는 훨씬 더 넓어진다. 소통하며 성장하기 위해서는 무엇보다 개방적인 마음이 필요하다. 자신이 가지고 있는 교육법을 고수하며 심화시켜 나가는 것도 좋지만 교육의 연구자로서 여러 교육법의 효과를 경험하며 성장해나가는 것도 필요하기 때문이다.

배움의 공동체는 도쿄대학의 사토 마나부 명예교수가 창시한 교육혁신 철학으로, 아이들의 배움을 위해 교육전문가인 교사들이 연대하고, 아이들을 바라보며 수업을 연구해야 한다는 관점을 가지고 있어요.

배움의 공동체가 잘 작동되고 있는가

십여 년 전부터 교사에서 아이들로 수업의 시선을 돌리는 데 기여한 배움의 공동체는 우리 교육에 시사하는 바가 크다. 동안의 수업 탐구는 교사의 행위와 활동의 타당성에 집중되었다. 교사가 발문을 제시간에 바로 했는지, 학생들의 흥미를 유발하는 동기 유발 자료를 잘 활용했는지 등을 주로 평가

했다. 이러한 수업 평가는 교사를 위축하게 만들었고, 수업공개를 아이디어 박람회에 참가하는 것처럼 기발한 자료 활용과 수업 아이디어를 만들어내는 데 집중하게 했다.

그러나 배움의 공동체의 철학이 퍼지기 시작하면서 수업을 보는 관점이 교사의 행위에서 아이들의 배움으로 바뀌었다. 이에 따라 공개 수업을 평가하는 방법도 변화하기 시작했다. 우선 평가라는 단어를 쓰기보다는 '함께 배운다'는 의미로 교사가 수업을 보고 배움이 머물렀던 지점과 아이의 배움이 멈추었던 지점을 함께 고민하며 배움을 다시 일으킬 수 있는 방법이 무엇인지를 나누는 수업 나눔으로 문화가 바뀌기 시작한 것이다. 이제는 더 이상 도입 10분, 전개 25분, 정리 5분의 시간을 잘 지켰는지를 따지는 교사는 없다.

하지만 여전히 수업 나눔을 대하는 자세는 많이 위축되어 있고 경직되어 있다. 그리고 이러한 경직된 문화는 교사의 연대를 더 약하게 만들고, 교사의 전문성 신장에 한계를 갖게 한다. 수업 나눔의 경직된 자세는 앞서 언급한 '자율적 전문성'으로 설명할 수 있는 지점이기도 하다. 교사의 전문성을 활용해 독립된 학급을 운영하기 때문에 그 학급 교육 활동의 맥락을 잘 아는 사람은 해당 교사이다. 그러한 맥락을 잘 읽어주지 않는 다른 교사의 평가가 나오는 것을 우려해 교류 및 공유를 주저하게 되고, 이러한 망설임은 전문성의 신장을 방해한다.

이에 반해 디지털 세상에서의 교육 자료 공유는 활발하게 이루어지고 있고, 교사들의 수업 노하우를 담은 다양한 사례도 책으로 활발히 출판되고 있다. 여기에서 말하는 교류 및 공유는 자료 나눔에만 한정하는 것이 아니다. 아이들을 다루는 교사의 자세, 태도, 말하는 방법, 눈빛, 개별적이고 특수한 상황 속에서 어떻게 대처해야 하는지를 구체적으로 배울 수 있는 것은 내 주변 교사와의 대화 및 나눔을 통해서이다.

교사 간 수업 나눔에 대한 단절은 동등한 소통이 아닌 일방적인 교류에서 오기도 한다. 신규교사에게 일방적으로 수업 노하우를 전수하려 하는 선배 교사의 태도나, 선배 교사들이 하는 교육 활동은 트렌드를 벗어났기에 배울 것이 없다고 여기는 저경력 교사의 태도 등이다. 극단적인 경우이지만 아이들의 배움을 위해 협력하고자 하는 자신의 마음을 돌아볼 필요가 있다.

One Thing 교육을 할 때에는 서로의 강점을 주고받으며 배우면 공동체가 성장할 수 있기 때문에 내 동료와 수업을 나누려는 교사의 태도는 매우 중요하다. 신규교사든 부장교사든 수업의 전문가로 불리는 교사든 동등한 관계에서 자신들의 전문성을 자유롭게 교류, 공유하고 서로 가르치고 배우면서 개인의 전문성과 함께 공동의 전문성을 형성, 발전시키는 문화가 우리에게는 더 절실하게 필요하다.

수업코칭은 〈선생님이 달라졌어요〉에서 여러 명의 교수를 코칭한 신을진 교수가 주로 사용한 방법으로, 교사가 스스로 수업을 돌아보고 수업에서의 문제점을 여러 전문가와 이야기 나누고 코칭을 받고 교사 스스로가 변하기 위한 시도를 하는 방법이에요.

지금 바로 할 수 있는 동료와의 수업 코칭

집단 지성을 발휘할 수 있는 방법으로 전문적 학습 공동체 이외에도 수업 공개와 교사 연수, 장학獎學 등이 있다. 교사들은 주로 수업 공개를 통해 동료 장학을 하지만 이 또한 교사의 수업 능력을 실질적으로 향상시키기에는 부족함이 있다.

One Thing 교실을 더 발전시키는 방법으로 수업코칭을 제안한다. 수업 코칭은 공감으로 시작한다. 공감은 수업자의 마음을 여는 메시지인데, 수업 코치가 수업자의 감정, 요구를 적절하게 지각하고 반응하는 과정이 공감이다. 교사가 자신의 수업 속에서 해결되지 않은 과제를 알아차리는 것이 변화의 시작이 될 수 있는 것이다.

그렇기에 수업 공개를 위한 수업 촬영이 아닌 수업에서 의미 있는 지점을 찾아 교사로서의 자존감을 높여 주고 수업 속에서 어려워했던 지점을 고민하고 질문하는 방식으로 전개해도 좋을 것이다. 객관적인 잣대를 놓고 교사의 수업을 이리저리 파헤치는 것이 아니라 수업자의 마음에 담긴 메시지에 공감하면 더 편하게 자신의 수업이 가진 면을 알아차릴 수 있기 때문이다.

변화가 빨라지고 불확실성이 커지는 사회 변화의 바람은 교육계로 흘러 들어오고 있다. 그리고 이러한 변화의 거센 바람을 혼자서 맞으며 버티는 것은 힘든 일이다. 변화의 바람을 동료 교사와의 연대와 협력으로 맞는다면 변화를 지혜롭게 수용하고 교육적으로 활용할 수 있는 배움의 풍력 발전소를 세울 수 있을 것이다. 그리고 이러한 변화에는 교사의 열린 마음이 무엇보다도 필요하다.

2. 위기교실 관리위원회를 제안하다

위기 속의 교사

학급 안에서는 가르침과 배움의 장밋빛 희망만 있는 것은 아닌 것 같아요. 우리가 미래교육의 여러 가지 방법을 생각하지만 학급에서는 수업만 생각할 수 없는 다양한 상황과 다양한 문제가 생기는 것 같아요.

선생님들께서는 학급 운영을 할 때 위기를 맞아본 적이 있으신가요? 그리고 그 위기는 어떻게 이겨나가셨는지가 궁금하네요. 교사의 자율성이 더 확보되는 만큼 여러 변수에 유연하게 대처해야 하는데, 법이나 제도적으로 교사 역량의 한계를 넘어선 책무성도 늘어나 이 모든 상황을 교사 혼자서 감당할 수 있을까 걱정도 되거든요.

1학년 부장교사를 맡을 때였는데, 교사의 특별한 관심이 필요한 아이들이 반에 5명 정도 있었어요. 6개 반 중 2개의 반에 대체교사가 들어오고, 다른 반도 살펴야 하는 상황이었죠. 시골의 큰 학교였는데, 학교 밖으로 나가 산으로 올라가 버리는 아이들도 있어 점심시간에도 아이들이 어디에 있는지 살피러 가야 했고, 매 순간 긴장이 되니 번 아웃이 된 적이 있었어요. 다행히 교감, 교장 선생님께서 공감의 말도 해주시고 적극적으로 도와주셔서 버텼던 적이 있어요.

교감, 교장 선생님의 도움이 컸군요. 그런데 그러한 교실 상황은 살펴지지 않은 채 교사 개인 능력 부족의 문제로 치부되는 경우도 많은 것 같아요. 그리고 교사가 아이들의 마음을 잘 못 읽어서, 카리스마가 없어서, 제때 상담하지 않아서라며 개인 혼자만의 문제로 끝내고, 알아서 책임지라는 식으로 끝나는 경우도 간혹 있죠. 그런 상황에서 교사는 우울감이 더해져 해결할 수 없는 지점까지 오게 되는 것 같아요.

맞아요. 아무리 교사로서의 책무와 사명감으로 버틴다고 하지만 변할 수 없는 상황을 교사 혼자서 바꾸려다 보면 끝이 보이지 않는 상황 속에서 좌절감만 커질 수밖에 없어요. 그런데 교사 혼자가 아니라 함께 해결한다면 해결 가능한 상황으로 바꿀 수 있을 것 같아요. 관리자뿐만 아니라 상담·보건 선생님의 아이 치료에 대한 실제적인 도움을 받고, 학교 전체가 그 위기의 반에 대한 고민을 함께해 주어 도움을 줄 수도 있거든요.

사람에 대한 이중적 스트레스

교사로서의 삶에서 가장 큰 스트레스는 사람에 대한 것이다. 교직은 미성년자와 그의 보호자인 학부모를 함께 대하며 책임감을 느끼기에 중첩된 스트레스가 존재한다. 수업 활동과 연구 활동을 통해 교사로서 성장할 수 있겠지만 어느 교사에게나 일어날 수 있는 '그런 일'이 우리 반 혹은 나에게 일어나는 막연한 두려움이 있을 것이다. '그런 일'이라는 것은 교사와 학생의 갈등, 교사와 학부모와의 갈등이다. 동료 교사 및 관리자와의 갈등은 어느 직장에나 존재하는 요소지만 학생이나 학부모와의 갈등은 미성년자를 교육하는 교육 활동에만 존재하는 인간관계이기 때문이다. 이러한 막연한 인간관계에 대한 불안감은 교사로서 내적이든 외적이든 성장하는 것에 걸림돌이 될 뿐 아니라 특히 학생에게 진심으로 마음을 다해 다가가기 힘든 요소로 작용한다. 특정 학생의 무례한 언행이나 학급 운영을 방해하는 태도를 교정하다 보면 다른 아이들에게 관심을 쏟기가 힘들고, 결국 아이들에게 집중할 수 있는 에너지는 고갈된다.

교사가 다 책임져야 유능한 것인가

일본의 학교 개혁 프로젝트를 이끌던 고지마치 중학교의 학교장 구도 유이치는 프로젝트 관련 저서 《학교의 당연함을 버리다》에서 우리에게 의미 있는 질문을 던져 준다.

"요즘 세상은 학습이며 생활 등의 모든 면에서 아이들에게 밥을 일일이 다 떠먹여 주어야 잘했다고 한다. 그런 탓에 세심한 지도, 최고의 케어에 역점을 두는 학교나 교육위원회도 적지 않다. 그러나 어른이 앞질러 가서 너무 잘 챙겨 키운 아이는 자율적으로 행동할 줄 모른다. 그래서 스스로 해결하지 못하는 문제에 직면하면 그 문제가 풀리지 않는 원인을 자기 밖 주위에서 찾고, 안이하게 원인을 남 탓으로 돌리는 경향을 보인다.

고정 담임제 하에서 학급 담임은 반 아이들에게 좋은 의미에서든 나쁜 의미에서든 과한 책임을 지게 된다. 단적으로 말해 자기 반 아이들의 인생 전체를 짊어진 것처럼 기를 쓰는 것이다. 거기다 '반 아이들이 자신을 좋아해 줬으면 좋겠다'라는 바람도 강력하게 작용한다. 그 결과 필요 이상으로 아이들 일에 간섭하게 된다. 또 때때로 상황을 극단적으로 흐르게 한다. 자율적으로 행동하는 법을 배우지 못한 아이들은 일이 잘 안 풀리면 그 일을 지도한 담임교사에게 책임을 전가한다. 공부를 못하면 '수업이 안 좋아서', 준비물을 잊고 오면 '그런 말을 못 들어서'라고 변명하는 식이다."

고정 담임제의 폐지를 통해 중학교 개혁을 이끌었던 일본 학교의 사례이지만, 그 안의 모습은 우리 사회가 안고 있는 고민과 어려움도 내포하고 있어 공감할 수 있는 부분이 있다. 공감할 수 있는 부분은 두 가지이다. 첫 번째는 담임의 친절함과 학생의 자율성의 관계에 대한 고민이고, 두 번째는 어떤 식으로든 담임 책임으로 돌아가는 현실이다. 지금까지 해 온 교사의 많은 일들이 정말 당연한 것인지 생각해 볼 필요가 있다. 준비물을 잘 챙겨오지 않는 아이에 대한 사례부터 생각해 보자. 알림장도 잘 적지 않고, 과제나 준비물도 가져오지 않는 아이가 있다. 아이에게 말을 했지만 아이가 또 챙겨오지 않을 것 같아 아이에게 집에 가자마자 가방에 넣으라고 당부를 하고 하교 후 부모님께 아이가 잘 챙길 수 있도록 관심 있게 봐달라는 문자를 보낸다. 어쩌면 당연히 담임교사가 아이를 위해 할 수 있는 일이다. 그런데 이러한 것들이 정말 당연할까? 아이가 준비물을 잘 챙겨오지 않고, 과제를 잘 해결해 오지 않아도 스스로 챙겨올 때까지 기다려보는 것은 어떨까? 교육적 의도를 가지고 기다리는 것도 방임일까?

교사가 이런 책임감과 사명감을 갖는 것은 동양문화권이 가진 특징일 수도 있다. 공자의 후손들과 아리스토텔레스의 후손들을 해부하는 비교문화 연구서, 리처드 니스벳의 《생각의 지도》라는 책을 읽으면 이러한 문제에 대해서 동·서양은 다른 대처법을 내놓는다고 한다. 물론 이런 문화의 차이는 우열의 차이가 아니고 사고방식의 차이일 것이다. 그렇다면 서양권에서는 이 문제를 어떻게 해결할까?

서양권의 문화를 보여주는 〈미녀 마법사 사브리나〉라는 드라마는 16살의 주인공 사브리나가 학창기 시절을 어떤 좌충우돌로 지내는지 보여준다. 이 드라마에서 사브리나가 문제를 해결하는 방법은 자기주도적인 성격이 강하다. 사브리나가 학교에서 해서는 안 되는 행동을 했을 때 해결해 주는 사람은 교사도 그녀의 보호자도 마법사 고모들도 아니었다. '사브리나' 본인이 문제를 해결하며, 주변인들은 그녀가 문제를 해결할 때까지 기다려주고, 변화가 일어났을 때 그제서야 그 점을 칭찬해 준다. 문화권이 다르기에 생긴 생각의 차이가 있고 아이가 혼자 해결할 때까지, 올바른 것을 알아갈 때까지 시간이 많이 걸린다는 문제도 있지만 아이에게 미치는 긍정적인 영향도 고려해 볼 만하다.

왜 혼자서 견딜 수밖에 없을까

A 교사의 사례 : 무능한 교사가 된 17년 차 교사

A 교사는 17년의 경력 중 10년 동안 6학년을 맡았고, 무난한 학급경영을 해왔던 교사다. 지역을 옮겨 H 학교에 전근해 온 A 교사는 늘 그렇듯 학급에 대한 어떠한 정보도 듣지 못한 채 아이들을 맡게 됐다. A 교사는 3월부터 이 학급의 분위기가 심상치 않다는 것을 알게 되었다. 보통 문제 행동을 보이는 아이들도 교사가 수용적인 태도를 보이면 나아지는데, 이 학급은 그런 개선의 여지가 없어 보였다.

그래서 ADHD 성향을 보이는 한 학생을 개선해 보고자 아이와 학부모에 대한 상담을 진행했다. 아이의 요구는 자신이 얼마나 힘든지 부모님께 말해달라는 것이었다. 하지만 부모님은 자기 아이를 이상하다고 하는 학교가 문제라며 상담을 거부했다. 아이가 수업 시간에 책상에 발을 올리고 유튜브를 크게 틀며 춤을 춘다고 했지만 학부모는 교사의 행동 하나하나를 가지고 반발을 했다. 왜 수학 시간에 사회 이야기를 하냐, 왜 우리 아이에게 하지 말라고 화를 내냐는 등의 민원이 들어오자 교사는 더 이상 앞으로 나아가지 못했다. 한순간 누군가에 의해 '아동학대 교사'가 될 것 같다고 했다.

사실 A 교사는 이 어려움을 해결해보고자 전 담임교사를 찾아갔었다. 전 담임교사는 하루 중 아이가 상담실에서 3시간, 보건실에서 1시간 동안 지내다 오니 덜 힘들었다고 한다. A 교사는 문제의 근본적인 해결책을 찾기 위해 상담교사나 학부모와 소통도 시도했지만 각자의 입장만을 고집하는 바람에 결국 제대로 된 상담은 이루어지지 않았다. 하루 6시간을 소리를 지르며 돌아다니는 그 아이 때문에 수업이 되지 않았고, 그런 행동은 다른 아이들에게도 영향을 미쳐 학급은 점점 붕괴되어 갔다.

A 교사는 결국 병가를 썼다. 하지만 돌아온 것은 나이 든 교사라 무능해서 그 반 아이를 감당하지 못했다는 동료교사들의 평과 나약한 사람이라는 관리자의 시선뿐이었다. 병가 기간에 다른 교사, 교감선생님이 대체교사로 들어갔음에도 아이는 나아지지 않았다. 다른 아이들이 눈에 밟혀 1주일의 병가 후 다시 돌아갔지만 달라진 것은 없었다. 정말 힘들어 교장실에 가서 도움을 요청했지만, "그러니까 화도 내면서 가르치셔야지요."라는 말만 돌아왔다. 학부모가 화를 내는 것에 민감한데, 어떻게 화를 내면서 가르치라는 말인지, 그리고 교직 생활이 아직 많이 남았으니, 버티라는 말만 돌아왔다.

위와 같은 상황을 언제까지 교사 혼자서 감내해야 할까? 이 상황을 이겨내지 못한 것은 교사가 무능해서일까? 우리나라의 교육 시스템이 제대로 작동한 것일까? 이 교사는 여러 대처법을 고민했지만 항상 벽에 부딪히고 말았다. 교권보호위원회라는 제도장치가 있음에도 말조차 꺼내지 못했다. 왜냐하면 학급의 문제는 바로 교사 능력의 문제로 치부되기 때문이다. A 교사를 힘들게 했던 아이는 현재 교사의 고군분투로 ADHD 상담과 치료를 받고 있다. 조금 더 빨리 발견되어 치료를 받았다면 효과가 있었겠지만 늦은 감이 있다는 소견도 받았다. 왜 더 빨리 이 아이의 어려움이 발견되지 않았을까? 그리고 왜 이 교사는 혼자서 이 상황을 감내해야 했을까?

B 교사의 사례 : 교장선생님과 아이를 변화시킨 15년차 교사

수업 시간에 소리를 지르고, 공책을 찢고, 연필로 친구의 손을 찍어버리고, 학습지에 욕을 써놓는 아이, 과잉 행동을 하는 아이, 집에 가고 싶다고 복도의 봉을 잡고 돌고래 울음을 부르짖는 아이, 한글을 읽지 못해 어린아이처럼 매일 우는 아이를 한 반에 두고 가르친 B 교사가 있다. 한 아이를 달래면 다른 아이가 난리가 나니, 도저히 수업이 진행되지 않았다. 밥을 먹다가도 갑자기 기분이 나빠지면 학교 밖을 뛰쳐 나가 버리는 아이도 있었다. 그 아이에게 사고가 날 수 있으니 필사적으로 잡으러 가야 했다. B 교사는 삶이 너무 비참하다는 생각이 들어 출근하는 그 순간을 힘들게 느꼈다. 학교에 오면 아이들을 정신없이 쫓아다니다가 수업이 끝나면 3시까지 멍하게 앉아 있을 수밖에 없었다.

2학기가 오니, B 교사의 인내에도 한계가 왔고, B 학생의 부모님께 전화하여 울음을 터뜨리고 말았다. 그리고 교장선생님을 찾아갔다. 너무 힘들다고 고백을 하니 "왜 이제야 왔냐?"라고 말씀해 주셨다. 그리고 곧바로 교장선생님께서 그 아이, 학부모와 상담을 해주셨다. 교장선생님께서도 그 아이를 상담해 본 후 어찌할 도리가 없겠다고 말씀해 주셨지만 상담교사, 교육복지사와 상의하여 할 수 있는 지원을 최대한 끌어주셨고, 그 아이가 기분이 나빠 복도를 뛰어다니면 교장실로 데리고 가서 아이를 차분하게 해주셨다. 그리고 학교에 대한 긍정적인 마음이 생길 수 있는 방법으로 아이를 달래주셨다. 이 아이도 교사와 학교의 노력을 알아서인지 수업 시간 활동에 참여하기 시작했고, 차분히 앉아 자신의 생각을 쓰고, 친구들과 협동하여 모둠활동을 하는 데까지 변화할 수 있었다.

요즘의 교육 현장에서는 아이들의 성향을 예측하기 어려울 뿐 아니라 학부모의 학교와 교사에 대한 인식이 예전처럼 관대하지 않다. 수업 이외에 교사가 대처할 수 없는 상황이 다양하게 발생하고 이를 교사 혼자 해결하기는 불가능에 가깝다. 여러 교육공동체가 각각의 입장이 공존하는 학교에서 더 이상 교사 혼자에게 모든 책임을 전가하는 잘못된 행태는 멈춰져야 한다. 그것이 미덕이고 교사의 능력으로 불리는 일은 없어져야 한다. 지금까지 단지 내가 운이 좋았을 뿐 학급의 어려운 일은 누구에게나 나의 잘못이 아니어도 찾아올 수 있다.

함께 고민하고 해결책을 찾아가는 위기교실 관리위원회

학교에는 여러 위원회가 존재한다. 학교운영위원회, 교육과정위원회, 학교폭력 자치위원회 등은 학교 교육과정 운영을 위해서 꼭 필요하다. 다양한 위원회 중에서 교권이 무너지고 있다는 사회적 공감대의 형성으로 만들어진 '교권보호 위원회'는 정작 현장에서는 운영이 제한적이다. 교권보호 위원회는 이미 일어난 일에 대한 사후 처리 성격이 강해 정작 교사 혼자 해결할 수 없는 일들이 생겼을 때는 도움을 받기가 힘들다.

제한적이고 사후적인 성격의 교권보호 위원회에서 교권을 사전에 보호하고 보다 건강한 교실을 만들기 위한 '위기교실 관리위원회'로의 혁신을 제안하고자 한다. 더 이상 교사들이 혼자 해결할 수 없는 것들로 인해 위기에 빠지고 힘을 낭비해서는 안 된다.

《학교의 당연함을 버리다》의 저자, 구도 유이치 교장선생님은 담임교사 혼자 감내해야 하는 교육 상황의 문제를 '팀의료식'의 방법으로 해결했다고 한다. 고정 담임제를 폐지하며 팀의료식으로 한 학급을 관리한 일본의 사례와 우리나라의 교육 현실의 차이는 있지만 담임교사에게만 학급의 모든 상황을 감당하게 하는 것은 변해야 한다.

위기교실 관리위원회의 역할은 다음과 같다. 학급 붕괴의 위기에 있거나 교사 혼자서 해결할 수 없는 제도상의 문제를 안고 있는 학급이 있다면 이 학급의 상황을 위원회가 먼저 파악한다. 예를 들어 ADHD의 치료를 제때 받지 못한 아이로 인해 어려움을 겪고 있는 학급이라면 왜 받지 못했는지, 그 아이의 영향은 어떻게 학급에 미쳤는지를 분석하는 것이다. 그리고 담임교사와 함께 어떻게 해결해 나가면 좋을지를 상의하는 것이다. 물론 그 위원으로 교감, 교장선생님, 보건, 상담

교사, 교육복지사, 학년의 동료 교사, 원로교사 등이 함께 하면 좋을 것이다. 이 위원회가 내리는 조치에 강제성이 있을 수 있도록 제도적 차원의 지원이 필수적이다. 그래도 요즘 현장에서는 공문으로나마 위기 학급, 위기 학생을 위한 상담을 신청할 수 있는 기회와 관련된 적극적인 제도 마련 등의 모습들이 보이고 있다. 이런 정책들이 실효성 있게 추진되어 교육전문가 집단 지성의 힘이 실제적으로 필요한 곳에서 발휘되기를 바란다.

2부

One Thing
미래역량교육의 실제

이 부에서는 4명의 저자가 공동체를 만나고
강점을 고민한 후 정한 미래핵심역량
자기조절력, 미디어 리터러시, 자기주도성, 협력
4가지의 교육과정 운영 사례를 특색 있게 담았다.

1장

자기조절력
교실로
초대하다

전은주 선생님의
One Thing,
자기조절력

자기조절력은 마음의 습관과 관련되어 있고, 특히 유발 하라리가 말하는 미래인재가 가져야 할 정서적 안정감과 관련이 있다. 핀란드에서는 21세기에 갖춰야 할 역량으로 자기조절과 자기관리를 꼽을 정도로 미래교육을 고민하는 나라에서는 자기조절력에 주목하고 있다.

자기조절력은 어떠한 결과를 위해 자신의 욕구 충족이나 심리, 물리적 만족을 지연시킬 줄 아는 능력이다. 자기조절력은 아이가 말을 시작할 즈음부터 관찰되고 36개월까지 급속히 발달한 후 만 3세부터 만 6세까지 자기조절력이 무르익었다가, 전전두엽(전두엽의 앞부분, prefrontal cortex)이 발달하는 청소년기에 자기조절력이 또 한 번 폭발적으로 발달한다. 자기조절에 관한 교육은 우리의 전통 교육에서도 강조해왔다. 옛날 어른들이 '세 살 버릇 여든까지 간다'라는 속담을 아이들에게 꾸준히 들려주며 올바른 습관을 가지고 마음가짐을 바르게 해야 함을 강조한 것도, 조선시대 실학자 정약용이 유배지에서도 아들에게 마음 수양에 관해 꾸준히 당부하는 말을 하거나 '수신修身'을 강조한 것도 같은 맥락이다.

자기조절력은 예로부터 강조되어 왔지만 사회가 디지털화되어 가고 있는 현시점에서 우리에게 더 필요한 능력이 되었다. 예전보다 지금의 사회에는 중독이 되기 쉽고 충동을 일으킬만한 자극적인 요소가 많다. 게임에 중독된다거나 SNS 집착, 온라인상에서 충동적인 거래 등이 그 예인데, 이러한 상황에 빠지게 되면 불안한 감정 속에서 여러 문제 행동을 일으키기도 하고, 부적응의 문제가 생기기도 한다.

자기조절력은 학생이 사회를 처음 경험하는 학교에서 생활할 때도 필요하다. 학교는 다수가 모인 곳이기에 때로는 참을 부분도 있고, 기다리기도 해야 하며, 자신이 필요한 것을 드러내서 말하기도 해야 한다. 개인으로서의 '나'보다 사회인으로서의 '나'가 되어야 하기에 나를 통제할 필요가 있는 것이다. 학교에서 자기조절력을 키워줄 수 있는 대표적인 활동으로는 놀이가 있다. 함께 하니 재미있지만 지면 화가 나고, 이기면 기쁘고, 순서를 기다리니 애가 타고 긴장되고, 슬퍼하는 친구를 격려해 주고 싶은 마음 등 감정의 종합 세트가 밀려오지만 아이들은 재미있게 놀자는 목표를 위해 자신을 다스리며 참여한다.

하지만 우리네 교실에는 자기조절력이 유아기 때 형성되지 못해 어려움을 겪는 친구들이 존재한다. 자기 조절 과정에 대한 뇌과학적 이해를 통해 교육적 시사점을 밝힌 박미정 선생님은 학생이 교사에게 갖는 애착이 학생의 스트레스 관련 신경망을 억제할 수 있다고 했다. 이는 학생이 자기조절력을 발휘해 교실 속에서의 활발한 인지적 사고로 이어질 수 있다고 한다. 교사와의 애착과 신뢰는 학생들의 자기조절력을 키우는 유용한 요소가 될 수 있으며, 자기조절을 힘들어하는 아이에게 자기 점검의 기회를 제공하고, 구체적인 정보가 담긴 피드백을 주어 발전의 가능성을 인식시켜주는 등의 내재적으로 향상시켜줄 수 있는 활동을 하면 학생이 스스로 자기 조절력을 키울 수 있게 된다. 이러한 교실 상황을 만들어주는 것이 바로 One Thing, 자기조절력 교실에서 교사의 역할이다.

1. 자기조절력 씨앗 틔우기

자기조절력 교실 철학 세우기

교직에 십 년 넘게 있다 보니, 가르치는 일에 대해서도 희로애락을 경험하게 된다. 기쁘고 즐거운 일은 좋은 감정으로 남고, 노여운 감정은 나를 단련시키는 계기로 만들어 가는데, 슬픈 일은 마음속에 남아 고민을 하게 만든다. 내가 느끼는 슬픈 감정은 "무기력한 아이"를 만나는 데에서 주로 온다. 만 8살도 안 되는 아이들 입에서 "저는 해도 안돼요." "하기 싫어요." "그걸 왜 해요?"라는 의지 없는 모습을 보면 무엇이 이 아이들을 이렇게 만들었을까라는 의문이 생긴다.

무기력하고 의지가 없는 아이에 대한 연민을 느끼는 것은 내가 그러한 삶을 살지 않았기 때문일 수도 있다. 나의 초등학교 시절은 북, 장구, 꽹과리, 피아노 등의 다양한 흥과 음악으로 채워주신 부모님, 나에게 하나라도 더 알려주시기 위해 노력해 주시는 선생님, 학교가 끝난 후 들판에서, 산에서, 강을 누비며 함께 놀았던 친구들과의 추억으로 가득했다. 이러한 추억은 나에게 세상은 흥미롭고 도전하는 재미가 있다는 감정을 남겨주었고, 도전을 즐기게 하는 원동력이 되었다. 그렇기에 무기력하고 의지가 없는 아이들에게 다만 1년이라도 "세상은 아름답고, 의지를 가지고 임한다면 즐거움을 가질 수 있다."라는 감정을 느끼게 해주는 어른이 되고 싶어 노력한다. 이러한 나의 생각은 발도르프 교육 철학과 맞닿아 있다.

"초등시기에는 세상은 아름답다는 것을 느끼게 해주어야 한다."

– 루돌프 슈타이너*Rudolf Joseph Lorenz Steiner*

슈타이너는 초등 교육 단계를 중요시 여기고, 초등부 특히 저학년 교사의 깨어있음이 아이의 영혼 발달에 얼마나 중요한지를 역설한 교육 사상가이다. 아이의 정신 발달은 고등 시기에 이루어지는 것이 아니라 각 시기에 고유한 발달이 이루어져야 한다고 보는데, 그는 각 단계 중 초등 시기를 온전히 자유로운 인간으로 발달할 수 있는 결정적 시기로 본다.

그는 초등시기에는 감정교육이 필요하다고 역설했다. 7세 이전까지는 주로 신체와 의지가 점차 자유롭게 되고, 그 이후부터 14세까지는 초등교육 시기를 거치며 주로 감정이 자유롭게 되고, 그다음 21세까지를 사고가 자유롭게 되어 개성적 자아가 성숙되는 단계로 보았다. 감정이 자유로워진다고? 이게 무슨 말일까 싶을 것이다. 7세까지는 몸이 자라나는 시기이므로 자신의 몸을 가누고, 신체적 성숙으로 자신의 움직임에 대해 자각하며 자신을 이해하게 된다. 14세까지 감정이 자유로워진다는 것은 감정을 잘 다스린다는 것을 의미한다. 하지만 슈타이너의 감정교육은 감정만을 교육하는 것이 아니다. 주로 감정 능력을 통해 전체 인간에 작용한다는 것이다. 초등 시기는 신체가 자유로워지면서 영혼의 활동과 조화로운 연결을 이루어야 하는 단계라고 보고, 이 시기의 능력들이 잘 발달되어야 나중에 겪게 될 삶의 전투를 잘 이겨낼 수 있는 의지를 갖게 된다고 보았다. 미래의 교육은 혁신도 필요하지만 공감도 필요하다. 감정교육을 근본 원리로 삼는 발도르프 교육은 미래의 아이들에게 문명으로 상실되어가는 인간에 대한 공감을 다시금 불러일으켜 인간의 의지를 생동하게 한다.

어릴 때부터 자주 경험한 실패의 경험, 어른들의 비난을 먹고 자라는 아이는 올바르게 성장할 수 없다고 말하는 슈타이너는 아이들의 의지를 키우는 방법으로 예술교육을 이용한다. 몸을 움직이며 언어를 이해하고, 그림을 그리고 반복된 작업으로 작품을 완성해가는 과정에서 아이는 앞으로 닥쳐올 어려움을 이길 힘을 갖게 되는 것이다. 이러한 힘은 곧 의지로 불릴 수 있다. 슈타이너는 교사에게 권위가 있기를 바란다. 그 권위는 우리가 흔히 알고 있는 보수적인 의미를 가진 권위가 아니다. 아이들의 존경으로 세워진 권위를 말한다. 그리고 그 권위는 교사의 의미 있는 대화와 아이들을 존중하여 이루어진 교감 속에서 세워질 수 있다. 그렇기에 발도르프 교육 철학의 기본 원리를 내 마음속에 새기며 흔들리지 않는 교육관 위에서 교육 활동을 하고 있다.

첫째, 아이의 상황과 감정을 읽고, 존중하는 교사가 되자.
둘째, 아이를 이루고 있는 환경 속에서 아이가 좌절감을 느끼게 하지 말자.
셋째, 아이들이 신뢰할 수 있는 교사가 되자.
넷째, 책상에 몸과 생각을 묶는 교사가 되지 말자.
다섯째, 학교 오는 것이 즐거울 수 있도록 수업을 하도록 하자.

교사의 강점

〈놀이 및 활동 중심 수업 실연〉

- 다년간 교실수업 개선을 위한 연구, 스마트 교육 연구, 교사 연구회 및 연수 진행 등을 하며 학생 활동 중심 수업을 실천해 왔다.
- 학급이나 학년 교육과정을 직접 계획해 보며 리듬감 있는 교육과정

운영으로 학생들의 학교생활이 부담이 되지 않도록 노력해 왔다.
- 아이가 아이답게 놀 수 있는 장을 마련해 주기 위해 놀이를 연구하고, 수업 및 생활지도에 활용해 왔다.

〈유연하고 인내하는 태도〉 ↔ 〈철저하게 계획하지 못하는 태도〉
- 어릴 적부터 잘 참는 버릇이 있어서 아이들이 시끄럽게 떠들어도 중심을 잃지 않고 활동을 이어갈 수 있는 정신력을 가지고 있다.
- 빈틈이 없게 계획하고, 철저하게 실행하는 능력은 부족하지만 유연한 태도는 가지고 있어 대처능력이 높은 편이다.
- A가 아니면 B로 갈 수 있도록 여러 가지 대안을 창의적으로 만들어내는 편이다.

〈계속 배우고자 하는 마음과 도전하는 태도〉 ↔ 〈꾸준하지 못하는 태도〉
- 교육과정을 서툴지만 나만의 것으로 만들어보려고 노력한다.
- 꾸준함은 없지만 새로운 일에 도전하는 것을 좋아한다. 특히 스마트 기기를 다루는 연수를 꾸준히 받고, 관련 분야의 새로운 것을 접하기 위해 노력한다.
- 꾸준한 독서를 하며 요즘 교육의 트렌드는 무엇인지를 살펴보고, 학교에 오는 공문을 보며 우리 교육의 흐름은 어떻게 흘러가는지 살펴보려고 노력한다.

〈철학적, 심리적 분석 태도〉 ↔ 〈우유부단한 모습〉
- 나만 잘한다는 마음보다는 다른 사람이 잘하는 것을 배워보고 싶은 마음이 크고, 어린아이들이라도 나에게 배움을 줄 수 있다는 마음으로 항상 깨닫기 위해 철학적 고찰을 자주 하는 편이다.

- 아이가 보이는 행동을 민감하게 관찰하고, 상담을 통해 아이가 가지는 불편한 마음을 읽어주는 편이다.
- 공감을 쉽게 하는 편이어서 어떨 때는 우유부단함도 가지고 있으나 다른 사람이 가지고 있는 상황을 쉽게 이해하는 편이다.

실태분석

학급에 교사의 관심이 집중되어야 하는 아이가 있었다. 그 아이는 생각대로 되지 않으면 분노를 하고, 친구를 끝없이 추궁하는 모습을 보였다. 이 아이는 학급 내에 전에 같은 반을 하며 사이가 좋지 않았던 친구도 있었다. 반의 모습은 불안정해서 무엇인가가 터지기 일보 직전의 모습 같았다. 남학생과 여학생 간의 갈등이 너무 분명하게 드러나 보였다. 이성 간에 행동 하나하나를 제약하려 했고, 서로 배려하는 모습보다는 규칙에 어긋나는 행동을 교사에게 이르는 데에 바쁜 시간을 보냈다. 어떤 때에는 서로가 한 행동에 하지도 않은 말을 덧붙여 전달하면서 갈등이 폭발하기도 했다. 이런 모습이 우리 사회의 모습과 얼마나 닮아있던지, 이 문제를 해결하지 않으면 정상적인 학급 운영이 어려울 수도 있겠다는 생각이 들었다.

아이들의 학력 상태도 엉망이었다. 기초 부진에 걸리지는 않았지만 4학년임에도 덧셈과 뺄셈, 곱셈이 자유롭게 되지 않았고, 학습을 하려는 분위기보다는 선생님께 예쁨만을 받고 싶어 하는 욕구를 더 보였다.

이 학년의 학생들은 담임교체를 해 본 경력이 있었기에 학부모님들께서도 우려가 많았고, 학교교육에 대한 신뢰를 회복하는 경험이 필요해 보였다. 아이들에 대한 관심이 많지만 맞벌이로 인해 적절한 관심을 주지 못하는 상황의 가정도 있었다.

우선 학급 공동체의 회복이 필요해 보였고, 이성 간의 벽을 제거해 주는 일이 필요했다. 그리고 자신들이 가지고 있는 감정을 조절하여 이 작은 사회 안에서 자신들의 색깔을 나타낼 수 있게 하는 교육 프로그램 이 필요해 보였다.

One Thing 교실 세우기

자기조절력은 성공한 사람들이 갖는 남다른 특성의 하나이다. 자기 조절력은 사회화 과정에서 발달시켜야 하는 매우 중요한 과제이며 이 는 사회 정서 발달, 학업성취, 주의 집중력, 친사회적 행동, 질서 지키 기 등에 영향을 미친다.

나의 학급에는 자기조절력에 어려움을 겪고 있는 학생들이 많았기 에 자기 조절력을 갖게 해주는 One Thing을 선택했다. 자기조절 능력 은 사회화 과정에 필요하기 때문에 친구들과 문제를 해결하는 경험 속 에서 자기조절을 하는 경험을 주고자 했다. 또한 슈타이너의 교육 철 학을 적용하여 예술적인 방법으로 자기 자신의 충동을 제어하고, 조 금은 지루하지만 반복적이면서 리듬감 있는 활동으로 상황을 이해하 며 자신의 욕구가 조화를 이룰 수 있게 하는 경험을 학급의 활동 속에 녹이고자 했다. 아이가 좋아하는 활동만 하지 않고, 아이가 포기하고 싶어 하는 분야를 5분씩이라도 꾸준히 하게 하여 성공의 경험을 갖게 하였다. 이러한 경험을 바탕으로 발전적인 활동을 하게 하여 자기조절 에 실패해 무기력하고 화만 냈던 그 아이의 마음을 어루만져 주는 학 급을 운영하고자 했다.

우리 학급의 ONE THING

자기조절력을 가진 의지력 강한 학생들

교육목표

의지인	감성인	예술인	민주인
자기가 하고 싶은 일을 알아가고, 자기주도적으로 무슨 일이든 하려고 하는 학생	공감하고 이해하고 존중할 줄 아는 학생	세상을 아름답게 볼 줄 아는 학생	더불어 살아가고자 하는 마음으로 사회를 이해하려고 하는 학생

중점 교육 활동(무의식교육과정)

① 아이들끼리 문제 해결하기	② 생각교육	③ 놀이교육	④ 문제를 끝까지 해결하기	⑤ 리듬감 있는 생활과 연극수업
가. 학급의 감정 읽기 나. 친구가 친구 지목하는 발표하기 다. 모둠장 돌아가며 역할하기 라. 미덕 학급회의하기	가. 뉴스일기 쓰기 나. 영화를 보며 삶의 가치 찾아보기 다. 아침 고사성어 자기 다스리기 라. 창의력과 생각을 키우는 가치책 만들기 활동하기	가. 두뇌 보드게임 : 체스, 오목 놀이하기 나. 우리반 특화 스포츠 활동하기(킥런볼) 다. 수업시간에 놀이 적용활동하기 라. 어울림 놀이로 공동체성 기르기	가. 모르는 문제는 3번 이상 생각하고 물어보기 용기 있게 모르는 것을 남에게 묻기 나. 즉각적인 포상하기 다. 메타인지 학습하기	가. 리듬감있게 하루를 생활할 수 있도록 안내하기 나. e-학습터 과제 복습하고, 어제의 공부 되돌아보는 학습하기 다. 체험중심연극 교육 실현하기

교과활동〈범교과〉

국어	②-4. 나만의 동화책 만들기 활동으로 '성격-캐릭터' 알아가기 ②-1. 뉴스일기 쓰며 내용 간추리고 비판적 사고력 기르기 ⑤-3. 연극수업 적용하기
사회	②-4. 세종의 문화유산 책 만들기 ②-3. 사회개념놀이 적용하기 ⑤-3. 연극수업 적용하기
도덕	②-2. 라냐와 마지막 드래곤 보며 '믿는다는 것의 가치 알기
수학	③-3. 수학놀이 및 개념 이해 후 문제 만들어 친구랑 주고받으며 풀기
과학	②-4. 강낭콩 한 살이 책 만들기 우리학교 식물 책 만들기 ③-3. 과학개념놀이 적용하기 - 라이어 게임
영어	④-2. 즉각적인 포상과 격려로 영어에 대한 자신감 키우기

교과활동〈범교과〉

음악	⑤-2. 뮤직비디오 만들기 프로젝트 (컵타활용, 가사활용) - 단계별 리코더 익히기
미술	⑤-2. 자신의 예술 활동에 자신감을 갖고, 친구의 활동을 칭찬해 주는 마음 갖기
체육	⑤-2. '킥런볼' 스포츠로 키우는 협력 및 공동체성

창의적 체험활동〈범교과〉

자율활동	②-4. 학급 미덕 달력 및 미덕에 관한 책 만들기 ②-2. 80일간의 세계일주 보며 세계에 대한 포부 키우기 ①-2. 월1회 학급회의 실시하기
동아리활동	①-3. 스마트교육부 운영하기
봉사활동	①-2. 우리 반이 계획하고 실천하는 봉사활동
진로활동	②-2. 아바타를 보며 미래의 모습 상상하기

⑤-1. 리듬감 있는 하루일과 꾸미기

아침활동	②-3. 고사성어로 여는 아침 ③-3. 수학놀이로 여는 아침
쉬는시간	③-1. 쉬는 시간을 침해하지 않고, 아이들의 자발적 활동 보장
교과활동	①-1. 경청습관 및 발표연습의 습관화 ④-1. 학생들의 자존감 키우기
하교시간	④-2. 즉각적인 포상으로 학교는 즐겁다는 감정 키우기
방과후	⑤-4. 방과후 온라인학습(e-학습터)로 보충 학습 및 반복학습 ④-1. 30분 이내 해결 과제 제시

창의적 체험활동〈범교과〉

1	소외되는 학생이 없게 하고, 작은 소리도 민감하게 듣기
2	아이의 감정과 상황을 공감하고 존중하기
3	민주적인 방식으로 학급의 문제 해결하기
4	교사만 좋아하는 일 하지 않기
5	의미 있는 대화하기

내 학급 미래교육〈◆〉 : 정보 수집 및 처리 능력 기르기, 사이버 상에서 조화롭게 살기

기저	교사의 강점 및 철학	기조
학교장 경영관 학교 비전 본교 교육목표	▶ - 스마트기기 다루는 능력, 아이들과의 소통능력, 발도르프학교 교육철학 전공 - 아이들에게 신뢰받는 교사, 민주적인 공동체 구성에 대한 철학이 있음 ◀	학생, 학부모, 지역사회 실태 시설 및 환경 실태 전년도 교육과정 반성

체계형 학급살이 계획

　기존의 학년 교육과정을 구성할 때 쓰인 내용 체계표의 형식을 빌려와 교과와 생활지도, 무의식 교육과정 안에서 One Thing이 구현될 수 있도록 교육과정을 설계하는 유형이다.

2. 자기조절력으로 성장하기
– 자기조절력 One Thing을 키우기 위한 교육활동

자기조절력 학급의 중점 교육 활동(무의식 교육과정)

자기조절력을 갖기 위해서는 자신의 감정을 다스릴 수 있는 상황이 제공되어야 한다. 행동을 통제하는 방식이 아니라 학급 안에서 아이들이 깨우침으로써 감정을 다스릴 수 있는 교실 활동으로 5가지를 구성했다.

1

아이들끼리
문제해결 하기

- 학급의 감정 읽기
- 친구가 친구 지목하는 발표하기
- 모둠장 돌아가며 역할하기
- 미덕 학급회의하기

2

생각
교육

- 뉴스일기 쓰기
- 영화를 보며 삶의 가치 찾아보기
- 아침 고사성어 자기 다스리기
- 창의력과 생각을 키우는 가치책 만들기 활동하기

3

놀이
교육

- 두뇌 보드게임 : 체스, 오목 놀이하기
- 우리반 특화 스포츠 활동하기(킥런볼)
- 수업시간에 놀이 적용활동하기
- 어울림 놀이로 공동체성 기르기

4

문제 끝까지
해결하기

- 모르는 문제는 3번 이상 생각하고 물어보기
  용기 있게 모르는 것을 남에게 묻기
- 즉각적인 포상하기
- 메타인지 학습하기

5

리듬감 있는
생활과 예술교육

- 리듬감있게 하루를 생활할 수 있도록 안내하기
- e-학습터 과제 복습하고, 어제의 공부 되돌아보는 학습하기
- 체험중심연극 교육 실현하기

1) 아이들끼리 문제 해결하기

학급의 감정 읽기

학급 분위기를 형성하는 것은 학급에서 일어나는 교육 활동이 잘 일어날 수 있게 하는 매개가 된다. 학급 분위기를 형성하기 위한 선행활

동으로 학급의 감정을 읽는 활동을 했다.

활동 1 전 학년에서부터 이어져 온 갈등 풀기

여학생　선생님, ○○이는 규칙을 안 지켰어요.

남학생　자기는 잘 지키지도 않으면서 맨날 저만 일러요. 너희나 잘해. 우리한테만 그래.

여학생　네가 규칙을 잘 안 지키니까 말하는 거지.

남학생　선생님, 쟤들은 맨날 발표할 때나 하고 싶은 일을 할 때 여자 친구들만 일부러 골라서 시키고, 자기들끼리는 서로 봐줘요.

여학생　아니야. 우리 그러지 않았어.

남학생　뭐가 안 그래. (분노 폭발)

아이들은 전 학년도부터 가져온 갈등의 문제가 존재하기도 한다. 이 럴 때 이러한 갈등의 문제를 풀지 않으면 학기 초 학급 분위기 형성에 큰 방해 요소가 된다. 내가 맡은 학급이 가장 시급하게 풀어야 했던 것 은 그간 쌓여 온 여학생과 남학생 간의 갈등 문제였다. 그래서 서로의 입장을 들어 보는 "경청" 연습부터 실시하고 역지사지로 "한번 참고 말 하기"를 실시했다.

활동 2 감정 통제가 안 되는 아이 파악하기

아이들은 사랑을 받고 싶어 하는 존재인데, 그러한 욕구가 채워지지 않았을 때 다양한 방식으로 자신의 존재를 드러낸다. 대표적인 부정적 표현 방식이 화, 규칙 불준수, 반항 등이다. 반대로 자신의 존재를 아 예 드러내지 않는 방식을 쓰기도 한다. 그것은 무기력함과 회피 등의 행동으로 나타난다. 이러한 아이를 위해서는 두 가지가 필요하다. 갈등을 해결할 수 있다는 믿음 주기와 인정해 주기이다.

아이들은 '장난'에 대한 생각의 차이가 있다. 가볍게 툭 치며 이야기하는 것을 대화라고 생각하는 아이가 있는 반면 폭력이라고 생각하는 아이가 있다. 그런 아이들에게 교사의 일반적인 갈등 해결은 아이들의 마음에 앙금만 남긴다. 그래서 먼저 교사가 상황을 정리해 주고, 어떻게 해결하면 좋을지 의견을 들어보고, 아이들끼리 꼭 이야기하는 충분한 시간을 주면 좋다. 더불어 갈등은 해결 가능한 것이고, 이러한 갈등을 해결하기 위해 서로 양보한 자세를 칭찬한다고 하면 아이들은 발전된 모습을 보인다. 이는 교사와 학생 간에도 적용한다. 교사가 미안해지면 아이에게 사과하고, 아이가 사과하기를 머뭇거리고 있다면 "네가 '미안해요'라는 한마디만 하면 다 해결될 수 있단다."라고 알려주면 아이들은 금세 갈등을 풀어나간다. 그리고 아이들의 존재를 인정해 주는 구체적인 칭찬을 적절하게 해준다. "네가 노력하는 모습이 멋지구나." "이 상황에서는 화가 나고 서운했지?" "네가 그런 생각을 하는 줄 몰랐구나. 미안해. 그런데 화를 참고 이렇게 말해 주어 고마워." 등의 대화가 필요하다.

활동 3 수업 시간 중 침묵의 시간 견디기

수업을 하다 보면 순간 정적이 흐르는 침묵의 시간이 있을 때가 있다. 다음 활동을 위해 교사가 무언가를 준비하는 때이다. 이때 친구들과 큰소리로 대화를 하기 시작하면 수업 분위기는 금세 흐트러지기 마련이다. 하지만 이 순간에도 자기가 무엇을 해야 하는지를 생각하며 읽고 있던 책을 읽거나 선생님이 무엇을 준비하실까라는 눈빛으로 가만히 기다리는 친구들이 있다. 아이들의 행동은 학급 분위기, 교사의 성향, 친구들과의 친밀도, 단계별 아동 특성에 따라 달라질 수 있다. 하지만 이 순간 아이들의 선택이 수업을 좌지우지하기에 이 시간을 어떻게 견디면 좋을지 아이들과 이야기를 나눈다.

친구가 친구 지목하는 발표하기

수업 시간에 발표를 할 때 교사가 지목하지 않는다. 교사가 한 아이를 지목하면 모두가 그 아이에게 의견 표시를 한다. 그러면 그 아이는 다른 아이를 3초 안에 지목해야 한다. 3초 안에 지목하지 않으면 교사가 지목한다. 대부분 아이들은 본인이 지목하고 싶어 얼른 다른 친구를 지목한다. 모두가 발표해야 끝이 나는 것을 알기에 아이들은 적극적으로 의견 표시를 하고 발표를 하고자 한다. 이렇게 하는 이유는 발표를 할 때 '나는 안 해도 돼', 또는 '잘하는 친구가 발표하면 되지'라는 생각을 하지 않게 하기 위해서이다.

모둠장 돌아가며 경험하기

모둠의 역할을 돌아가면서 해보며 리더의 역할과 책임감은 무엇일지 체험해 보도록 했다. 모둠의 역할이 잘 분배될 수 있도록 학기 초 모둠장 및 모둠원이 가져야 할 자세에 대해 함께 고민해 보는 시간을 가졌다. 모둠장이 되어 모둠원을 이끌며 하나의 과제를 해결해가는 과정을 거치며 모둠장으로서 인내하고 견뎌야 하는 것들을 배우기도 했다.

미덕 학급 회의

미덕 학급회의는 '[4도04-02]참된 아름다움을 올바르게 이해하고 느껴 생활 속에서 이를 실천한다'라는 성취기준과 자율활동의 목표 '성숙한 민주시민으로 살아갈 수 있는 역량을 함양하고, 신체적·정신적

변화에 적응하는 능력을
길러 변화하는 환경에 적
극적으로 대처한다'와 관련
하여 활동을 계획했다.

학기 초 학급에 필요한
미덕을 선정하는 학급회의
를 개최해 월별 미덕, 3월
(배려), 4월(성실), 5월(공정),

〈 미덕 달력 〉

6월(노력), 7월(협동), 8월(겸손), 9월(책임), 10월(긍정), 11월(존중), 12월(평화)
을 선정한다. 그리고 매월 초 자치활동 시간을 활용하여 미덕 달력을 꾸
미고 구체적으로 실행할 규칙 정하기 학급회의를 실시한다. 미덕을 나누
는 것은 자아실현을 위해 욕구를 조절하는 가장 기본적인 활동이기에
월별로 꾸준히 이어지도록 지도했다.

2) 생각교육

뉴스일기 쓰기

뉴스일기 쓰기는 사회에 대한 비판적 시각도 길러주지만 내가 사는 세
계에 대한 관심도 불러올 수 있다. 이 활동은 '[4국03-03] 관심 있는 주제
에 대해 자신의 의견이 드러나게 글을 쓴다.'라는 국어과의 성취기준과 결
합하여 교과 활동 중에 자신의 의견을 쓰는 법을 먼저 익힌 후 실시했다.
매주 뉴스 1개를 듣고, 뉴스에 대한 의견을 쓰고, 다음 날 아침 활동에 발
표해 보며 다른 친구들과 뉴스를 공유하는 활동을 하며 아이들은 한 사
건에 대해 사람마다 시각이 다를 수 있음도 깨닫게 되는 활동이었다.

영화를 보며 삶의 가치 찾아보기

영화는 아이들을 몰입하게 하는 매체 중 하나이다. '영화'라는 미디어 매체를 활용하면 아이들의 생각을 좀 더 쉽게 이끌 수 있고, 삶의 간접 체험으로 '삶의 의미'를 알아갈 수 있도록 할 수 있다. 아이들이 기존에 많이 봤던 영화보다는 잔잔하면서도 울림을 줄 수 있는 영화, 〈월터의 상상은 현실이 된다〉라는 영화를 선택해 '[4국05-03] 이야기의 흐름을 파악하여 이어질 내용을 상상하고 표현한다.'라는 성취기준과 함께 뒷이야기를 상상해 보는 후속 활동을 하며 생각만 하지 않고 실천하는 용기의 가치를 생각해 보는 활동을 했다.

아침 고사성어로 자기 다스리기

고사성어를 익히는 활동은 국어 수업과 관련해서 2주간만 실시했다. 자기조절력을 갖게 하기 위해서는 자기감정과 상황을 인식하는 메타인지가 형성되어야 한다고 생각했기 때문이다. '[4국02-03] 글에서 낱말의 의미나 생략된 내용을 짐작한다.'라는 성취기준을 토대로 2주간 고사성어와 관련된 글을 읽고, 고사성어가 가진 의미를 유추해 보는 활동을 실시했다.

창의력과 생각을 키우는 가치책 만들기 활동하기

학급의 공동체성을 키우기 위해 가치 책 만들기 활동을 3월에 실시했다. 도덕 공부를 왜 하고 무엇을 배우는지를 생각해 보는 단원과 미술 활동을 융합했다. 가치 책은 A4에 그림을 그려 포토샵을 활용해 아이들의 그림을 추출하고, 그 위에 아이들이 쓴 글을 편집했다. 1년간 책을 만들 때 활용할 출판사 이름도 지어보고, 소개하는 글도 써 책의 형식을 갖춰 인디자인으로 온라인 출판을 했다.

활동1 에이미 크루즈 로젠탈의 〈쿠키 한 입의 인생 수업〉 동화책 읽기

활동2 우리 반의 가치 생각해 보기

활동3 우리 반 가치 책 만들기 "라볶이 한 입의 인생 수업"

《 라볶이 한 입의 인생 수업 》
제작 책

3) 놀이교육

아이들은 놀이를 통해 사회성을 배우고, 창의력을 키우며, 규칙을 준수하고자 하는 태도를 배운다. 학급에 짝 중심 놀이, 팀 중심 놀이, 학습과 접목시킨 놀이를 쉬는 시간 및 체육 시간, 수학, 사회 시간을 활용하여 꾸준히 실시했다. 아이들은 놀이를 통해 친구와 타협하는 법을 배우고, 졌을 때 분함을 표시하기보다는 다음에 이길 수 있는 전략을 생각하는 습관을 기르기 시작했다. 짝과 함께 하는 주요 놀이에는 체스게임과 오목게임이 있는데, 체스는 직접 만들어 보면서 말을 익히고, 태블릿에 '체스앱'을 활용하여 컴퓨터로 규칙을 익히게 한 후 짝과 함께 게임을 하게 했다. 팀 중심 놀이로는 '킥런볼'과 'T-ball' 활동을 실시했다. 수학과 사회 시간에도 학습놀이를 개발하여 실시했다.

마지막으로 어울림 놀이를 실시했다. 학교폭력예방 지원센터를 검색하다 보면 사회성 향상을 위한 어울림 놀이가 많이 제공되어 있다. 학기 초에 '바람이 붑니다' 등과 같은 친해지는 놀이, 띠빙고놀이 등과 같은 갈등관리 놀이 등을 진행하여 친구들과의 어색함을 없애

고 학급 안에서 자신의 위치를 찾아 편안함을 느낄 수 있도록 한다.

4) 문제 끝까지 해결하기

아이들이 어려운 문제를 만났을 때 보이는 반응은 여러 가지이다. 어려워도 도전하는 태도로 이것저것 적용해 보며 푸는 아이가 있는 반면 바로 포기해 버리는 학생도 있다. 그런데 학습에는 인내와 끈기의 요소도 있기에 어려운 문제를 만났을 때 포기하지 않고 해결해 보는 성공의 경험을 갖게 한다. 그리고 바로 포상을 하며 성공의 경험을 인식하게 한다. 바로 메타인지가 되도록 깨우쳐 주는 것이다. 아이들이 사고하고 있다는 것을 사고하는 연습은 여러 교과에서도 실시한다. 왜냐하면 프로젝트 학습, 보고서 만들기, 연극 등 활동 중심으로 수업을 하다 보면 아이들이 익혀야 할 개념을 놓치고 가는 경우가 많기 때문이다. 수학 시간에 화이트보드판을 이용하여 문제를 만들어 친구와 돌려 풀기, 내가 배운 개념을 친구에게 가르쳐 주기, 네이버 사전 앱을 활용하여 모르는 단어 찾아본 후 받아쓰기 보기, 사회책을 읽고 머릿속으로 외운 후 비주얼 씽킹으로 정리해 보기, 학기 말 배운 영어 표현으로 이야기 만들어 이야기 문장 외우기 대회하기, 매일 5분 연산 학습하기, 과학 개념 빙고 놀이하기 등의 학습을 한다.

5) 리듬감있는 생활과 연극수업

리듬감 있게 하루를 생활할 수 있도록 수업 구성하기

'수업할 때는 수업에, 놀 때는 확실히 놀기', 이것은 배움의 경계를 짓는 말이기도 하지만 '놀이'를 좋아하는 아이들에게는 울타리 역할을 할 수도 있다. 그래서 아이들에게 학교생활은 어떻게 돌아가는지를 학기 초에 잘 알려준다. 그리고 그 시간이 잘 돌아갈 수 있도록 교사도

월별 주제		활동 내용 (예: 각 학급 별로 재구성 가능함)	시간 운영 계획	연계교육	비고
월	주제				
3-3	존중의 씨앗을 심어요	어울림교육, 감정조절 -친구를 존중하려고 배려하는 태도 갖기	1-행사(1) 국어, 특성화 교육활동(1) 1-자치(1)	창의적 체험활 동 자치적응 -시업식, 학 급임원선출	《어울림 교육》
3-4	자신을 알아봐요	1인 1역 분담 및 상담활동 전교임원선출	2, 3-적응활 동(2) 2-자치(1)	교과(국영수사 과)진단검사 전교임선출	
4-1	우리 학 급 세우기	기본생활습관 형성 및 서로 친해지기 활동하기 표준화검사	1-적응활동 (1) 진로(1)		《어울림 교육》
4-2	우리 학 년 세우기	학년 규칙 세우기(다모임) 및 학생 주도의 동아리 운영 계획 수립하기	1-다모임(1) 창·체-동 아리(2)		《민주시 민교육》
4-3	특별함을 마음에 새기기	과학의 날 맞이 활동하기 장애인의 날 기념 대한민국1교시 시청 지구의 날 기념 봉사활동하기, 환경교육 독서 행사 주간 참여하기 온 책 읽기 활동 연계(봉주르, 뚜르) ① 조천변에 가서 책읽기 ② 인문학 독서 나눔 토론하기 ③ 독서 골든벨하기	2-행사(1) 3-행사(1), 도덕(2) 4-봉사(1) 1, 2-독서(2)	제53회 과학의 날(4.21) 제40회 장애인 의 날(4.20) 지구의 날 (4.22) 세계 책의 날 (4.23)	
4-4	나 자신 을 알아봐요	학급회의 및 학급특색 활동으로 자 기 탐색 활동하기	3-자치(1) 1-학급특색 (1)	학부모 상담주 간 교육활동하기	
4-5	예와 효 를 배워요	어울림교육, 감정조절 -친구 사랑 편지 쓰기 활동하기 -어버이날 편지 쓰기 활동하기	국어, 특성화 교육활동(1) 2-다모임(1) 2-진로(1)	인성평화주간 활동하기	
5-1	우리 학교를 알아봐요	개교기념일 -우리 학교 알아보기, 교가 부르기	2-학급특색 (1)	부처님 오신 날 개교기념일	

〈배움의 바이오리듬 고민하기〉

그 시간을 잘 지킨다. 쉬는 시간만큼은 아이들이 자발적으로 학급 사회를 운영할 수 있는 시간으로 확보되어야 하고, 수업 시간만큼은 아이들이 인지적으로 활발히 배움의 활동을 할 수 있도록 교사가 학년 초에 사전 준비를 잘해야 한다.

e-학습터 과제 복습하고, 어제의 공부 되돌아보는 학습하기

아이들이 소통할 공간으로 e-학습터를 개설했다. 이곳에 과제를 올리고 의견을 올리며 '우리반'의 이야기를 나누고, 거꾸로 학습을 위한 자료 올림 공간으로 활용했다. 주중 과제는 e-학습터에서 예습과 복습하는 과제만 내주어 학습의 연속성이 생기도록 했다. 참고로 주말 과제로는 책읽기 과제만 내주었는데, 1년간 꾸준히 독서 과제를 내주니 학생들도 과제의 의미를 생각하며 수행하는 모습을 보였다.

체험중심연극 교육 실현하기

교실이라는 공간이 아이들에게는 얼마나 답답하고 두려운 곳일까를 생각해 본다. 집에서는 편하게 행동할 수 있지만 학급은 그런 감정을 주지 못하기 때문이다. 친구들과 잘 어울리지 못하는 성향을 가진 아이들은 더욱 그러할 것이다. 하루 종일 조용하게 앉아 있는 아이들을 보면 그런 생각이 더 든다. 얼마나 긴장상태일까? 그런 긴장상태를 풀어주는 것이 바로 연극이다. 연극 수업을 하면 아이들은 여러 친구를 만나게 되고, 말이 없던 친구도 말을 하게 된다. 평상시에는 조용했던 친구가 연극놀이를 하면 환하게 웃으며 질문을 한다. 그래서 되도록 수업에 연극을 접목하여 아이들이 생기를 갖도록 했다.

자기조절력 학급의 교육과정 재구성과 평가

학급에서 아이들의 자기조절력이 주로 쓰이는 순간은 활동 중 인내하며 기다려야 하는 때, 자신의 감정을 통제할 때이다. 그리고 자기조절력이 가장 제어되는 순간은 목표 의식을 정확히 하고, 자신의 역할을 잘 인식해 활동하여 평가에 두려움을 느끼지 않을 때이다. 그래서 학생들이 문제를 찾고 설계하며 학생 주도적으로 학습에 참여할 수 있도록 프로젝트 학습을 주로 하였고, 교육과정 – 수업 – 평가 – 기록을 일체화하여 평가 결과를 통지하였다.

학생들의 프로젝트 학습 과정과 결과는 '**나이스—관찰기록**'에 기록해뒀다. 활동 내용, 활동 결과와 더불어 아이가 활동에 참여하는 태도, 적극성, 모둠에 협력하는 태도 등도 함께 기록해 학기말에 학부모에게 통지서를 보냈다.

> 제안하는 글쓰기(8단원) : 사회 지역의 문제 소주제와 연계하여 세종시의 지역 문제를 알아보고 해결할 수 있는 방법에 관해 제안하는 글쓰기 활동을 함. 신호를 무시하고 지나가는 자동차나 오토바이 운전자를 대상으로 캠페인을 열거나 합리적인 벌금을 물게 하자는 의견을 제시함. 제안하는 글을 쓸 때 제안하는 까닭을 좀 더 구체적으로 적었으면 함.
>
> – '나이스—관찰 기록'의 예

프로젝트 학습과 협동 학습을 하다보면 무임승차를 하는 학생들에 대한 평가 문제가 생긴다. 계획서에서 역할 분담을 정하고, 관찰 평가로 그 학생의 활동 정도를 기록하지만 행위에만 집중하다 보면 프로젝트 학습으로 무엇을 알게 되었는지를 깨닫지 못하고 가는 학생들도 많

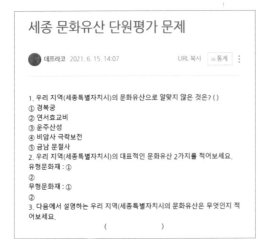

세종 문화유산 단원평가 문제

데프라코 2021. 6. 15. 14:07 　　　URL 복사 ㅔㅣ 통계 ⋮

1. 우리 지역(세종특별자치시)의 문화유산으로 알맞지 않은 것은? ( )
① 경복궁
② 연서효교비
③ 운주산성
④ 비암사 극락보전
⑤ 금남 문절사
2. 우리 지역(세종특별자치시)의 대표적인 문화유산 2가지를 적어보세요.
유형문화재 : ①
　　　　　　②
무형문화재 : ①
　　　　　　②
3. 다음에서 설명하는 우리 지역(세종특별자치시의 문화유산은 무엇인지 적
어보세요.
　　　　　　　　　(　　　　　　　　　)

〈 프로젝트 관련 단원 평가 문제(학생 출제) 〉

기 때문이다. 그래서 항상 활동 마지막에 단원 평가를 본다.

프로젝트 학습과 관련된 단원 평가를 실시하기 때문에 학생들은 긴장을 놓치지 않고 활동에 집중하는 모습을 보인다. 그런데 단발성 평가는 아이들을 초조하게만 할 뿐이기에 기준 점수(60점) 이하를 받지 못하는 학생은 재시험을 본다. 기준 점수를 낼 때까지 본다. 1학기가 지나니 평가와 순위에 집착하게 하는 것이 아니라 왜 자기가 틀렸는지 반성하게 하고, 다시 시험을 보면서 몰랐던 개념을 확실하게 알고자 하는 태도가 많이 늘었다. 그리고 시험이 힘든 것이 아니라 모르는 것을 알게 해주는 또 하나의 길이라는 것을 아이들도 인식하게 되었다.

프로젝트학습 1. 터틀봇으로 개선해 보는 우리 사회

프로젝트학습 관련 성취기준

[4사03-06] 주민 참여를 통해 지역 문제를 해결하는 방안을 살펴보고, 지역 문제의 해결에 참여하는 태도를 기른다.

[동아리 활동 목표]
다양한 학술 분야와 문화에 대해 관심을 가지고 체험 위주의 활동을 통하여 지적 탐구력과 문화적 소양을 기른다.

프로젝트학습 주요 활동

`활동 1` 지역사회의 문제 파악하기

`활동 2` 지역사회의 문제의 원인은 무엇일지 토의하기

`활동 3` 모둠별로 지역사회의 문제를 해결할 수 있는 방법 생각하기: 〈드론택시로 택시부족문제 해결하기 등〉

`활동 4` 동아리(스마트교육부) 시간에 익힌 햄스터봇을 이용해 라인코딩으로 지역사회 문제 해결지도 설계하기

`활동 5` 다른 모둠의 설계도로 터틀봇 체험해보기〈동료평가〉

프로젝트학습 결과

　동아리 활동으로 꾸준히 익혀왔던 터틀봇을 활용하여 내가 사는 지역사회의 문제를 바탕으로 한 지도를 설계해 보는 활동을 통해 학생들은 창의성과 문제해결력을 기르게 되었다. 또한 터틀봇을 학생 1인당 하나씩 제공하며 조작하고 원리를 익히는 시간을 충분히 준 것은 새로운 기술에 대해 도전해 보는 마음을 키우게 했다. 내 주변의 문제를 끌어온 것은 주변의 문제에 관심을 갖게 하고, 해결 방법을 능동적으로 해결해 보려는 의지를 갖게 했다. 실제로 학급의 한 아이는 우리 지역에는 교통 혼잡 문제가 있다는 것을 배운 후 실제 이 문제를 겪었다. 이 아이는 등교하며 부모님과 함께 이 상황의 문제점과 해결 방법은 무엇일지에 대해 토론을 했다고 한다.

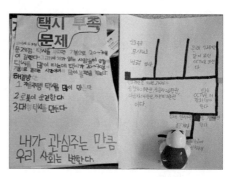

〈터틀봇 라인코딩 활동 결과〉

프로젝트학습 2. 세종시의 문화유산 알기 프로젝트

프로젝트학습 관련 성취기준

[4사03-03] 우리 지역을 대표하는 유·무형의 문화유산을 알아보고, 지역의 문화유산을 소중히 여기는 태도를 갖는다.
[4사03-04] 우리 지역과 관련된 역사적 인물의 삶을 알아보고, 지역의 역사에 대해 자부심을 갖는다.
[4국03-01] 중심 문장과 뒷받침 문장을 갖추어 문단을 쓴다.
[4국03-03] 관심 있는 주제에 대해 자신의 의견이 드러나게 글을 쓴다.
[4미02-02] 주제를 자유롭게 떠올릴 수 있다.
[4미02-05] 조형 요소(점, 선, 면, 형·형태, 색, 질감, 양감 등)의 특징을 탐색하고, 표현 의도에 적합하게 적용할 수 있다.

프로젝트학습 주요 활동

활동 1 아이들과 토의하기〈문화유산 학습을 어떻게 하면 의미 있게 배울 수 있을까?〉

활동 2 지역 선배인 교장선생님께 문화유산 강의 듣기

활동 3 "다빛 교장선생님이 들려주는 세종문화유산이야기" 학급책 제작하기

　　 – 제목, 목차, 내용, 출판사 이름 정하고, 책을 쓸 분량 정하기

활동 4 학급책을 읽고 골든벨하기

활동 5 학급책 중에서 가장 기억에 남은 문화유산이야기나 역사적 인물 중에서 1개를 골라 연극으로 꾸미기

활동 6 연극 발표하기

활동 7 연극 동영상을 다른 사람들에게 알릴 수 있도록 모둠별로 동영상으로 편집하기

프로젝트학습 결과

　세종시의 문화유산 알기 프로젝트는 약 2달에 거쳐 진행됐다. 강의를 듣고 책을 제작하기까지의 과정이 꽤 오래 걸렸기 때문이다. 아이들이 우리 지역의 문화유산에 관해 조사한 내용을 독자가 읽기 쉽게 퇴고하고, 책을 디자인하기 위해 교장선생님 캐릭터를 그려 미리캔버스로 이모티콘화하는 세세한 작업까지 많은 수고가 필요했다. 비교적 연극은 수월히게 진행됐다. 책을 직접 만들어 골든벨까시 했으니, 지역의 역사적 인물의 말과 행동은 쉽게 표현해냈다. 동아리활동 시간에 앱을 활용해 연극 동영상에 자막이나 소리, 효과까지 넣는 활동을 하니 역사를 생생하게 체험하는 효과도 얻었다.

〈 학생들이 제작한 학급책 〉

프로젝트학습 3. 나만의 동화책 만들어 홍보 글 쓰고, 수익금 기부하기

프로젝트학습 관련 성취기준

[4국03-02] 시간의 흐름에 따라 사건이나 행동이 드러나게 글을 쓴다.
[4국03-05] 쓰기에 자신감을 갖고 자신의 글을 적극적으로 나누는 태도를
　　　　　지닌다.
[4국05-02] 인물, 사건, 배경에 주목하며 작품을 이해한다.
[4미02-05] 조형 요소(점, 선, 면, 형·형태, 색, 질감, 양감 등)의 특징을
　　　　　탐색하고, 표현 의도에 적합하게 적용할 수 있다.

[봉사활동 목표]
타인을 이해하고 배려할 수 있는 공동체 역량을 함양한다.

[진로활동 목표]
자신의 진로를 창의적으로 계획하고 실천한다.

프로젝트학습 주요 활동

활동 1 국어 연계 활동 : 5단원 〈내가 만든 이야기〉 활동으로 이야기의
　　　　주제를 파악하고 이야기의 형식에 맞게 이야기를 만드는 방법 알
　　　　아보기

활동 2 진로활동 연계 : 출판사 사장님이 되어 나의 동화책을 홍보할
　　　　표지 만들고, 부모님께 나의 동화책 홍보하여 팔기

활동 3 국어 연계 활동 : 8단원 〈당신의 1리터를 나눠주세요〉 광고 동
　　　　영상 보고 제안하는 글쓰기

　　가. 선생님에게 아프리카 친구들이 깨끗한 물을 마실 수 있도
　　　　록 제안하는 글쓰기

　　나. 선생님이 쓴 글을 읽고 100원 ~ 1,000원의 가격을 매겨
　　　　그만큼 학급 수익금에 선생님도 기부에 동참 예정

활동 4 글을 팔아 생긴 수익금을 기부하기

프로젝트학습 결과

　학생들과 모은 수익금은 총 네 군데에 기부했다. 해피빈이라는 사이트에서 기부가 필요한 곳의 사연을 함께 읽으며 기부할 곳을 정했다. 일괄적으로 정하지 않았고, 희망한다면 적은 액수라도 기부하게 했다. 그리고 후기도 나누며 세상에 베푸는 나눔 행위가 어떤 의미를 갖는지를 생각해 보게 했다. 자신의 행동이 뿌듯했는지 아이들은 이 경험을 부모님과도 오랫동안 나눴다고 한다.

〈나만의 동화책 만들기〉

프로젝트학습 4. 독도는 우리땅 프로젝트

프로젝트학습 관련 성취기준

> [4음03-01] 음악을 활용하여 가정, 학교, 사회 등의 행사에 참여하고 느
> 낌을 발표한다.
> [4미01-02] 주변 대상을 탐색하여 자신의 느낌과 생각을 다양한 방법으로
> 나타낼 수 있다.

프로젝트학습 주요 활동

활동 1 음악 연계 활동 : '홀로 아리랑' 들으며 독도의 분쟁 상황 이해하기

활동 2 독도부채 만들며 독도가 가진 자원 알아보기

활동 3 독도는 우리땅 플래시몹을 위하여 아침마다 댄스 연습하기

활동 4 미술 연계 활동 : 독도는 우리땅 홍보 영상에 들어갈 가사 그림
그리기

활동 5 플래시몹 영상과 가사 그림을 합하여 독도는 우리땅 뮤직비디
오 만들기

프로젝트학습 결과

여러 프로젝트 중 아이들은 이 프로젝트를 제일 좋아했다. 처음에는 부끄러워했지만 뮤직비디오를 준비하며 독도를 이해하는 시간을 가지니 플래시몹에 진지하게 참여하는 모습을 보였다. 플래시몹에는 의외의 학생들이 적극적으로 참여했는데, 학생들의 장점과 긍정적인 면을 더 면밀히 찾게 하는 시간이 되었다.

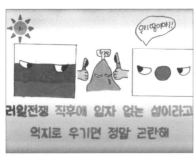

〈 독도는 우리땅 뮤직컬
동영상 중 한 장면 〉

학년 공동 프로젝트학습. 구해줘, 지구!

탄소중립 선도학교로 지정되어 학교행사를 2학기 교육과정에 반영하게 되었다. 동학년과 함께 관련 성취기준을 분석하고, 탄소중립에 대해 4학년 수준에서 알아야 할 지식과 기능, 실천 의지는 무엇인지를 정한 후 최종적으로 우리 학년에서는 전시회를 열자는 목표를 세웠다.

1차시에서는 프로젝트를 소개하고, 탄소 중립 프로젝트(구해줘, 지구!)에 참여할 때 기본적으로 알아야 할 것에 대해 직접 교수법을 통해 인식하는 시간을 가졌다. 2~4차시에서는 동아리활동(스마트융합부) 시간을 활용하여 프레젠테이션을 만들었다. 우리 반이 맡은 부분은 '환경 오염의 심각성'을 조사하는 것이었는데, 만든 발표 자료는 전시회에 전시하기로 했다. 더불어 지구 신문을 만들기 위해 모둠별로 조사한 내용을 토대로 기사문을 작성해 홍보하기로 했다.

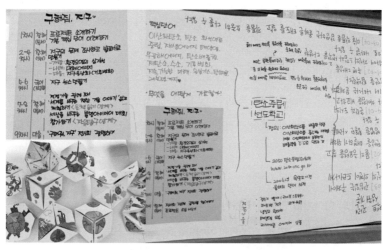

〈 '구해줘, 지구' 학년 공동 프로젝트 설계도〉

7~8차시에서는 《세계를 바꾸는 착한 기술 이야기》의 온책읽기(책을 혼자 읽고 다른 사람의 생각은 어떤지 교류하며 책 전체를 읽는 읽기 방식) 활동과 접목하여 책속에 나오는 적정 기술을 체험해 보고, 세상을 바꾸는 발명 아이디어 대회에 참가하기로 했고, 마지막 차시에서는 일련의 과정에서 나오는 작품을 학년 스페이스 공간에 전시하고, 관람한 후 관람한 내용을 토대로 골든벨을 열기로 했다. 학급을 넘어 학년 친구들과 함께 프로젝트를 하니 아이들은 배움의 장이 넓어져서 좋았는지 프로젝트를 즐기는 모습을 보였다.

자기조절력 학급의 교사 역할

소외되는 학생이 없게 하고, 작은 소리도 민감하게 듣기
eye contact

요즘 아이들은 눈을 잘 마주치며 이야기를 하지 않는다. 스마트폰에 친근한 탓도 있겠지만 눈을 마주치며 이야기하는 경험도 자주 있지 않기 때문이다. 그래서 되도록 등교할 때도 눈을 마주치며 인사하고, 수업 시간에도 눈을 마주 보며 이야기하고, 하교할 때에도 아이가 오늘 하루 동안에 가장 크게 느꼈던 감정을 눈을 보고 이야기 나누며 집으로 돌아가게 한다. 아이 콘택트 교육은 교사와 학생 관계에서만 적용되는 것이 아니라 친구끼리 대화를 하거나 갈등을 해결할 때에도 사용한다.

아이들의 이야기를 민감하게 듣기

수업 시간에 가만히 앉아 있어야 하고, 40분이라는 짧은 시간 안에 국어, 영어, 수학, 사회, 과학이라는 과목 속에 녹아든 지식을 이해해야 하는 아이들은 얼마나 힘들까? 각각의 생각이 다른 존재들인데, 조용히 교사의 말만 듣고 있어야 하고, 자기보다 앞서 나가는 친구들의 이야기만 들어야 하는 아이들의 마음은 어떠할까? 이러한 감정은 꿈을 먹고 자라고 자신이 크게 자랄 것이라고 믿고 사는 아이들에게 서운한 감정을 줄 수 있다. 이런 아이들을 향한 공감의 마음은 아이들의 작은 소리도 놓치지 않게 한다.

수업을 시작하려는데 작은 소리로 불평불만을 말한다. 수업을 시작하기 위해 책을 펴자라고 말을 했더니 꿈쩍도 하지 않고 자리에 앉아 있다.

선생님　　미래야, 무슨 일 있니?

학생　　…….

선생님　　(공감하며) 네가 말하기 싫구나. 그래도 네가 말을 해주어야 네가 가진 문제를 해결할 수 있단다.

학생　　…….

선생님　　혹시 아까 문제를 풀 때 네가 시간이 부족해서 그랬니?

학생　　(작은 목소리로) 네. 저 거의 다 풀었는데, 시간이 끝나버렸어요.

선생님　　그랬구나. 너도 할 줄 아는데, 시간 때문에 못해서 속상했구나. 선생님이 너를 위해 시간을 더 주었으면 좋았을텐데. 미안하구나. 그런데 마냥 기다릴 수만은 없는 상황이어서 선생님도 어쩔 수 없었다는 것을 이해해 줄 수 있겠니?

학생　　(조금은 풀린 얼굴로) 네.

선생님　　그래. 네가 이해해주어 고맙구나. 다음에는 네가 더 빨리 풀 수 있도록 선생님도 응원할게.

"착하고 조용한 성향을 가진 아이는 다 양보해야 하나요?"

스무 명이 넘는 교실 안은 마치 작은 사회 같다. 목소리를 내거나 다소 거친 방식으로 자신의 이야기를 푸는 아이들에게 더 관심을 줄 수밖에 없다. 교사의 모든 에너지가 평화로운 교실을 만들기 위해 거친 아이들을 잠재울 때 착하고 조용한 성향을 가진 아이들은 자신의 소리를 더 줄이기 때문이다. 서로 다른 기질을 가진 아이들이 하나의 공동체를 잘 이끌어 갈 수 있게 골고루 목소리를 들어줄 방법을 찾아보기도 했다.

아이의 감정과 상황에 공감하고 존중하기
아이가 흥분했을 때 아이의 상황과 감정에 공감해 주기

아이가 흥분하는 상황은 다양하다. 게슈탈트 상담이론에 따르면 아이가 미해결 과제를 가지고 있으면 다음 상황으로 발전할 수 없다는 것을 알 수 있다. 그래서 수업을 위해 아이의 감정을 억누르기보다는 조금은 시간이 걸리고 수업이 지체되더라도 아이의 감정이나 문제 상황을 해결해 주고 가는 것이 좋다.

아이를 아이답게!

센 언어로 친구들에게 말하고, 과한 행동으로 학급에서 우위에 서려하고, 장난스러운 말과 수업에 상관없는 말로 교사를 당혹시키거나 무시하려고 드는 아이, 아예 아무것도 하고 싶어 하지 않는 아이들을 깊게 살펴보면, 환경적이든 심리적이든 무엇인가에 결핍을 느껴 다른 무엇인가로 채우고 싶은 마음 때문인 경우가 많다. 그런 아이에게 교사의 시선만이라도 좀 더 확장해서 아이를 바라본다면 그 결핍은 조금이라도 채워지지 않을까라고 생각한다. 과격한 몸놀이로 친구와 다툼이 일어났더라도 "네가 놀고 싶은 마음이 있었구나."라며 아이의 마음을 읽어주고, "너도 놀랐겠다."라며 아이가 받을 만한 상처를 보듬어 주면 아이는 선생님 앞에서 공감의 감정을 서서히 느끼며 학급의 일원이 되어갈 준비를 한다.

민주적인 방식으로 학급의 문제 해결하기

자기조절력 학급 교사의 역할 중 "교사만 좋아하는 일하지 않기", "모두를 공정하게 대하기"는 모두 민주적인 방식에 속한다. 아이들은 민주적이라는 것을 어떻게 받아들일까? 아이들은 자기만 소외시키고 다른 친구들과 비교하는 것을 가장 민주적이지 않다고 생각한다. 그리고 민주적이지 않다는 감정은 교사와 학급공동체를 불신하게 한다. 그리고 이러한 분위기는 교사가 아이들을 배움으로 이끌기 어렵게 하기도 한다. 민주적인 학급 운영을 고려할 때 교사가 고민하는 지점은 어디까지가 자유인가라는 것이다. 아이들의 모든 행동을 허용해야 하는가, 교사의 간섭은 어디까지인가, 교사의 권위를 앞세운 교육은 민주적이지 않은 것인가에 대한 것이다. 지금까지 여러 공부를 하며 얻은 결론은 아이들도 배움이 없는 학교생활은 의미 없어 한다는 것이다. 배움이 있으면서 자신의 의견이 자유롭게 펼쳐지고 부당하다고 여기지 않는 교실 속에서 아이들은 편안함을 느끼고 자신의 역량을 드러낸다.

의미 있는 대화하기

"어린이들이 학교에 온 그 행위를 의식 속에 불러일으켜야 합니다. …… 배우기 위해 너희들이 학교에 왔단다. 학교에서 배워야 할 것이 얼마나 되는지를 너희들이 지금은 도저히 상상할 수 없을 것이다. 너희들은 학교에서 많은 것을 배우게 될 것이다. 그런데 왜 학교에서 그 많을 것들을 배워야만 할까? 너희들은 이미 어른들과 친하게 지내고 있지 않니? 그 큰 사람들과 말이다. 너희들이 하지 못하는 것을 그 사람들은 할 수 있다는 것을 보았을 것이다. 바로 그 큰 사람들이 할 수 있는 것을 너희들도 언젠가는 할 수 있기 위해 여기에 있는 거란다."

"어린이가 이해하는 것만 가르쳐야 한다는 그 원칙은 모든 교육을 비생동적으로 만듭니다. 받아들인 것을 일정 기간 저변에 지니고 있다가, 어느 정도의 시간이 지난 후에 다시 건져 올릴 때에야 비로소 교육이 생동적으로 되기 때문입니다."

– 루돌프 슈타이너(2016), **발도르프교육 방법론적 고찰**, 밝은누리.

지식적인 부분에 관한 이야기를 많이 하는 학교이지만 생활지도는 곧 삶으로 이어진다. 그 삶으로 이어지게 하기 위해 아이들과 의미 있는 대화를 많이 하려한다. '포기하지 않음의 중요성', '후회보다는 반성을 통해 성찰하는 태도의 필요성', '실패를 두려워하지 않는 마음' 이러한 대화들은 아이들의 의지를 키우게 될 것이다.

3. 자기조절력 열매 맺기

선생님의 학급에서는 어떤 변화가 일어났나요

"선생님, 저는 되는 것이 없었는데, 되는 일이 많아졌어요."

이 말은 자기조절력 학급을 운영하고 스승의 날이 되었을 때 학생 한 명이 저에게 편지로 써 준 문장이랍니다. 매일 혼나기만 하고, 다시 해 오라는 이야기만 들었던 이 아이에게 작은 것이라도 관심을 보이고, 칭찬해 주고, 기다려주니 아이는 자기가 할 줄 아는 것이 많아졌다고 생각을 하게 되었죠. 이 말은 저에게 "아, 아이들도 놀기만을 원하지는 않는구나. 무엇인가를 배우며 성장하고 싶어 하는 존재구나."라는 생각이 들게 한 말이기도 합니다.

"저는 선생님에게 불만이 없어요."

1학기가 끝난 후 학급살이가 어땠는지 물었습니다. 선생님과 생활하면서 어려운 점이 없었는지를 묻자 아이는 "없는데, 없다고 적으면 안 돼요?"라고 말했죠. 저는 그 아이에게 미안한 것이 많은데, 왜 없다고 하지라는 생각과 함께 아이들의 무한한 신뢰를 받고 있는 것이 정말 감사했습니다. 아이와 저의 라포(상호간에 신뢰하며, 감정적으로 느끼는 인간관계) 속에는 이제는 '미안해, 고마워.'라는 말을 하지 않아도 행동의 의도와 의미를 이해할 수 있는 것까지 들어있는 것 같아 뿌듯했습니다.

사랑과 인정이 기반이 되면 작은 사회, 학급은 운영될 수 있다

학급이 붕괴될 것 같다는 생각이 들 때가 있습니다. 그런데 그럴 때마다 결국에는 저의 관심을 "아이에 대한 관심"으로 돌리면 회복이 되었습니다. 왜 아이가 화가 났을까? 지금 내가 이런 말을 하면 아이는 어떤 감정일까? 그리고 아이의 감정에 공감을 해주면 저에게 반감을 가졌던 아이의 마음은 순식간에 풀리게 됩니다. 교사에게 최대한의 헌신으로 교실을 이끌라고 하면 다음 그 아이를 맡은 교사에게는 큰 부담이 됩니다. 저는 확신합니다. 교사의 열정적인 헌신만이 답이 아니라는 것을요. 아이에 대한 공감, 학부모님의 상황을 공감해 주는 한마디면 내가 세우고자 하는 "평화로운 교실"은 세워질 수 있습니다.

자기조절력 학급을 운영할 때 필요한 것은 무엇이라고 생각하나요

자기조절력 학급을 운영할 때에는 학급 실태 분석과 학기 초 교육과정 재구성이 꼭 필요합니다. 주먹구구식으로 운영하다 보면 긴 호흡으로 키워줘야 할 학생의 자기조절력은 조급함으로 뒤덮일 수 있습니다.

자기조절력이 지속적으로 아이에게 생기게 하려면 어떻게 해야 할까요

자기조절력이 지속적으로 아이에게 생기게 하려면 어른들이 아이에 대한 관심을 꾸준히 가져야 합니다. 아이들은 어른의 도움이 필요한 존재입니다. 하나부터 열까지 다 해줘야 한다가 아니라 잘했다는 눈빛을 보내주는 어른이 되는 것만으로도 아이들에게는 소중한 존재가 됩니다. 물론 혼자서 잘한다고 여겨지는 아이도 있습니다. 그런데 혼자서 잘한다고 여기는 것은 교사의 또 다른 무관심으로 이어질 수도 있습니다.

2장

디지털 리터러시 교실로 초대하다

유성민 선생님의
One Thing,
디지털 리터러시

디지털 리터러시Digital Literacy는 직장, 일자리, 창업과 같은 목적을 갖고 디지털 기술을 활용하여 정보를 안정하고, 적절하게 탐색하고, 관리하고, 이해하고, 통합하고, 소통하고, 평가하고, 창조할 수 있는 능력을 말한다. 디지털 소양과 가장 밀접한 관련이 있는 역량이기도 하다.

디지털 리터러시는 왜 길러야하고 무엇을 길러주어야 할까?

미래연구인 밀레니엄 프로젝트를 추진하고 있는 제롬 글렌*Jerome Glenn*은 《세계미래보고서 2055》에서 "농경 시대는 종교가 권력을 갖고, 산업 시대는 국가가, 정보화 시대는 기업이, 인공지능 시대에는 SNS로 무장한 똑똑한 개개인이 권력을 가질 것"이라는 말을 했다. 그리고 이 말은 점점 현실이 되어 가고 있다. SNS로 인해 여론이 형성되어 정책이 바뀌는 일도 생기고, SNS를 이용한 릴레이 챌린지와 같은 새로운 문화 운동이 일어나고 있기 때문이다. SNS를 잘 이용하면 이익도 얻고, 주류가 될 수 있음을 알기에 이러한 디지털 정보에 의존하여 의사를 결정하는 일은 점점 많아진다.

하지만 SNS의 속성을 잘 이해하지 못하거나 디지털 정보의 이면을 잘 알지 못한 채 의사결정을 하면 간혹 디지털 함정에 빠질 수도 있다.

그 단적인 예가 온라인상의 후기를 보고 물건을 구매했을 때 낭패를 볼 때이다. 온라인상에 제품을 검색했는데, 수많은 후기가 올라와 신뢰도가 높은 것 같아 구매를 했으나 쓰기도 전에 부품이 부러진 일을 당한 것이다. 사실 그 일은 구매자가 업체의 지원을 받아 작성된 수많은 후기를 거르지 못했기 때문이다. 미래를 살아갈 알파 세대의 아이들은 디지털 정보를 비판적으로 받아들일 능력이 필요하고, 이를 활용할 수 있는 능력이 필요하다. 그것이 바로 디지털 리터러시인 것이다.

그리고 필요한 것이 디지털을 활용할 능력이다. 천리안 등으로 컴퓨터의 통신을 잇던 1990년대에는 학생들에게 베이직이나 C언어를 가르쳤다. 그 시절의 아이들은 어려운 컴퓨터 프로그래밍 언어를 외워 프로그램을 제작했고, HTML이라는 웹언어를 익혀 홈페이지를 제작하는 등의 수고를 견뎌야 했다. 요즘은 좀 더 수월해져 엔트리나 스크래치같이 블록코딩 프로그램을 이용하여 학생들을 대상으로 코딩학습을 하고 있다. 하지만 앞으로는 AI에게 말만하면 바로 프로그램이 만들어지는 시대가 올 것이다. 아니, WEM이라는 플랫폼을 보면 이미 시작된 것 같기도 하다. WEM은 프로그래밍 기술이 없는 일반인도 업무용 프로그램을 개발할 수 있는 No Code platform인데, 인공지능이 대신 코딩을 해주니 인공지능에게 명령하는 법만 배우면 된다. 그렇기에 디지털 기술이나 정보를 올바르게 활용할 수 있는 힘을 길러주는 것도 필요하다.

1. 디지털 리터러시 씨앗 틔우기

디지털 리터러시 교실 철학 세우기

디지털 네이티브로서 스마트 기기를 다루는 우리 반 아이들의 능력은 어른이 배워서 익히는 속도를 뛰어넘는다. 어른에게는 배워야 하는 일이지만 아이들에게는 본능이기 때문이다. 분명히 아이들은 디지털 세상에 익숙하고 기술을 다루는 것을 어려워하지 않는다. 그렇지만 교육 현장에서 아이들이 디지털 세상을 대하는 모습을 봤을 때 가장 우려스러운 부분은 바로 리터러시적 요소의 부재이다.

문해력(리터러시)은 문자화된 기록물을 통해 지식과 정보를 획득하고 이해할 수 있는 능력을 말한다. 19세기까지만 해도 일반 대중이 아닌 특권 계층만이 리터러시 능력을 취득할 수 있었다.(구인환, 《Basic 고교생을 위한 국어 용어 사전》, 2006.) 그렇기에 19세기까지만 해도 일반 대중은 문맹이 많았다. 이후 산업혁명이 시작되면서 시대가 요구하는 시민의 자질에 글을 아는 것이 필수였기 때문에 이때부터 학교에서 일반 대중에게 글을 가르치는 대전환이 시작되었다. 이때의 교육은 단순한 문자 해득이 전부였기 때문에 일반 대중이 정보에 대해 비판적 해석을 하는 것은 쉽지 않았다.

브라질에서 노동자들에게 문해교육을 한 이가 있다. 바로 파울로 프레이리*Paulo Freire*이다. 그는 《Literacy: Reading the Word and the World》라는 저서에서 노동자의 생산성 향상을 위해 문자를 쓰고 읽는 기존의 단순한 기계적 문해력에 반대하며 비판적 문해력을 강조한다. 프레이리가 말한 비판적 문해력 교육은 단순 지식 전달의 가르침보다는 학습자가 자신이 사는 세계를 읽으면 그 세계 속 단어와 문장을 자연스럽게 이해할 수 있다고 보았다. 비판적 문해력 교육은 과거의 지식이나 이론을 타성적으로 받아들이는 것이 아닌 '나'에 대한 메타인지적 사고과정을 거쳐 배움에 대한 통합으로 나아가는 목표에 도달할 수 있게 하는 것이다.

프레이리에 의해 문해력에 대한 개념이 바뀌는 계기가 되었으나 그의 저서가 출판(1987)된지 40년이 된 지금, 과연 그의 생각처럼 일반 대중은 그 자신이 주체가 되는 비판적 문해력을 갖추게 되었을까?

요즘은 예전보다 민감한 정보에 더 접근하기 쉬워졌고, 활용하는 정보의 양도 많아졌지만 능동적인 주체로써 정보에 접근하고, 활용했는지를 생각해 본다면 그렇지 않다. 오히려 무분별하게 폭발적으로 증가한 디지털 정보와 알고리즘에 의해 수동적으로 정보를 취하고 있는지 모른다. 글을 읽고 쓰는 문맹은 낮아졌을지라도 디지털에 능동적으로 비판하지 못하고 수용하는 디지털 문맹에 대한 우려는 깊어질 수밖에 없다.

그리고 이러한 우려스러움은 나의 수업관에도 영향을 미치게 됐다. 미래를 이끌어갈 아이들에게 비판적으로 세계를 읽게 해주자는 생각과 디지털 네이티브로서의 그들이 교육과정 속에서 역량을 잘 발휘할 수 있게 해주자는 생각은 디지털 리터러시 교실을 세우게 했다.

교사의 강점

스마트 교육과 디지털 리터러시

디지털 리터러시에 필수 요소인 스마트 교육에 대한 소양과 이를 학생들에게 가르치면서 겪은 시행착오를 바탕으로 수립된 절차적 전략을 가지고 있다. 스마트교육에 대한 절차적 전략이라 함은 학생 수준에 맞는 단계별 스마트교육을 통해 궁극적으로 디지털 리터러시 능력의 신장을 목표로 하는 것이다. 단순한 스마트 기기의 사용이 아닌 학습과 연계한 스마트교육을 교육과정에 지속적으로 반영하면서 디지털 네이티브의 무한한 잠재력을 확인했다. 스마트 교육이 하드웨어와 신체의 측면이라면 디지털 리터러시는 소프트웨어이며 정신이다. 디지털 리터러시의 도구적 측면이 스마트교육이며 스마트교육의 목적은 곧 디지털 리터러시 역량의 신장이다. 이것이 내가 스마트교육을 통한 다양한 디지털 기술과 도구를 활용해 디지털리터러시 역량을 기를 수 있는 PBL중심 수업을 교육과정 전반에 적용하는 이유이다.

생활의 모든 것을 기록하는 태도

생활의 모든 것을 하나의 노트에 기록하는 습관을 수년간 유지해 온 결과 이러한 태도가 아이들에게는 기록을 강조하며 배움 노트를 교육의 한 부분으로 정착하는 계기가 되었다. 배움 노트의 작성은 교사의 일방적 제시가 아닌 아이들이 배운 내용을 스스로 정리하는 태도를 기르게 한 활동을 지속적으로 시행했다. 그 결과 아이들의 리터러시 능력이 눈에 띄게 좋아졌다. 왜냐하면 아이들이 수많은 정보 중에서 중요한 것을 판단해 기록해야 하기 때문이다.

실태분석

우리 반 아이들은 같은 나이의 여느 아이들처럼 모바일 기기를 잘 다룬다. 모바일 기기를 통한 디지털 소비 활동에 익숙하고 새로운 콘텐츠나 앱을 활용하여 많은 시간을 보낸다. 소비에는 익숙하지만 이러한 디지털 자료를 통한 적용이나 새로운 것을 창조하는 것은 경험이 없거나 역량이 부족했다. 특히 데스크톱 기반의 프로그램을 다루는 것에 취약했다. 문서 작업이나 프레젠테이션을 할 수 있는 아이들이 많지 않았다. 물론 미래시대에 데스크톱 기반 프로그램의 필요성에 대해서 논쟁의 소지가 있으나 현재 디지털 기반의 자료를 다루는 데 필요한 역량이 현저히 떨어지는 것이 사실이다. 데스크톱 기반의 프로그램을 다루는 법을 배워야 하는 논쟁은 마치 번역 프로그램이 잘 되어 있기 때문에 외국어를 배울 필요성이 없다는 것과 같은 맥락이기 때문이다. 우리는 아이들에게 현상을 가르치는 것이 아니라 본질을 가르쳐야한다. 스마트 기기를 다루고 프로그램을 활용하는 것은 현상이지만 이 활동 안에 내재한 디지털 리터러시 역량을 키워주는 것은 본질이다.

디지털테크놀로지 이해와 활용 면

모바일 기기를 활용한 소비에는 익숙하나 소프트웨어를 활용하여 이를 배움에 적용하는 능력은 부족하다. 무수한 정보에서 자신이 필요한 정보를 판단하고 관리하는 능력이 부족하다.

디지털 의식·태도 면

디지털 세계에서도 실제 세계와 같이 갖추어야 할 의식과 태도가 필요함을 인지하지 못한다. SNS에서 불필요한 표현으로 서로 간의 분쟁이 일어나기도 한다.

디지털 사고능력 면

대부분의 학생이 기본적인 학습 능력을 갖추고 있기 때문에 사고 능력은 우수하나, 디지털 자료를 활용하여 고차원적 사고능력을 펼치는 것에는 어려움이 있다.

디지털 실천역량 면

오프라인 상에서 의사소통 능력 및 협업 능력은 기본적으로 갖추어
져 있으나 디지털 환경에 익숙하지 않아 디지털 실천역량이 부족하다.

One Thing 교실 세우기

디지털 리터러시 One Thing 교실을 세우기 위해 먼저 '왜 미래의 인재
에게는 디지털 리터러시가 필요한가'라는 관점을 가지고 거시적인 측면
을 분석해 보았다.

- 학교 교육에서 코딩교육을 포함한 디지털 리터러시 교육과정의 부
  재로 SW개발회사 및 IT기업의 인력이 부족하다.
- 과거에는 '누가 정보를 얼마나 빨리 가졌느냐'였지만 미래는 '누가
  정보를 핵심화할 수 있는가'이다. 개인, 사회, 국가의 미래역량은
  곧 디지털 리터러시에서 판가름이 난다.
- 블록체인 연구소 회장이자 미래학자인 돈 탭스코드*Don Tapscot*가
  말하는 디지털 네이티브의 특성에 부합하는 교육이 필요하다. 소
  비를 위한 스마트 기기의 사용에서 창조와 융합의 사고가 가능해
  지는 디지털 기술을 활용할 수 있는 디지털 리터러시 교육이 필요
  하다.
- 폭발적인 정보의 양에서 나의 삶에 필요한 것을 찾고 융합하는 사
  람이 곧 미래형 인재이며 삶의 질을 높일 수 있다.
- 코딩 교육도 결국 수많은 정보 속에서 내가 만들기를 원하는 선택

적인 기록의 연속이며, 이러한 것을 키우는 것이 바로 디지털 리터러시이다.

- 디지털 리터러시는 정보를 찾고 조합하는 단순한 활동이 아닌 정보를 해석하고 변환하며 창조하는 고등 사고력이기 때문에 지금부터 필수적으로 갖추어야 하는 역량이다.

내 학급의 아이들은 디지털 자료 및 미디어에 대한 소비자로서는 훌륭하지만 디지털 기반의 자료에 대한 분석, 창조 능력은 다소 미흡했고, 데스크톱 기반의 각종 디지털 활동에는 취약한 모습을 보였다. 정보에 대한 진위 판단에 익숙하지 않고 비판 없이 받아들이고 소비하는 모습에서 이에 대한 디지털 리터러시 지도가 꼭 필요해 보인다. 이와 같은 실태 등을 확인해 내 학급에 필요한 디지털 리터러시 활용에 대한 내용은 다음과 같다.

- 디지털 정보를 분류·분석 및 저장하는 디지털 데이터베이스를 제작하는 활동
- 디지털 리터러시 역량 신장을 위해 일반적인 아날로그 정보에 대한 리터러시도 필요하므로 배움 노트 등의 전통적인 방법도 병행
- 디지털 정보를 저장하고 공유할 수 있는 클라우드형(포켓, 에버노트) 앱을 활용한 디지털 포트폴리오 활동을 통한 디지털 리터러시 활동
- 평소에 아이들이 자주 활용하는 유튜브 SNS 기반의 디지털 리터러시 활동을 통한 비판적 사고력 확대
- 배움 및 평가 과정의 루틴을 만들고 디지털 리터러시에 기반한 PBL 수업으로 진행

확산형 학급살이 계획

확산형은 하나의 중심 역량이 다른 역량에도 영향을 미치는 전이효과를 바탕으로 설계한 유형이다. 주요 역량 한 가지를 토대로 교육과정을 설계하면 학습자는 미래에 필요한 다른 역량을 기를 수 있게 교육과정을 설계하는 것이다.

내 학급의 One Thing, 디지털 리터러시라는 역량을 키우는 활동을 하다 보면 자기주도적으로 정보를 찾고 판단하는 과정을 거치게 되고 불필요한 정보나 배움에 도움이 되지 않는 디지털 소비를 스스로 조절하는 자기조절력도 기르게 된다. 또한 혼자서 많은 양의 질 높은 정보를 찾고 배움의 형태로 전환하기에는 어려움이 있어 모둠활동을 하게 되는데 이를 통해 협력의 역량이 길러지게 된다. 이러한 사고의 기반 위에 다음 단계에서는 수업의 방식과 도구들을 선택해야 한다.

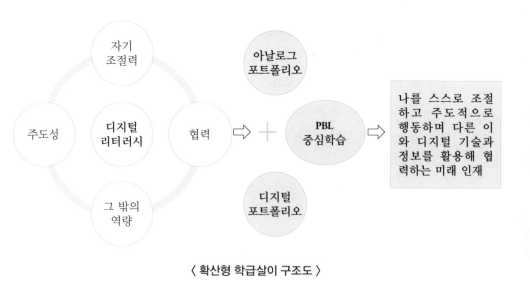

〈 확산형 학급살이 구조도 〉

위 그림에서는 아날로그와 디지털 포트폴리오 기반의 PBL 학습 (Project Based Learning : 프로젝트 중심 학습, 또는 Problem Based Learning: 문제 중심 학습)을 수업 방법 및 도구로 선택했다.

디지털 리터러시 역량을 키우기 위해서 체계화되고 일상화된 기록의 방법이 필요하다. 학습자의 기록 양식을 다양화하는 아날로그 포트폴리오와 디지털 포트폴리오를 연계한 PBL 학습으로 배움의 과정을 체계화하고 일상화하는 것이다. 확산형의 방법은 특정 시점에 일회적으로 사용하는 교육과정 재구성의 방법이 아닌 1년의 학급살이에서 지속적으로 활용될 때 학생의 배움의 성장으로 나아갈 수 있다.

2. 디지털 리터러시로 성장하기

- 디지털 리터러시 One Thing을 키우기 위한 교육활동

수업의 재구성이 반드시 과목 간의 복잡한 성취기준의 조합일까

위와 같은 물음을 던진 이유는 교사의 수업 재구성에 대한 부담감과 불안함을 덜어주기 위함이다. PBL 수업은 과목 간의 통합이나 성취기준의 통합이 반드시 필요하지 않다. 그보다는 학습자 중심의 배움이 가능한가에 초점을 맞추어야 한다. 성취기준 달성을 위한 단원 내 재구성의 방법 혹은 차시 목표를 변경하지 않아도 수업과 배움의 방법이 학습자 중심이라면 PBL 수업이라고 할 수 있다.

디지털 리터러시에 기반한 PBL 수업의 루틴을 만들기 위한 방법을 제시하기 위해서 5-2학기 역사 내용을 예로 들었다. 역사 부분의 수업은 역사적인 사실과 그 사실을 해석하는 고등 사고력이 중요한데 무리하게 성취기준을 조합하고 과목을 엮다 보면 본질적인 것을 등한시하게 되는 우를 범할 수 있다. 진정한 학습자 중심의 수업은 생각하는 힘을 길러주는 것이다.

레프 비고츠키_Lev Semenovich Vygotsky_**의 인지발달이론을 수용하다**

비고츠키는 아동이 스스로 도달할 수 있는 능력(실제적 발달 수준)과 주변의 도움을 받아 도달할 수 있는 능력(잠재적 발달 수준)을 구분했다. 아동의 인지발달은 근접발달 영역 안에서 비계 설정이 잘 이루어졌을 때 일어난다고 보았다. 근접발달영역은 실제적 발달 수준과 잠재적 발달 수준 사이의 거리를 말한다. 본 교실을 구성할 때에는 실제적 발달 수준은 개인의 독립적 해결인 아날로그 포트폴리오를 중심으로 개발될 수 있도록 했고, 잠재적 발달 수준은 공유가 핵심인 디지털 포트폴리오를 통해 개발될 수 있도록 교육과정을 설계했다

아날로그 포트폴리오

디지털 리터러시의 시작은 기록에 있다.

디지털 리터러시의 가장 기본 자료는 정보다. 정보는 누군가의 기록이기도 하다. 우리는 그 기록의 질과 타당성을 판단하며 새로운 시각과 정보를 만들어내며 창의적이면서도 비판적인 사고력을 길러 간다.

어느 날부터인가 교실에서 콘텐츠의 소비는 늘어나지만 기록은 사라지고 있다. 기록이 없으니 창조가 없고 창조가 없는 공간은 기계적인 소비와 무료함만이 채우고 있을 뿐이다. 새로운 자료와 새로운 교수 학습 방법이 우리 교실에 필요한 것이 아니라 기본적이며 단순한 한 가지의 원리, 기록이 필요하다.

학교에서 할 수 있는 기록은 배움에 대한 기록이다. 이는 메타인지 사고를 가능하게 하는 단순하면서 효과적인 방법인데, 기록은 중요하지 않은 것과 중요한 것을 구분할 수 있게 해주기 때문이다. 그리고 그러한 판단을 갖게 하는 것은 디지털 리터러시를 자라게 하는 첫 번째 자양분이 된다. 나의 배움에 흔적이 없다면 새로운 창조를 쉽게 할 수 있을까? 배움의 과정이란 학습자의 사고과정이 담겨 있는 공간이며, 다른 사람의 생각과 정보가 융합하여 용광로처럼 뿜어내는 창의성의

시작점이다. 이러한 시작점을 잘 지키는 것이 기록인 것이다.

이는 교사도 마찬가지다. 교사가 자신의 수업을 축적하지 않는다면 수업에 비약적인 발전은 어려울 것이다. 수업의 여러 측면을 분석하고 저장하는 반성적 축적의 시간을 거쳐야만 그 지점부터 변화가 일어난다. 축적은 단순한 정보의 저장이 아니라 나의 기록을 저장하며 새롭게 창조되는 가장 단순하면서 강력한 방법이기 때문이다. 교사 스스로 자신의 기록을 소중히 여기지 않는다면 아이들 또한 자신의 배움과 자신의 기록을 소중히 여기지 않을 것이다.

디지털 리터러시의 시작은 아날로그 포트폴리오로

코딩 교육을 처음 시작할 때 디지털 기기를 사용하지 않는 언플러그드 교육을 먼저 도입한다. 이러한 활동을 하는 까닭은 학습자가 자칫 코딩 교육을 기기나 코딩 언어를 능숙하게 사용하는 것에만 집중하게 되는 우려 때문이다. 코딩 교육의 목적은 컴퓨팅 사고력을 기르는 것으로 코딩 언어나 기기를 사용하는 것에 국한하지 않고 절차적, 추상적 사고를 배우는 것에 목적이 있다.

위와 같은 이유로 디지털 리터러시를 배우기 위해서는 디지털 기기나 소프트웨어를 능숙하게 사용하는 것보다는 정보의 리터러시적 측면에서 디지털 리터러시의 큰 범주의 역량인 '지식 정보 처리 역량'에 초점을 두어야 한다. 정보가 어디에 존재하느냐의 차이일 뿐 문제 해결을 위해 정보를 수집하고 비판하고 처리하는 능력은 디지털 세계와 실제 세계에서는 크게 다르지 않다. 특히 비판적 사고 및 정보의 진위를 판단하기 어려운 초등학생의 발달적 사고 체계에 따라 방대한 디지털 세계의 정보를 문해하는 과정을 시작하기 전에 아날로그적 정보를 문해하는 과정이 선행되어야 한다. 아날로그 포트폴리오는 다음과 같이 분류할 수 있다.

배움 포트폴리오 : 배움의 집합

교육의 힘은 단순한 것에서 나온다. 교육 방법은 단순하고 명료해 낮은 수준의 학습자도 따라갈 수 있어야 한다. 디지털 도구의 발달과 더불어 노트 정리를 하는 것은 수업에서 많이 사라지고 있다. 그러나 본인의 손으로 직접 적는 것만큼 확실한 학습은 없고 무엇보다 이러한 방법은 간단하고 바로 실행할 수 있는 장점이 있다. 무분별하게 펼쳐진

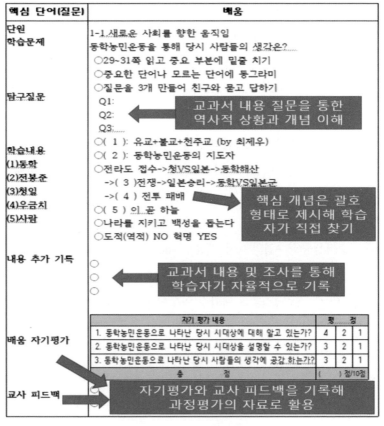

〈 배움 포트폴리오 활용 예시 〉

많은 정보를 찾는 데 많을 시간을 소비하는 것보다는 한곳에 필요한 정보를 모아두는 것이 더 효과적이다.

배움 포트폴리오는 수업의 내용뿐 아니라 학습자가 배움을 통해 알게 된 것을 모두 기록하는 노트이다. 융합이 중요시되므로 과목에 상관없이 노트 한 권에 학습의 과정과 결과를 모두 기록하되 교사가 전달한 지식이 아니라 학습자 스스로 구성한 지식을 적는 것에 의의가 있다. 별도의 자료를 만들지 않으면서도 학습은 물론 자연스러운 과정 평가의 자료로도 활용할 수 있다.

질문 포트폴리오 : 사고력의 진화

질문포트폴리오는 하브루타의 기본 아이디어를 적용해 개발했다. 하브루타는 '친구'라는 뜻을 가진 히브리어 '하베르'를 어원으로 하는데, 서로 짝을 지어 질문하고 대화를 나누면서 토론과 논쟁을 하는 형식이다. 이 형식을 빌려 짝과 함께 묻고 답하고 기록하며 의견을 나누게 한 것이다.

미국 버지니아의 행동과학연구소(NTL, national training laboratories)에서 발표한 '학습 효율성 피라미드'에 따르면, 다른 사람에게 설명하는 과정이 학습 효율이 가장 높다고 한다. 이 활동은 상호 협업을 중시하므로 학생중심수업의 비계 제공(Scaffolding) 과정에서 효용도가 높은 수업 방식이다.

학습자 간 '질문'을 통해 대화가 이루어지므로 질문의 수준에 따라 학습자의 성취 정도를 알 수 있으며 학습자 스스로 배움에 진입할 수 있는 장점이 있다. 질문 포트폴리오는 배움 포트폴리오와 연계해 사용하면 학습자 중심의 수업을 구상할 수 있다. 별다른 자료 제작 없이 학습자가 스스로 구성한 포트폴리오가 되고 이 자체를 과정 평가 자료로 활용할 수 있다.

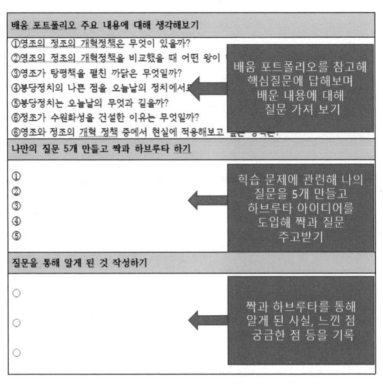

배움 포트폴리오 주요 내용에 대해 생각해보기

①영조와 정조의 개혁정책은 무엇이 있을까?
②영조와 정조의 개혁정책을 비교했을 때 어떤 왕이
③영조가 탕평책을 펼친 까닭은 무엇일까?
④붕당정치의 나쁜 점을 오늘날의 정치에서는
⑤붕당정치는 오늘날의 무엇과 같을까?
⑥정조가 수원화성을 건설한 이유는 무엇일까?
⑥영조와 정조의 개혁 정책 중에서 현실에 적용해보고

배움 포트폴리오를 참고해
핵심질문에 답해보며
배운 내용에 대해
질문 가져 보기

나만의 질문 5개 만들고 짝과 하브루타 하기

①
②
③
④
⑤

학습 문제에 관련해 나의
질문을 5개 만들고
하브루타 아이디어를
도입해 짝과 질문
주고받기

질문을 통해 알게 된 것 작성하기

○

○

○

짝과 하브루타를 통해
알게 된 사실, 느낀 점
궁금한 점 등을 기록

〈 질문 포트폴리오 활용 예시 〉

시각화 포트폴리오 : 배움의 구조화

시각화포트폴리오는 마인드맵과 비주얼 씽킹의 아이디어를 적용해 개발했다. 영국의 토니 부잔*Tony Buzan*이 1971년도에 개발한 마인드맵은 선형적인 공책 정리의 단점을 보완하고 뇌의 작동방식과 유사한 방사형의 형태를 시각적으로 구현할 수 있는 학습 방식이다. 최근에 각광받고 있는 비주얼 씽킹은 기존 마인드맵의 방식에서 이미지 사용을 극대화하는 방식으로 두 가지 방식 모두 학습자가 자발적으로 정보를 지식으로 변환하고 창조하는 것에 목적이 있다.

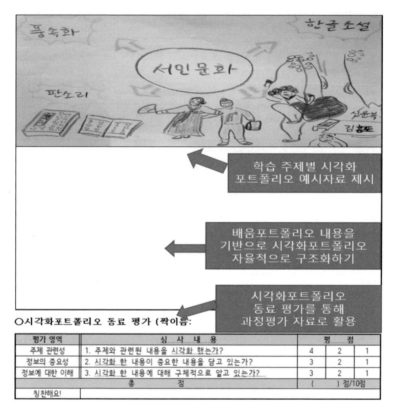

학습 주제별 시각화
포트폴리오 예시자료 제시

배움포트폴리오 내용을
기반으로 시각화포트폴리오
자율적으로 구조화하기

시각화포트폴리오
동료 평가를 통해
과정평가 자료로 활용

○시각화포트폴리오 동료 평가 (짝이름:

평가 영역	심 사 내 용	평		점
주제 관련성	1. 주제와 관련된 내용을 시각화 했는가?	4	2	1
정보의 중요성	2. 시각화 한 내용이 중요한 내용을 담고 있는가?	3	2	1
정보에 대한 이해	3. 시각화 한 내용에 대해 구체적으로 알고 있는가?	3	2	1
총	점	(	) 점/10점	
칭찬해요!				

〈 시각화 포트폴리오 활용 예시 〉

　　시각화 포트폴리오는 마인드맵과 비주얼 씽킹의 아이디어를 도입했다. 학습문제의 도입 및 정리, 프로젝트 수업에서 주제망 만들기 등에서 활용한다. 이 자료를 누적하면 학습자의 종합적인 성취 수준을 판단할 수 있다. 다른 자료보다 단시간에 학생의 성취 정도를 파악할 수 있으며 피드백을 줄 수 있는 장점이 있다. 평소에 시각화 포트폴리오를 학습자가 작성해서 이 자료를 누적하게 하면 별도의 자료 제작 없이 한 단원이나 과목 전체에 대한 요약자료가 된다.

디지털 포트폴리오

디지털 포트폴리오가 필요한 가장 큰 이유는 학습자 및 교사 간 공유가 용이하다는 것이다. 공유를 통해 비고츠키의 사회적 인지주의 학습 이론에 기반한 비계 제공(Scaffolding)이 가능해진다.

PBL 수업이 가장 어려운 이유는 루틴이 없기 때문이다. 준비과정은 교사의 노력으로 가능하지만 PBL 루틴을 만들지 않는다면 학습자 중심의 PBL 수업은 불가능하다. 진정한 PBL 수업이 가능해지게 하기 위해서는 학습자의 루틴을 만들어줘야 하는데, 그 중심에는 공유가 있고 공유는 디지털 기술에 근거한 디지털 포트폴리오로 가능해진다.

아날로그 포트폴리오에서 사용할 수 있는 배움의 형식은 유한하지만 디지털 포트폴리오는 디지털 기술의 발전만큼이나 배움의 형식이 다양해진다는 것에 장점이 있다. 그렇다고 해서 매번 새롭게 나온 앱을 배워야 하는 것은 아니며 수업에 많이 사용하는 몇 개의 앱을 교사와 학습자가 루틴을 만들어가는 것이 핵심이다. 새로운 앱을 사용하는 테크놀로지 측면도 간과할 수 없지만 갑작스러운 변화는 틀을 변화시키고 배움에 혼란을 주기 때문이다. 중요한 것은 양이 아닌 질이며 널브러져 있는 무질서를 바로잡을 수 있는 체계적인 적용에 있다.

디지털 포트폴리오 분류

에버노트 : 디지털 노트

에버노트는 포켓과 같이 개인의 자료를 저장할 때 쉽게 사용할 수 있는 디지털 도구이다. 자료에 링크를 걸어 두거나 하나의 노트 안에 이미지 파일이나 한글 파일 등 다양한 형태를 첨부할 수 있는 기능이 있어 학생 중심 수업 과정에서 진행 과정을 학습자가 기록할 수 있다.

포켓은 자료를 복사하고 분류하는 태그 기능에 집중하기 때문에 상세한 내용을 기록하거나 진행 과정을 담을 때는 디지털 노트인 에버노트를 활용한다. 에버노트는 노트 단위에 모든 정보를 넣을 수 있다. 한 가지 주제에 대해 이미지, 파일 형태, 동영상 등을 넣을 수 있기 때문에 노트 단위 하나를 한 주제에 대한 포트폴리오로 만들 수 있다.

자료를 조사·분류·종합해 하나의 정보로 만들어 낼 수 있고 노트 공유가 가능하므로 모둠 협업 디지털 포트폴리오 제작이 가능하다. 노트에 상세한 기록이 가능하기 때문에 구체적인 포트폴리오를 만들 수 있다.

멘티미터 : 전체 토의·토론

수업의 도입단계에서 'word cloud' 기능을 활용하여 학습자의 생각을 이끌어 동기유발로 활용할 수 있고, 'open ended' 기능을 활용하여 수업의 정리 단계에서 학습자가 배운 내용을 확인할 수 있다.

일반적인 토의·토론 수업에서는 소수의 뛰어난 학습자가 흐름을 주도하기 마련인데 멘티미터를 사용하면 전체 학습자의 의견을 볼 수 있기 때문에 다인수 학급에서 평등하고 공평한 토의·토론 수업이 가능하다. 학습자 개개인 의견이 한 곳에 모여

〈 디지털 포트폴리오 '멘티미터' 〉

모두가 볼 수 있어 학습자의 성취 정도를 곧바로 파악할 수 있다.

포켓 : 데이터베이스

포켓은 크롬의 확장용 웹 도구로 원하는 웹페이지를 클릭 한 번으로 저장할 수 있는 장점이 있다. 웹페이지를 복사하거나 캡처하는 것보다 시간이 적게 걸리는 직관적인 특징 때문에 조사 수업이 많은 사회 수업 과정에서 개인의 디지털 데이디베이스를 만들 때 유용하다.

포켓의 공유 기능을 활용하면 나의 목록에 담긴 포켓의 내용을 교사나 동료 학습자가 볼 수 있다. 이를 통해 학습자가 주제에 맞는 자료를 찾았는지 정보의 질은 어떠한지 파악할 수 있다. 정보를 찾고 나에게 유용한 지식으로 변화하는 과정을 평가할 수 있고 피드백도 즉각적으로 가능하다.

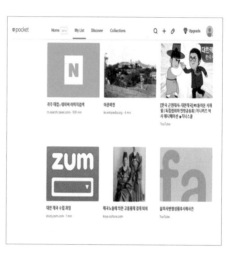

〈 디지털 포트폴리오 '포켓' 〉

유튜브 라이브러리 : 영상의 시대

유튜브는 학생들에게 상당히 친숙한 환경이며 이를 배움에 활용하는 유튜브 라이브러리 기능을 활용해 영상 데이터베이스를 구축할 수 있다. 사회 수업을 진행하는 과정에서 관련된 동영상을 주제별로 분류할 수 있고 어떤 내용의 동영상인지 섬네일(Thumbnail)을 통해 한눈에 알 수 있다.

시각적 자료의 패러다임이 텍스트에서 이미지와 영상의 시대로 변화하고 있으므로 디지털 도구와 인터넷 환경을 갖출 수 있다면 학습자 개인의 동영상 데이터베이스를 만들어 수업과 평가에 활용함은 물론 단원 전체의 라이

〈 디지털 포트폴리오 '유튜브 라이브러리' 〉

브러리 영상을 저장해 블렌디드 수업도 가능하다.

구글 프레젠테이션 : 협력 발표 자료

구글 프레젠테이션의 장점은 기존 프레젠테이션에 비해 만드는 방법이 간단하고 공유기능을 활용해 모둠이 협력해 같은 주제로 공동의 프레젠테이션을 만들 수 있다는 것이다. 이른바 학습자의 무임승차를 줄일 수 있으며 프레젠테이션 상에서 댓글과 채팅으로 즉각적인 동료의 피드백이 가능하다. 프레젠테이션을 교사에게 공유해 즉각적인 피드백이 가능하며, 모바일 기기로 편집과 수정이 간단한 편이어서 모바일 기기에 익숙한 학습자에게도 효과적이다.

모둠 발표 수업에서 체계적이고 지속적으로 사용할 수 있다. 슬라이드를 만들어가는 과정을 교사 및 동료와 공유를 통해 누구나 볼 수 있어 즉각적인 협력과 피드백이 가능하다. 특히 프레젠테이션 공유를 통해 같은 주제로 모둠이 협력해 하나의 자료를 만들 수 있어 미래사회에 필요한 의사소통 및 협업 역량을 기를 수 있다.

A·D 포트폴리오 수업

아날로그와 디지털의 결합은 A·D 포트폴리오의 통합으로 완성된다

디지털 리터러시 교실을 위해 A와 D 포트폴리오를 통합해 수업을 구상했다. **A**(아날로그) 포트폴리오는 배움, 질문, 시각화 포트폴리오를 말하며, **D**(디지털) 포트폴리오는 에버노트, 포켓, 유튜브, 멘티미터, 구글 프레젠테이션을 지칭한다.

A와 D의 통합을 위해 질문 포트폴리오는 수업의 도입부에 활용하고, 배움 포트폴리오는 디지털 포트폴리오 작성의 기반으로 사용한다. 디지털 포트폴리오는 주제의 성격마다 각각 다른 5개의 앱(프로그램)을 사용했다. 수업이 끝나면 내용을 정리하는 도구로 시각화 포트폴리오를 활용한다. A·D 포트폴리오는 서로 연결되고 보완되며 통합된다.

〈 A·D 포트폴리오 단계 〉

A·D 포트폴리오 수업을 이루는 학습방법

블렌디드학습

코로나19로 인해 대부분의 초등학교가 온라인 수업을 경험했다. 온라인 수업으로 명확해진 우리 교육의 문제점은 학습자 스스로 지식을 구성해 나가는 역량의 부족이다. 이러한 문제의 해결은 온라인 수업과 교실 수업의 장점을 극대화하는 A·D 포트폴리오의 활용으로 가능해진다.

A·D 포트폴리오 PBL 학습과 과정평가

프로젝트 학습의 장점에도 불구하고 교사가 교육과정의 대부분을 재구성해야 하고, 학생 활동의 많은 부분을 설계해야 하는 번거로움, 가르쳐야 하는 방대한 교육과정의 문제로 실제 행해지기는 어렵다. 이에 대한 대안으로 학생 스스로 지식을 구성해 나가면서도 매번 수업을 세세하게 준비가 필요 없는 체계화된 A·D 포트폴리오 PBL 수업형태를 제안한다.

교과서 및 차시에 함몰되어 분절적이고 지엽적인 지식이나 기능에 한정해서 평가하는 경우가 아직도 비일비재하다. 이러한 문제는 과정평가의 시행 방법 측면에서 절차와 서류 위주의 형식을 강조하기 때문이다. 과정평가의 형식은 성취기준에 근거한 평가 루브릭을 명확하게 세우고, 구체적인 자료는 학생 중심 수업에 가장 어울리는 방식인 A·D 포트폴리오의 활용을 제안한다.

가르침과 배움의 통합

사람은 일생을 살면서 누구나 가르치고 배운다. 가르치고 배우는 것은 모든 사람의 본성이자 성장의 길이다. 교사는 매일의 수업 장면에서 학습자가 가르치고 배우도록 설계해야 한다. 이것이 학습자 중심의 수업이며, 학습하는 과정 중에 일어나는 것을 기록하는 포트폴리오가 바로 이러한 것을 가능하게 한다. 학습자의 내면에서, 학습자와 학습자 사이에서, 교실 수업과 교실이 아닌 온라인 환경에서도 가르침과 배움이 통합되어야 하며, 이것을 가능하게 하는 수업의 형태가 A·D 포트폴리오 교수·학습이다.

디지털 리터러시 역량을 키워주는 A·D 포트폴리오 수업 단계

Question ⟷ Scaffolding ⟷ Review ⟷ Presentation

〈 A·D 포트폴리오 교수학습과정 단계* 〉

디지털 리터러시 교실에서 활용한 수업의 단계는 학생과 교사의 과업, 포트폴리오 활용에 따라 교수·학습지도안 수업 흐름을 Q–S–R–P의 단계로 구성했다. 4단계의 과정은 기본적으로 단원 전개 흐름 및 차시별 수업의 흐름과 같다. 과정과 단계는 한 방향이 아니며 지속적으로 순환된다.

1단계 : Q. 탐구질문(질문 포트폴리오)

탐구 질문은 수업의 도입과 A·D 포트폴리오 제작을 위한 시작 단계이다. 교사가 핵심 질문을 준비해 학습문제와 방향성에 대해 안내하면 학습자는 이를 기반으로 텍스트의 내용을 가지고 질문을 만든다. 다른 학습자와 질문을 묻고 답하는 활동을 통해 배울 내용에 대해 개략적으로 확인하고 점검하는 단계이다. 학습자 본인이 알고 싶어 하는 것

---

* 존 라머 외 2인, 《프로젝트 수업 어떻게 할 것인가?》(지식프레임, 2017) P. 241에 제시된 내용을 참고해 수업 단계를 창안한 것이다.

과 궁금해 하는 것을 이어지는 포트폴리오에 연계해 나가는 과정이다.

2단계: S. 비계 제공(배움 포트폴리오, 디지털 포트폴리오)

비계 제공 1단계에서는 질문 포트폴리오를 교사의 예시 자료, 교과서(텍스트), 동료의 배움 포트폴리오와 같은 비계 제공을 통해 본인의 배움 포트폴리오를 제작한다.

비계 제공 2단계에서는 배움 포트폴리오를 기반으로 학습 주제와 성격에 알맞은 디지털 도구(앱, 프로그램)를 활용해 디지털 포트폴리오를 제작한다. 디지털 포트폴리오를 제작할 때도 교사의 디지털 도구 활용법과 피드백, 다른 학습자의 비계가 제공된다.

3단계: R. 비평하기(디지털 포트폴리오)

개인별 디지털 포트폴리오를 모둠 안에서 공유 및 동료평가를 통해 비평의 과정을 거친다. 비평의 과정을 거쳐 개인별 디지털 포트폴리오를 수정하고 디지털 도구의 협업 기능을 활용해 모둠(팀) 포트폴리오를 제작한다.

4단계: P. 발표하기(디지털 포트폴리오, 시각화 포트폴리오)

모둠(팀) 포트폴리오를 전체에 발표하는 단계이다. 디지털 도구의 성격에 따라 발표 방법은 다양하게 진행될 수 있으나, 기본적으로 모둠별 디지털 포트폴리오를 교사에게 공유해 전자칠판(TV)에 띄워 발표하게 된다. 이러한 모둠의 디지털 포트폴리오는 수업의 한 부분으로 끝나는 것이 아니라 학급 SNS 등을 통해 공유하면 블렌디드 수업의 형태로 연계할 수 있다. 이어서 복습 과제로 시각화 포트폴리오가 제시된다.

A·D 포트폴리오 수업을 위한 교육과정 재구성

〈 A·D 포트폴리오 교육과정 구성 〉

주제	성취기준	차시	차시별 학습활동	포트폴리오 활용 유형
단원 도입	단원 학습 내용 개관	1	단원 학습 내용 예상하기	–
1. **새로운** **사회를** **향한** **움직임**	[6사04-01] 영·정조 시기의 개혁정치와 서민 문화의 발달을 중심으로 조선 후기 사회와 문화의 변화 모습을 탐색한다. [6사04-02] 조선 사회의 모순을 극복하기 위해 개혁을 시도한 인물(정약용, 흥선대원군, 김옥균, 전봉준 등)의 활동을 중심으로 사회 변화를 위한 옛 사람들의 노력을 탐색한다.	2	영조와 정조의 개혁 정책 알아보기	배움 + 질문
		3	조선 후기의 사회 문제를 해결하려는 노력 알아보기	배움 + 질문
		4	서민 문화에 나타난 사람들의 생활 모습 알아보기	배움 + 시각화
		5~6	흥선대원군의 정책과 강화도 조약을 살펴보고 조선 후기 사회의 모습 알아보기	**A·D** **포트폴리오** **(수업안1)**
		7~8	갑신정변에 참여한 사람들의 주장 알아보기	**A·D** **포트폴리오** **(수업안2)**
		9	동학농민 운동을 살펴보고 당시 사람들의 생각 알아보기	배움 + 시각화
2. **일제의** **침략과** **광복을** **위한** **노력**	[6사04-03] 일제의 침략에 맞서 나라를 지키고자 노력한 인물(명성황후, 안중근, 신돌석 등)의 활동에 대해 조사한다. [6사04-04] 광복을 위하여 힘쓴 인물(이회영, 김구, 유관순, 신채호 등)의 활동을 파악하고, 나라를 되찾기 위한 노력을 소중히 여기는 태도를 기른다.	10~11	대한 제국 시기 자주독립과 근대화를 위한 노력 알아보기	**A·D** **포트폴리오** **(수업안3)**
		12	을사늑약의 과정과 항일 의병의 노력 알아보기	배움 + 시각화
		13	나라를 지키기 위한 안중근의 노력과 우리 조상들이 고국을 떠난 까닭 알아보기	배움 + 질문
		14~15	3·1운동과 나라를 되찾으려는 대한민국 임시정부의 노력 알아보기	**A·D** **포트폴리오** **(수업안4)**
		16	나라를 되찾으려는 다양한 노력 알아보기	배움 + 질문

		17	8·15 광복의 과정 알아보기	배움 + 시각화
3. 대한민국 정부의 수립과 6·25전 쟁	[6사04-05] 광복 이후 대한민국 정부의 수립과정을 살펴보고, 대한 민국 정부 수립의 의의를 파 악한다. [6사04-06] 6·25전쟁의 원인과 과정을 이해하고, 그 피해상과 영향 을 탐구한다.	18	한반도 분단의 과정 알아보기	배움 + 시각화
		19	대한민국 정부 수립의 의미 알아보기	배움 + 질문
		20~21	6·25 전쟁의 과정, 결과, 피해에 대해 알아보기	A·D 포트폴리오 (수업안5)
단원 정리	단원학습 내용 정리	22	단원 학습 내용 정리 및 사고력 학습	–

　　음영 처리한 부분은 교수·학습 과정 흐름을 제시하는 주제이며, 다
른 차시별 주제는 본 내용을 참고해 포트폴리오 유형별로 수업을 설계
할 수 있다. A·D 포트폴리오는 스마트기기를 활용해야 하므로 2차시
분량으로 수업으로 재구성했으며, 1차시 주제는 포트폴리오의 유형
중에서 집중과 선택을 해야 한다.

A·D 포트폴리오 수업안 흐름도

〈 디지털 리터러시 역량을 키워주는 A·D 포트폴리오 수업의 재구성 〉

연번	수업주제	공통활동	디지털 포트폴리오 활동 (S2 → R → P)
수업안 1	흥선대원군의 정책과 강화도조약	**Q(탐구질문)** 질문 포트폴리오로 주제에 대한 핵심 내용 확인	● 에버노트를 통한 디지털 포트폴리오 작성 및 발표 ● 질문·배움 포트폴리오 → 개인 에버노트 작성 ● 동일 주제 모둠구성 → 모둠 에버노트 작성 ● 모둠 에버노트 발표 및 평가
수업안 2	갑신정변에 참여한 사람들의 주장		● 멘티미터를 통한 디지털 포트폴리오 작성 및 발표 ● 질문·배움 포트폴리오 → 멘티미터로 의견 발표 ● 개인 멘티미터 → 찬성·반대팀 멘티미터 의견 작성 ● 찬성·반대 멘티미터 기반 토론 및 평가
수업안 3	대한제국시기 자주독립과 근대화 노력	**S1(비계 설정1)** 배움 포트폴리오 구체적인 내용 정리	● 포켓을 활용한 디지털 포트폴리오 작성 및 발표 ● 질문·배움 포트폴리오 → 개인 포켓 작성 ● 개인 포켓 → 모둠 협업 포켓 작성 ● 모둠 협업 포켓 발표 및 평가
수업안 4	3·1운동과 대한민국 임시정부의 노력	**복습과제** 시각화 포트폴리오로 주제 정리	● 유튜브를 활용한 디지털 포트폴리오 작성 및 발표 ● 질문·배움 포트폴리오 → 유튜브 라이브러리 작성 ● 개인 라이브러리 → 모둠 라이브러리 작성 ● 모둠 라이브러리 발표 및 평가
수업안 5	6·25전쟁의 과정, 결과, 피해		● 구글 PT(프레젠테이션)개인·모둠 작성 및 발표 ● 질문·배움 포트폴리오 → 개인 PT 작성 ● 개인 PT → 모둠 PT 작성 ● 모둠 PT 발표 및 평가

S1은 비계 설정 1단계, S2는 비계 설정 2단계를 지칭한다. S1은 아날로그 포트폴리오에 기반한 텍스트 중심의 역사적 사실과 그에 대한 학습자의 생각을 중심을 둔다. S2는 디지털 포트폴리오를 통한 학습자 간 공유에 중점을 둔다.

A·D 포트폴리오 수업 속으로

〈 A(아날로그)·D(에버노트) 포트폴리오 수업 흐름 〉

디지털 포트폴리오 에버노트 수업
● 포트폴리오사용: Q(질문) → S1(배움) → S2(에버노트) → R(에버노트) → P(에버노트) → 복습(시각화)
● 포켓이 주제에 대한 큰 맥락을 정리할 때 활용하는 도구라면 에버노트는 세부 주제에 대한 구체적인 내용과 진행 과정을 기록할 수 있는 디지털 포트폴리오 도구이다.
● 노트 안에 이미지, 동영상, 링크, 파일 등 다양한 자료의 형태를 한 번에 모아 기록할 수 있다.
● 이번 수업에서는 흥선대원군과 강화도 조약이라는 두 가지 큰 주제를 학습자가 각각 한 노트에 기록해 역사적인 사건을 구체적으로 이해할 수 있도록 했다.
● 에버노트는 다른 학습자와 구글 아이디로 공유가 가능하기 때문에 동료평가 및 나의 노트를 수정·보완할 수 있다.
● 또한 이러한 기능을 활용해 개인 에버노트 자료를 기반으로 온라인 상에 모둠 협업 노트 제작이 가능하다.

수업 및 평가 흐름		
활동(시간)	수업 흐름	평가 흐름
Q. 탐구질문 (15분)	● 교과서(텍스트)를 읽고 질문 포트폴리오 작성 ● 5명을 만나 질문을 듣고 답하기 ● 질문 포트폴리오 수정 및 동료평가	질문 포트폴리오 작성 (동료평가)
S1. 비계제공 1단계 (15분)	● 질문 포트폴리오 → 배움 포트폴리오 작성 – 질문포트폴리오 및 교과서 참고해 작성 ● 배움 포트폴리오 공유 및 평가 – 공유를 통한 포트폴리오 수정 및 자기평가	배움 포트폴리오 작성 (자기평가)
S2. 비계제공 2단계 (20분)	● 배움 포트폴리오 → 디지털 포트폴리오 작성 – 스마트기기나 컴퓨터를 이용해 조사하기 – 에버노트의 특성을 살려 흥선대원군의 정책, 강화도 조약에 대한 주제별 포트폴리오 작성	디지털 포트폴리오 작성 (에버노트)
R. 비평하기 (10분)	● 에버노트 주제별 동일 주제 모둠 구성 – 같은 주제별 모둠을 구성하고 에버노트 공유 및 수정하기(동료평가)	디지털 포트폴리오 작성 (동료평가 및 교사평가)
P. 발표하기 (20분)	● 디지털 포트폴리오 전체에 발표하기 – 주제별 모둠 협업 에버노트 만들기 – 모둠 협업한 에버노트 발표하기	디지털 포트폴리오 작성 (동료평가 및 교사평가)
복습 과제	● 시각화 포트폴리오 작성 – 오늘 배운 A·D 포트폴리오를 참고해 작성	시각화 포트폴리오 작성 (동료평가)

〈 A(아날로그)·D(멘티미터) 포트폴리오 수업 흐름 〉

디지털 포트폴리오 멘티미터 수업
● 포트폴리오 사용: Q(질문) → S1(배움) → S2(멘티미터) → R(멘티미터) → P(멘티미터) → 복습(시각화) ● 멘티미터는 학생이 별도의 로그인 없이 코드 번호만 치면 교사나 모둠 대표가 만든 방에 들어가서 토론·토의 수업이 가능한 디지털 도구이다. ● 학생들의 생각을 한 화면에 모아 전체가 볼 수 있기 때문에 실시간 의견 교환이 가능하다. ● 전체의 생각을 모으는 수업에서 디지털 포트폴리오 활용 도구로 수업이 가능하다. ● 이번 수업에서는 갑신정변에 대한 찬·반 토론을 멘티미터 도구를 활용해 진행한다. ● 학습자는 전체 학습자의 의견을 실시간으로 확인하며 자신의 의견을 수정·보완해 나갈 수 있다. ● 다양한 레이아웃이 지원되기 때문에 학습자의 의견을 직관적으로 파악할 수 있고 모든학습자의 생각과 의견이 전체와 공유할 수 있는 디지털 포트폴리오 도구이다.

수업 및 평가 흐름		
활동(시간)	**수업 흐름**	**평가 흐름**
Q. 탐구질문 **(10분)**	● 교과서(텍스트)를 읽고 질문 포트폴리오 작성 ● 5명을 만나 질문을 듣고 답하기 ● 질문 포트폴리오 수정 및 동료평가	질문 포트폴리오 작성 (동료평가)
S1. 비계 제공 **1단계** **(15분)**	● 질문 포트폴리오 → 배움 포트폴리오 작성 - 질문 포트폴리오 및 교과서 참고해 작성 ● 배움 포트폴리오 공유 및 평가 - 공유를 통한 포트폴리오 수정 및 자기평가	배움 포트폴리오 작성 (자기평가)
S2. 비계 제공 **2단계** **(15분)**	● 배움 포트폴리오 → 디지털 포트폴리오 작성 - 멘티미터 '오픈엔디드' 기능을 활용해 갑신정 변에 대한 나의 의견과 그 까닭을 작성하기	디지털 포트폴리오 작성 (멘티미터 작성)
R. 비평하기 **(15분)**	● 멘티미터 의견을 평가하고 공유하기 - 갑신정변에 대한 찬성팀과 반대팀으로 모둠을 구성하여 멘티미터로 작성한 의견을 평가하기 - 팀별로 자신의 의견을 공유 및 수정하기	디지털 포트폴리오 작성 (동료평가 및 교사평가)
P. 발표하기 **(25분)**	● 팀별 멘티미터 발표하고 토론하기 - 찬성·반대 멘티미터 발표하기 - 멘티미터를 보고 찬성·반대 토론 진행하기 - 워드클라우드로 오늘 배운 내용 정리하기	
복습 과제	● 시각화 포트폴리오 작성 - 오늘 배운 A·D 포트폴리오를 참고해 작성	시각화포트폴리오 작성 (동료평가)

〈 A(아날로그)·D(포켓) 포트폴리오 수업 흐름 〉

디지털 포트폴리오 포켓을 활용한 수업

- 포트폴리오 사용: Q(질문) → S1(배움) → S2(포켓) → R(포켓) → P(포켓) → 복습(시각화)
- 포켓은 영상, 그림, 도표 등이 담긴 웹페이지를 클릭이나 버튼 하나로 그대로 복사해서 가져올 수 있는 디지털 도구이다.
- 어떤 주제에 대한 목록을 만들 때 유용하므로 개인 및 모둠의 데이터베이스를 만들 수 있다.
- 역사적 사건을 파악하기 위해서는 인과관계의 파악이 중요한데, 이를 위해서는 사건의전후 관계에 있는 다른 사건들이나 흐름을 찾아봐야 한다.
- 교과서에 제시되어 있는 사건은 핵심적인 사건의 내용만 담고 있기 때문에, 이를 이해하기 위해서는 이와 관계된 사건을 찾아보고 포켓에 저장해 활용한다.
- 어떤 주제에 대해 개인이 조사한 내용을 다른 학습자와 공유 및 내 포켓에 추가할 수 있기 때문에 협업 도구로서 활용할 수 있다.

수업 및 평가 흐름		
활동(시간)	**수업 흐름**	**평가 흐름**
Q. 탐구질문 **(10분)**	● 교과서(텍스트)를 읽고 질문 포트폴리오 작성 ● 5명을 만나 질문을 듣고 답하기 ● 질문 포트폴리오 수정 및 동료평가	질문 포트폴리오 작성 (자기평가)
S1. 비계제공 **1단계** **(20분)**	● 질문 포트폴리오 → 배움 포트폴리오 작성 – 질문 포트폴리오 및 교과서 참고해 작성 ● 배움 포트폴리오 공유 및 평가 – 공유를 통한 포트폴리오 수정 및 자기평가	배움 포트폴리오 작성 (자기평가)
S2. 비계제공 **2단계** **(20분)**	● 배움 포트폴리오 → 디지털 포트폴리오 작성 – 스마트기기로 자주독립과 근대화 조사하기 – 사건별 포켓으로 개인 데이터베이스 만들기	디지털 포트폴리오 작성 (포켓 작성)
R. 비평하기 **(15분)**	● 포켓을 공유 및 모둠 포켓 제작 – 개인별 포켓을 공유하고 동료 평가하기 – 모둠별로 포켓을 제작하기	디지털 포트폴리오 작성 (동료평가 및 교사평가)
P. 발표하기 **(25분)**	● 모둠 포켓 발표하기 – 모둠별 협업한 포켓을 전체에 발표하기	
복습 과제	● 시각화 포트폴리오 작성 – 오늘 배운 A·D 포트폴리오를 참고해 작성	시각화 포트폴리오 작성 (동료평가)

〈 A(아날로그)·D(유튜브) 포트폴리오 수업 흐름 〉

디지털 포트폴리오 유튜브 라이브러리 수업

- 포트폴리오 사용: Q(질문) → S1(배움) → S2(유튜브) → R(유튜브) → P(유튜브) → 복습(시각화)
- 학생들이 평소에 가장 많이 접하는 영상 디지털 도구인 유튜브 앱을 활용한다.
- 글과 그림보다는 영상에 익숙한 디지털 세대 학습자에게 적합하다.
- 영상을 저장해 목록화하는 '라이브러리' 기능을 활용해 학습 주제와 관련된 영상을 학습자가 찾아 보면서 담을 수 있다.
- 담긴 영상을 통해 학습자가 주제에 관련되고 중요한 내용으로 라이브러리를 구성했는지 동료평가 및 교사 평가(피드백)가 가능하다.
- 개인 및 모둠이 구성한 라이브러리는 학급 전체에 공유하여 블렌디드 학습의 자료로 활용할 수 있다.

수업 및 평가 흐름		
활동(시간)	수업 흐름	평가 흐름
Q. 탐구질문 (15분)	<ul><li>교과서(텍스트)를 읽고 질문 포트폴리오 작성</li><li>5명을 만나 질문을 듣고 답하기</li><li>질문 포트폴리오 수정 및 동료평가</li></ul>	질문 포트폴리오 작성 (동료평가)
S1. 비계제공 1단계 (15분)	<ul><li>질문 포트폴리오 → 배움 포트폴리오 작성 - 질문 포트폴리오 및 교과서 참고해 작성</li><li>배움 포트폴리오 공유 및 평가 - 공유를 통한 포트폴리오 수정 및 자기평가</li></ul>	배움 포트폴리오 작성 (자기평가)
S2. 비계제공 2단계 (20분)	<ul><li>배움 포트폴리오 → 디지털 포트폴리오 작성 - 유튜브 라이브러리 기능을 활용해 관련된 영상을 유튜브에 담기 - 주제와의 관련성, 내용의 수준, 중요한 정보가 있는 영상을 담기</li></ul>	디지털 포트폴리오 작성 (라이브러리 작성)
R. 비평하기 (15분)	<ul><li>유튜브 라이브러리를 공유하고 평가하기 - 태블릿 PC를 모둠별로 돌려보면서 친구의 라이브러리에 담긴 영상 확인하기(이어폰) - 라이브러리 동료평가 및 라이브러리 수정하기</li></ul>	디지털 포트폴리오 작성 (동료평가 및 교사평가)
P. 발표하기 (15분)	<ul><li>모둠별 유튜브 라이브러리 발표하기 - 하나의 태블릿에 모둠별 라이브러리 만들기 - 라이브러리에 담긴 영상 설명 및 보여주기</li></ul>	
복습 과제	<ul><li>시각화 포트폴리오 작성 - 오늘 배운 A·D 포트폴리오를 참고해 작성</li></ul>	시각화 포트폴리오 작성 (동료평가)

〈 A(아날로그)·D(구글 프레젠테이션) 포트폴리오 수업 흐름 〉

디지털 포트폴리오 구글 프레젠테이션 수업
● 포트폴리오 사용: Q(질문) → S1(배움) → S2(구글PT) → R(구글PT) → P(구글PT) → 복습 (시각화) ● 구글 프레젠테이션은 기본 프레젠테이션 기능과 구글 아이디 온라인 공유를 통해 여러 사람이 협업하여 프레젠테이션을 제작할 수 있는 도구이다. ● 모둠 대표가 기본적인 프레젠테이션 틀을 만들고 모둠원과 공유한다. ● 모둠 협의를 통해 주제를 세분화하고 개인별로 조사 및 제작할 내용을 나눈다. ● 공유한 프레젠테이션 틀 안에서 각각 슬라이드를 제작하면 모둠 협업 도구가 된다. (예: 1-2 슬라이드 A학생, 3-4 슬라이드 B학생, 5-6 슬라이드 C학생) ● 처음 만들 때는 슬라이드 번호와 학생을 지정하면 혼란을 줄일 수 있다. ● 공유한 프레젠테이션 안에서 언제나 수정이 쉽고 모둠원이 함께 보고 만들 수 있는 강력한 디지털 포트폴리오 도구이다.

수업 및 평가 흐름		
활동(시간)	**수업 흐름**	**평가 흐름**
Q. 탐구질문 (10분)	● 교과서(텍스트)를 읽고 질문 포트폴리오 작성 ● 5명을 만나 질문을 듣고 답하기 ● 질문 포트폴리오 수정 및 동료평가	질문 포트폴리오 작성 (자기평가)
S1. 비계 제공 1단계 (15분)	● 질문 포트폴리오 → 배움 포트폴리오 작성 – 질문 포트폴리오 및 교과서 참고해 작성 ● 배움 포트폴리오 공유 및 평가 – 공유를 통한 포트폴리오 수정 및 자기평가	배움 포트폴리오 작성 (자기평가)
S2. 비계 제공 2단계 (25분)	● 배움 포트폴리오 → 디지털 포트폴리오 작성 – 모둠대표가 프레젠테이션 기본 틀을 제작 후 모둠원과 공유 – 주제를 세분화해서 개인별로 슬라이드 배분	디지털 포트폴리오 작성 (구글 프레젠테이션)
R. 비평하기 (15분)	● 프레젠테이션 동료평가 및 수정하기 – 개인이 만든 프레젠테이션(슬라이드)을 모둠 안에서 동료 평가 및 피드백 – 프레젠테이션 내용 수정	디지털 포트폴리오 작성 (동료평가 및 교사평가)
P. 발표하기 (15분)	● 모둠 구글 프레젠테이션 발표하기 – 슬라이드를 맡은 개인별로 발표하기 – 모둠별 발표에 대해 평가하기	
복습 과제	● 시각화 포트폴리오 작성 – 오늘 배운 A·D 포트폴리오를 참고해 작성	시각화 포트폴리오 작성 (동료평가)

3. 디지털 리터러시 열매 맺기

선생님의 학급에서는 어떤 변화가 일어났나요

 디지털 리터러시 학급을 운영하면서 일어난 변화는 학생들이 배움에 필요한 정보를 스스로 기록해 나간다는 점입니다. 많은 정보 중에서 정보의 가치를 판단하고 나에게 필요한 정보를 아날로그와 온라인 포트폴리오에 기록해 나가면서 학생들 스스로 배움에 대한 플랫폼이 다양해졌습니다. 수동적인 배움에서 능동적인 배움으로 변화한 것은 학생들에게 디지털 환경에서 배움을 구성할 기회를 지속적으로 제공해 주었기 때문입니다. 처음부터 무리한 것을 요구하지 않고 아날로그 포트폴리오로 정보를 지속적으로 기록하고 나의 생각을 더해보는 활동으로 시작해서 디지털 환경에서 디지털 자료를 리터러시하는 과정으로 나아갔습니다.

디지털 리터러시 학급을 운영할 때 필요한 것은 무엇이라고 생각하나요

 디지털 리터러시 학급을 운영하기 위해 물리적으로 필요한 것은 스마트기기를 언제 어디서나 활용할 수 있는 환경입니다. 디지털 세계에 접속하기 위한 스마트기기와 무선 와이파이 환경이 없다면 디지털 리터러시 학급 운영은 시도조차 할 수 없을 것입니다. 다행히 학교에 스

마트기기 보급이 늘어나고 있지만 기기의 노후화 및 관리 문제 등으로 스마트기기를 언제 어디서나 활용하는 것이 의의로 어려운 경우가 많습니다. 학교와 학급이 처해진 환경이 각각 다르기 때문에 교사는 이러한 것을 유연하게 대처하며 스마트 기기를 부담 없이 언제나 교육과정에 적용할 수 있도록 고민해야 합니다.

물리적인 환경에 더해 더 중요한 점은 디지털 리터러시를 운영하는 교사의 심리적 거리입니다. 스마트 기기를 충천하고 관리하며 소프트웨어를 세팅해야 하는 귀찮고 많은 시간이 소요되는 절차를 감내해야 합니다. 뿐만 아니라 아이들이 스마트 기기를 배움에 원활하게 다룰 수 있을 때까지 거쳐야 하는 수많은 과정이 남아있습니다. 이를 위해서는 교사가 먼저 스마트 기기를 배움에 활용하는 마음의 거리가 가까워야 합니다. 본인부터 먼저 수업에 스마트 기기를 통한 디지털 리터러시를 적용해 보는 연습을 하고 학생들에게 한 번에 많은 것을 기대하지 않으며 한 번에 하나씩 한다는 마음으로 인내심을 가지고 적용하는 것이 가장 중요합니다.

디지털 리터러시 역량을 지속적으로 기르게 하려면 어떻게 해야 할까요

가장 중요한 것은 아이들이 평소에 디지털 환경에서 정보를 판단해 보는 것입니다. 정보의 참과 거짓을 판별하는 것부터 시작해 나의 배움에 필요한 정보를 가려내 보는 연습이 필요합니다. 나에게 필요한 정보를 가려냈다면 이를 디지털 포트폴리오에 저장하고 여기에 나의 생각을 더해 지속적으로 정보의 가치를 높여 보는 연습이 필요합니다. 두 번째로는 디지털 소비에만 치중하는 습관을 벗어나 디지털 자료를 나의 배움으로 전환해 보는 나름의 노력이 필요합니다. 평소 친구들과 소통하거나 정보를 소비했던 SNS를 나의 관심사나 배워보고 싶은 것에 집중해 보는 것입니다. 똑같은 도구를 어떻게 사용하느냐에 따라 결과가 달라지는 것을 알고 직접 실천해야 합니다.

3장

자기주도성
교실로
초대하다

김진오 선생님의
One Thing,
자기주도성

자기주도성 : 학습자 중심 교육의 시작이자 도착점

"학생 주도성(student agency)은 학생이 스스로 자기 삶의 목표를 설정하고 그것을 달성하기 위해 학습하며 책임 있게 결정하고 행동하는 역량이다.(OECD, 2019)" 미래를 살아가야 할 아이들에게 주도성이 반드시 필요한 이유는 인공지능의 도래로 대표되는 4차 산업혁명 시대의 특징에 있다. 인공지능의 발전이 빠르게 이루어지고 있고 인간이 현재 하는 일의 많은 부분을 대체할 것이다. 누군가는 인공지능에 의해 일자리를 잃거나 우리 사회에서 가치를 예전처럼 인정받기 어려운 상황에 처할지도 모른다.

그러나 아무리 인공지능이 고도로 발전하더라도 인공지능의 주인은 인간이다. 인공지능은 결국 인간 사회의 데이터를 학습하는 것이고 설사 인간의 가치를 습득한다고 하더라도 스스로 가치를 만들어내는 것이 아니라 그것을 만든 인간이 부여한 가치를 습득한다. 결국 미래는 타인이 시킨 일을 잘하거나 타인의 기준으로 나의 행동을 선택하는 인공지능 같은 사람이 아니라 자신만의 원칙으로 행동을 결정하고 자신의 삶을 스스로 개척할 수 있는 능력을 갖춘 사람이 주도하게 될 것이다. 그 능력이 바로 '자기주도성'이다.

자기주도성은 미래교육을 논하면서 처음 나온 개념이 아니다. 200년 전 루소의 자연주의 교육 사상을 이어받은 페스탈로치의 교육 사상으로부터 자기주도성 교육의 뿌리를 발견할 수 있다. 페스탈로치는 교육의 목표를 아이들에게 지식을 완전히 습득시키는 것보다 아이들의 자율적인 능력과 힘을 발전시키는 것이라고 언급하였다. 또한 교육은 학생들이 자신에게 야기된 문제에 관해 스스로 해결책을 찾도록 해야 한다고 하였다. 아이들이 교육에서 스스로 주체가 되어 논의를 이끌어가야 한다는 것이다. 이러한 생각은 듀이와 같은 현대 교육철학으로 이어지며 현재 학습자 중심 교육의 뼈대를 이루고 있다. 결국 자기주도성은 학생 중심 교육에서 빼놓을 수 없는 가치이다. 즉 자기주도성은 현재 교육의 지향점이면서 동시에 미래교육의 중요한 목표이다.

현재 우리의 교육은 학생 주도성을 길러주기에 적합한 교육인가? 많은 교사들이 학생 주도성의 필요성을 인식하고 있고 교실에서 노력하고 있지만 그렇지 않은 측면도 있음을 우리는 인정해야 한다. 교실 혁신가 마이클 혼*Michael B. Horn*은《블렌디드》에서 교사 주도의 교실을 비판한다. 그는 학생들이 사방 벽으로 둘러싸인 교실 안에서 한 사람의 교사가 일방적으로 전해주는 단편적 지식으로 제한된 학습을 받고 있음을 지적한다. 이렇게 일방적인 지식 전달식 학습은 학생 주도성을 저해할 우려가 있다.

그렇다면 학생 주도성을 이끌어내는 교실은 어떤 곳이어야 할까? 교실을 이루는 많은 것들을 학생이 주도적으로 할 수 있게 기회를 주어야 한다. 학급의 규칙을 만드는 것부터 교실 환경을 꾸미는 것, 심지어 교사의 고유 권한으로 여겨졌던 수업까지 학생들이 만들어가는 교실이 바로 주도성을 길러주는 교실이다.

1. 자기주도성 씨앗 틔우기

자기주도성 교실 철학 세우기

"학생들에게 물고기를 잡아주지 말고 물고기를 잡는 방법을 알려주어라."

학습자 중심 교육의 대명제처럼 여겨지던 이 문장도 이제는 바뀌어야 할 것 같다. 물고기를 잡는 방법을 교사 중심의 방식으로 알려주면 학생들은 물고기를 잡는 것 외에 다른 일은 할 수 없게 되기 때문이다. 학생이 바다에서 스스로 무엇인가를 발견하고, 바다의 아름다움을 느끼며 물고기를 잘 잡을 수 있는 자신만의 방법을 찾도록 해야 한다. 그래야 빠르게 변화하는 미래에 적응하고 자신만의 길을 개척할 수 있다. 교사는 미래사회에 빠르게 적응하고 또 그 미래를 자신의 힘으로 바꾸어나갈 수 있는 역량을 길러주는 사람이어야 한다. 그러한 역량을 어떻게 가르쳐야 하는가?

사랑과 신뢰. 페스탈로치가 말한 두 단어에서 해답의 실마리를 찾았다. 아이들이 미래를 주도적으로 개척할 수 있도록 하기 위한 핵심적인 가치이기 때문이다. 사랑과 신뢰는 인공지능이 범접할 수 없는 영역이기도 하다. 다소 추상적이면서 새로워 보이지 않는 이 단어가 교사와 학생이 마주하고 있는 현실의 문제를 해결하고 미래의 문을 여는 열쇠가 될 수 있다. 페스탈로치에 따르면 교육 행위는 사랑을 바탕으로 발전된다. 이 사랑은 일반적인 사랑의 관념처럼 공동체 속에서 보편적인 유대 관계를 갖게 해준다. 또한 이 사랑은 학생들 각자의 개별성과 자유로운 모습을 존중하도록 이끈다. 페스탈로치가 말한 이 사랑의 과정을 다음과 같은 세 가지 원칙으로 정리하여 학급을 이끌어나가고자 하였다.

첫째, 교사는 아이들에게 사랑과 신뢰를 주는 존재다. 아이들은 미성숙하며 실수투성이이다. 그럼에도 아이들을 믿어 보기로 했다. 아이들이 하는 선택에 신뢰를 보낸다. 아이들의 서툰 표현에 격려와 공감을 전한다. 아이들은 교사에 대한 신뢰로 보답한다. 나의 생활지도를 받아들이고, 과감하게 교육과정 재구성을 하더라도 믿고 따른다. 고학년 아이들은 교사에게 수업을 제안하거나 심지어 스스로 수업을 만들기도 한다. 교사에게 받은 사랑과 신뢰는 자신에게 보내기도 하고, 친구들에게 보내기도 한다. 이렇게 따뜻한 학급을 만드는 열쇠는 교사에게 있다.

둘째, 아이들은 자신을 사랑하고 신뢰하는 방법을 배워야 한다. 자아존중감이라 불리는 이 능력은 한 인간의 정신적 자립을 위해 필수적이다. 자신의 일을 다른 사람의 시선을 의식하며 결정하는 사람들이 많다. 자신의 선택을 믿지 못하고 다른 사람에게 내 선택의 기회를 넘기는 것은 스스로를 사랑하지 않는다는 불행을 의미한다. 반대로 다른 사람의 기준이 아닌, 나 자신의 기준으로 나의 인생을 선택할 수 있다면 그것은 행복한 삶이다. 우리의 교육이 아이들의 행복을 위한 것이라면 학교에서 자신을 사랑하고 신뢰할 수 있도록 가르쳐야 한다.

셋째, 아이들은 서로를 사랑하고 신뢰하는 방법을 배워야 한다. 자신을 사랑하는 사람은 다른 사람도 사랑할 수 있다. 알프레드 아들러에 따르면 자존감이 높은 사람은 높은 공동체 감각을 가지게 되고 인류에 공헌하는 존재가 된다고 한다. 페스탈로치가 사랑을 통해 공동체의 유대 관계를 지향할 수 있다고 말한 것과 일맥상통한다. 우리 사회에 펼쳐져 있는 문제들은 서로에 대한 사랑과 신뢰를 통해 극복할 수 있다. 그렇기에 다른 사람을 사랑하고 신뢰하는 방법을 공교육에서 가르치는 것은 어쩌면 너무나도 당연한 일이다.

스스로 해답을 찾아가는 과정은 더디지만 그렇게 깨달은 것은 오래 간다

사랑과 신뢰는 학력과는 거리가 멀어 보인다. 그러나 자신을 사랑하고 믿을 수 있게 된 아이는 자신만의 효율적인 학습 방법을 찾고 공부도 잘하게 될 가능성이 높다. 자기주도성은 메타인지 능력과 직결되기 때문이다. 학생이 삶 속에서 지속적인 학습을 할 수 있도록 하는 힘이 된다. 교사의 중요한 역할이 학생들의 학력을 높이는 것이라면 나는 아이들이 스스로 배우는 힘을 기르고 꿈을 키울 수 있도록 힘쓰겠다. 물론 때로는 사랑과 신뢰만으로 역부족이라고 느끼는 때도 있지만, 아이들이 학교에서만이라도 따뜻한 마음을 느꼈으면 하는 마음이다.

교사의 강점

피그말리온 효과를 믿는다

'피그말리온 효과'는 학생의 성장을 믿는 교사의 태도가 실제 학생들의 교육적 성장을 이끈다는 의미이다. 학생들의 긍정적인 변화를 믿으며 아이들의 능력과 잠재력에 신뢰를 표현하는 것은 실제로 교육적인 효과가 있다. 자기주도성은 자존감과 밀접한 관련이 있다. 자신이 결정한 것에 대한 믿음이 곧 자기주도성으로 연결되는데, 자신에 대한 신뢰가 바로 자존감이다. 학생들이 자기 자신을 사랑하도록 하기 위해서는 먼저 교사가 자신을 신뢰하고 사랑한다는 믿음이 있어야 한다. 따라서 피그말리온 효과를 믿는 교사와 함께 아이들의 주도성이 성장할 것이다.

예술을 사랑하는 사람

나는 예술을 즐기고 사랑한다. 일상에서 늘 음악과 함께하고 있으며 미술적 표현과 다양한 악기를 다루고 배우는 것을 좋아한다. 아이들이 좋아하는 신체활동 또한 즐기는 편이다. 그러다 보니 교실에서도 언제나 음악이 흐르고 체육 시간이 아님에도 신체활동과 연계한 교과활동을 하는 것을 좋아한다. 아이들도 그러한 활동들을 좋아하는 것 같다. 주도성은 아이들의 개별적인 흥미를 잘 파악하고 잘 들으며 수업에 적용하는 것이 핵심이다. 교사의 넓은 예술적 흥미의 스펙트럼은 아이들의 다양한 흥미와 관심을 포괄할 수 있는 강점으로 작용할 것이다.

아이들이 말하는 교사의 강점

"언제나 학생들과 같이 활동하려고 하신다."
"선생님이 재미있는 활동을 많이 해주려고 하신다."
"선생님이 우리들의 의견을 들어주시고 귀 기울여 주셔서 기뻤다."
"궁금한 것이 있으면 늘 친절하게 알려주신다."
"피아노를 쳐주시는 게 너무 멋있었고 그 시간이 가장 행복한 시간
  이었다."
"우리와 함께 대화를 해주시는 점이 좋다."

실태분석

 "선생님, 창문 열어도 돼요?" "선생님, 칠판에 그림 그려도 돼요?" "선생님, ㅇㅇ이가 제 가방을 치고 갔어요." "선생님, 마리모 가져와서 키워도 돼요?" "선생님, …… 돼요?"

 5학년 교실의 아이들이다. 3월에 만난 아이들은 마치 명령어를 상실한 코딩 로봇처럼 교사의 지시와 허락이 없으면 아무것도 할 수 없는 아이들이 많았다. 학기 초에 아이들을 관찰한 결과, 스스로 무엇인가를 결정하여 행동한다는 것에 두려움을 느끼는 아이들이 많았다. 충분히 스스로 할 수 있는 일조차 일일이 교사의 힘을 빌리려고 하는 아이들도 많았다. 이전 학년에서 자신의 의견을 표현해 보고, 학급 회의를 하는 과정을 코로나19로 인하여 충분하게 경험해 보지 못했다는 판단도 들었다. 특수교육 대상 학생은 수업 활동에서 교사의 도움 없이는 쉽게 포기해 버리기도 하였다. 이에 학생들에게 스스로 생각하는 힘이 시급하다는 생각이 들었다.

 한편으로는 아이들에게 자기주도성의 잠재력이 발견되기도 했다. 우리 반 아이들은 다른 반, 다른 학년과 비교하여 유난히 '말이 많은' 아이들이었다. 말이 많다는 특징을 부정적으로 보는 시각이 많다. 여러 수업 방식 중 강의식 수업에서는 아이들이 지나치게 말이 많을 경우 수업 진행에 방해가 되는 경우가 많기 때문이다. 그러나 아이들이 서로 협동하여 문제를 해결해야 하는 프로젝트 수업의 경우 말이 많은 아이들은 보물 같은 아이들이다. 자기주도성은 '우리의 일을 우리가 스스로 정하는 것'이기도 하다. 그렇기에 조금만 자극해 주어도 자신의 의견을 쏟아내는 아이들에게 자기주도성 교육이 효과가 클 것이라는 확신을 할 수 있었다.

One Thing 교실 세우기

  교사의 철학과 강점, 학생들의 특성을 고려할 때 우리 반의 One Thing은 '자기주도성'으로 결정하는 것이 적절할 것이라는 생각이 들었다. 특히 학생들이 주도하는 프로젝트 수업을 체계적으로 기획하였다. 5학년인 만큼 자신들의 힘으로 많은 것을 할 수 있을 것이라는 믿음 때문이다. 물론 주도성을 늘리는 방법은 프로젝트 수업만은 아니다. 프로젝트에 속하지 않는 수업 활동이나 학급 회의, 동아리 활동 등에서도 학생들의 주도성을 길러주기 위한 노력은 계속되어야 한다. 평소의 생활지도와 교사의 발문(질문을 받은 사람이 스스로 다양한 사고를 하면서 답을 찾을 수 있도록 유도하는 질문) 하나하나도 학생 주도성 성장에 영향을 끼칠 수 있다. 1년의 일관성 있는 교육이 아이들의 역량을 성장시키는 동력이 되기 때문이다. 이에 학급경영과 생활지도, 수업이 모두 연계하여 자기주도성 성장을 향할 수 있도록 노력하였다.

  《코로나 이후 미래교육》에서 박상준 교수는 학생 주도성의 실현 방안을 다음의 네 단계로 제시한다. 수업 설계 단계에서는 교사와 학생이 공동으로 수업을 설계해야 한다. 교수·학습 방법에서는 토론 학습, 탐구 학습, 프로젝트 기반 학습, 협력학습 등 학생주도의 능동적 학습 방법을 사용해야 한다. 학생들은 주도적으로 학습 활동을 하며 또래교사로 서로 가르치고 배우는 역할을, 교사는 학생의 능동적 학습을 촉진하고 개별 교육을 실시하는 역할을 해야 한다. 평가에서는 역시 교사와 학생이 공동으로 협의하여 평가 기준과 방법을 설정하고 평가 방법을 다양화해야 한다. 앞으로 소개할 학급의 한해살이에서도 위의 네 단계 수업 과정에서 학생과 교사가 함께 수업을 만들어가는 모습을 제시할 것이다.

성찰형 학급살이 계획

본 교사는 성찰형으로 학급 교육과정을 설계하였다. 성찰형 교육과정 설계 방법은 학급에 필요한 역량을 찾기 위한 질문들과 역량 선정 이후 구체적인 실현 방안에 대한 질문들에 답을 찾아가며 교육의 기본 방향에서부터 구체적인 교수학습 방법을 찾는 설계 유형이다.

미래 역량을 키우기 위한 수업을 위해 우리 학교에 갖추어진 것은 무엇인가

스마트 패드 약 60대 보유

넉넉하게 사용할 만한 양은 아니지만 교내 예약 시스템을 잘 활용한다면 원하는 시간에 사용할 수 있을 것이다.

터틀봇, 네오봇, 코딩 드론 등 피지컬 컴퓨팅 교구 보유

종류는 다양하나 한 학급이 1인 1교구를 사용하기 어려울 정도로 수가 적다. 모둠별 활동을 하는 등 대체 활동이 필요하다.

컴퓨터실 컴퓨터 26대 보유

학급별로 컴퓨터실을 사용할 수 있는 시간이 정해져 있기에 자유롭게 사용할 수 있는 상황은 아니지만 일주일에 1회 이상은 1인 1컴퓨터를 사용할 기회가 있다.

학급에 갖추어진 것은 무엇인가

보드게임

할리갈리, 루미큐브, 라보카, 우봉고 등의 수학 관련 게임, 고피쉬

한국사와 직업 트렌드, 부루마블 등이 있다.

학급문고

5학년 교실의 특성상 역사책과 진로 탐색을 주제로 한 책들이 주를 이루고 있다.

필기도구

학생들이 충분히 1년 동안 사용할 수 있을 만한 사인펜, 네임펜, 색연필 등이 구비되어 있다.

전자 피아노

교사 개인이 들고 다니는 전자 피아노가 있다. 이 피아노는 때로는 아이들의 놀이도구가 될 것이며 때로는 음악 수업의 도구가 되기도 할 것이다.

작년의 수업에서 좋았던 것과 아쉬웠던 것은 무엇인가

작년은 학사 일정의 절반가량을 원격으로 보냈다. 새로운 수업 기술을 많이 시도했다는 점에서는 긍정적이었으나 활동적인 수업과 일관성 있게 이어지는 프로젝트 수업을 거의 시행하지 못했다. 올해는 전면 등교수업으로 전환되면서 그 한계를 극복할 수 있을 것이라고 기대한다.

올해 가장 해보고 싶은 활동은 무엇인가

- 주제 중심 통합 수업
- 학급의 많은 것들을 결정하는 학급 자치
- 학생들이 만들어가는 수업

- (여건이 충족된다면) 학생들이 주도적으로 계획해 보는 체험 학습

우리 학급 아이들은 어떤 아이들인가

- 이것저것 사소하게 많은 것들을 교사에게 물어보고 의지한다.
- 다른 반 아이들에 비해 유난히 활발하고 말을 많이 한다.
- 평균적인 학업 능력은 동학년의 다른 학급에 비해 우수한 편이다.
- 장래희망 1위는 과학자이며 식물, 동물 등에 관심이 있는 아이들이 많다.
- 학생 관찰 및 학부모 면담 결과, 장래 희망과 꿈에 관심이 있는 아이들이 많다.
- 음악, 미술, 표현 활동 등 예체능 분야에서 흥미를 가지고 있는 아이들이 비교적 많다.
- 학업에 어려움을 느끼는 특수 아동 통합 학급으로 운영되고 있다.

우리 학급 아이들에게 가장 필요한 역량은 무엇인가(우리 학급 One Thing이 무엇인가)

- 현저하게 자기주도성이 부족한 모습이 많이 보임
- 평균적으로 높은 학습 수준
- 조금만 유도해 주어도 자신의 의견을 물 쏟아내듯 술술 말하는 자기주도성의 씨앗
- 스스로 무엇인가를 결정하고 협력하여 문제를 해결해 본 경험 부족
- 자아존중감이 부족한 특수 학생에게 교육적 지원이 절실함
  → 우리 학급의 One Thing은 자기주도성

주도성을 길러주기 위해 생활지도는 어떤 방식으로 할 것인가

학급 자치 활성화

- 3월 초 학급 회의하는 방법을 익히고, 학급 회의 연습하기
- 교사 주도의 연습을 거쳐 학생들에게 자치 주도권 넘기기
- 창체 자율활동 시간뿐만 아니라 학생들이 스스로 회의가 필요할 때 열 수 있도록 하기
- 학교폭력이나 안전 등 중대한 사안에는 적극적으로 개입하기
- 교사가 학급 회의 과정을 잘 지켜보기, 공식적으로 결정된 것을 받아들이기

학생 주도적인 학급 환경 꾸미기

- 학급 게시판을 학생들의 의견과 힘으로 꾸미게 하기
- 아이들만의 구성 방식 존중하기

온라인 플랫폼은 무엇을 준비할 것인가?

- **e-학습터** : 원격 수업 초기부터 사용했던 플랫폼이기 때문에 교사와 학생 모두에게 익숙하나 구글 G-suite에 비해 과제 공유의 기능이 미약하다.
- **줌(ZOOM)** : 원격 수업 초기부터 사용했던 플랫폼이기 때문에 교사와 학생 모두에게 익숙하며 e-학습터 화상수업이나 구글 미트에 비해 서버가 안정적이다.
- **구글 G-suite** : 다양한 형태의 과제를 제시할 수 있으며 구글 문서나 구글 프레젠테이션을 활용하여 공유 활동을 하기에 용이하다. 작년에는 e-학습터와 줌을 사용했기 때문에 G-suite는 익숙하지 않아 새롭게 익혀야 한다는 번거로움이 있다.

- **카카오톡** : 실시간으로 학생들과 소통할 수 있고 빠른 공지가 가능하며 프로젝트 학습을 할 때 학교 밖에서도 학생들끼리 모둠별로 소통하며 학습을 이어갈 수 있으나 수업 자체를 대체하기에는 부적절한 측면이 있다.

  → 학급 관리 및 활동 공유에는 구글 G-suite의 구글 클래스룸을 활용하고 학생들과 활발한 소통을 하기 위해 카카오톡 단체톡방을 만들어 관리하기로 하였다. 갑작스러운 원격 수업을 대비하여 G-suite의 구글 미트를 활용하기로 하였다.

무엇을 가르칠 것인가

교육과정 성취기준 확인

성취기준은 국가 교육과정 문서에 각 교과에서 어떤 내용을 가르쳐야 하는지를 알려주는 목록이다. 따라서 무엇을 가르칠지 결정할 때 그 범위와 기준을 교육과정 성취기준으로 잡고 교과서와 지도서에 앞서 국가 교육과정 문서를 먼저 확인할 필요가 있다.

교육과정 조망도 만들기

성취기준을 바탕으로 한 해 혹은 한 학기의 교육활동을 계획할 때 교육과정 조망도를 작성하면 유용하다. 교육과정 조망도는 올 한 해 동안 가르칠 교육과정의 전체 내용을 한눈에 파악할 수 있도록 만든 표이다.

〈 5학년 교육과정 조망표(예시) 〉

국어	수학	사회	음악	미술	도덕	실과	체육	과학
독서 (읽기 전·중·후 활동, 온책 읽기, 비판하며 읽기)	약수와 배수 (1학기)	인권의 중요성 인권을 위한 옛사람의 노력	박·박자 (4분의 3박자, 박자의 변화, 메트로놈, 당김음)	자신의 특징 탐색하기 대상이나 현상의 시각적 특징 발견하기	감정표현과 충동조절	아동기 발달 아동기의 성	민속 표현 (주제 표현)의 종류와 특징	균류 원생생물 세균 (1학기)
	약분과 통분 (1학기)					균형 잡힌 식생활(음식 만들기)		
토의 (토의의 절차, 주장과 근거)	자연수의 혼합 계산 (1학기)	법의 역할 성격	여러 가지 장단 (굿거리, 단모리, 세마치, 중중모리, 시조)	이미지가 나타내는 의미 찾기 (마크, 표지판, 픽토그램, 포스터, 광고)	정직한 삶		민속 표현 (주제 표현) 기본 동작	
	분수의 덧셈과 뺄셈 (1학기)					건강하고 안전한 의생활 생활 안전사고의 예방		첨단 생명과학과 우리 생활 (1학기)
토론 (토론의 절차와 규칙, 주장과 근거)		헌법(기본권과 의무)	장단의 세		사이버 예절 준법 정신		민속 표현 (주제 표현) 작품 발표, 감상, 창의적인 표현	
발표 (매체 활용)	평면도형의 둘레, 넓이 (1학기)		여러 가지 리듬꼴 (오스티나토, 말 리듬, 점음표, 스타카토)	이미지를 활용하여 자신의 느낌과 생각 전달하기		시간과 용돈 관리		
공감하며 듣기, 대화		우리나라의 위치, 영역 행정구역 국토애	말붙임새 음이름, 계이름	미술 활동에 교과의 내용 방법 활용하기	공감과 존중	옷의 정리와 보관	세계 여러 민족의 춤과 문화	현미경 사용법 (1학기)
			율명 (단소 연주)					
경험을 활용하여 읽기 경험에 대한 글쓰기	규칙과 대응 (1학기)	우리나라의 기후 환경 지형 환경	장음계 (다장조 음계)	아이디어 발상, 사물에 상상력을 더해 표현하기 디자인		정리정돈과 재활용		생물 요소 비생물 요소 (2학기)
			단음계 (라단조 음계)					환경 요인이 생물에 미치는 영향 (2학기)
요약하는 글쓰기		우리나라의 자연재해와 대책, 생활 안전 수칙	여러 지역의 토리 (여러 지역 민요)	색의 특성과 효과 알아보기	인권 존중			생태계의 구조와 기능 (2학기)
주장하는 글 읽기	분수의 곱셈 (2학기)	우리나라의 인구 분포 변화 도시발달과정	시김새 (꺾는 음, 떠는 음) 주요 3화음	전통 미술과 현대 미술 비교하기		식물 가꾸기		환경 오염과 생태계 (2학기)
시, 노래 읽기	소수의 곱셈 (2학기)	우리나라의 산업과 교통 발달의 특징 및 변화 모습	시조 형식	전하고 싶은 이야기를 미술로 나타내기		동물 돌보기		생태계 보전을 위한 노력 (2학기)
		고조선 삼국 시대 인물	aba 형식 AB 형식		자아 존중 긍정적 태도			
이야기, 소설 읽기		삼국 시대 문화 유산		재료(한지)의 특징을 살려 표현하기				
		고려의 인물과 외침 극복						

국어	수학	사회	음악	미술	도덕	실과	체육	과학
연극 읽기 연극으로 표현	합동, 대칭 (2학기)	독창적인 고려의 문화유산	셈여림의 변화			생활 속 수송 기술, 안전 관리		
			빠르기의 변화					
		조선의 인물과 민족 문화	관악기의 음색	사진으로 표현하기				
		조선의 위기 극복(유적지와 인물)	현악기의 음색					
낱말 확장 방법(단일어와 복합어)	수의 범위, 어림하기 - 올림, 버림, 반올림 (2학기)	영·정조 시대의 개혁	바른 자세로 노래하기		우리가 만드는 도덕			
		사회 변화를 위해 노력한 인물들	바른 자세로 연주하기 (리코더, 단소, 장구)	먹과 색으로 표현하기 (민화 그리기)		일과 직업의 세계		
낱말의 의미 파악 (동형어)	직육면체 정육면체 (2학기)	일제 침략에 맞선 인물들	악곡에 어울리는 신체 표현					
		광복을 위하여 힘쓴 인물들						
문장 성분 문장의 호응	평균 (2학기)	대한민국의 수립 과정과 의의	노랫말 바꾸기			자기 이해와 직업 탐색		
		6·25 전쟁의 원인과 과정 영향	일부 가락 바꾸기	미술 용어로 작품 설명하기				
			이야기를 음악으로 표현하기					

＊ 영어 교과는 전 시수 전담 교사가 수업하여 조망도에 포함시키지 않았으며 체육과 과학도 전담 교사와 협의하여 담임교사가 가르칠 부분만을 조망도에 포함시킴.

＊ 음악 교과의 경우 내용 요소를 중심으로 정리하는 것이 도움이 됨.

교육과정 조망도 작성 및 사용 Tip

각 교과 교육과정의 내용 체계와 성취기준을 기본으로 참고하고, 수학이나 과학과 같이 계열성이 뚜렷한 교과이거나 성취기준과 내용 체계만으로 정리가 쉽지 않은 부분은 교과서 단원을 참고하여 정리한다.

해당 학년 교과 교육과정을 표에 정리하고, 교사가 알아보기 쉽게 내용 요소를 블록화한다. 그런 다음 여러 교과를 통합한 수업을 설계할 때 각 교과에서 해당 블록을 가져와서 통합하고 교육과정 시수에 맞게 조정하면 매우 편리하다.

교육과정 조망도는 교사가 교육과정을 전체적으로 파악하고 편리하게 교과 통합적인 수업을 설계하기 위해 작성하는 것이지만 주도성이 성장한 학생들에게는 새로운 프로젝트 주제와 활동을 함께 만들어보자고 제시할 수도 있다. 학생들은 교육과정 조망도를 보면서 앞으로 어떤 내용을 배울 것인지 알 수 있고 그 내용 안에서 창의적으로 수업을 구상하고 제안하기도 한다.

프로젝트 수업 만들기

프로젝트 수업은 아이들의 주도성을 기르는 데 적합한 수업 모형이다. 어떠한 문제 상황이나 주제에 대해 학생들이 해결 방법을 스스로 찾고 협력하여 해결 방법에 해당하는 결과물을 만들어내는 수업 방식을 의미하기 때문이다. 프로젝트 수업의 의미를 잘 살린다면 학생들이 주도하여 교사와 함께 만드는 수업을 할 수 있다.

이에 듀이의 문제해결학습을 킬패트릭이 발전시킨 프로젝트 학습 모형을 우리 학급만의 방식으로 변형하여 프로젝트 수업을 체계적으로 설계하고자 하였다. 다음의 다섯 단계에 기초하여 각 프로젝트 수업을 설계하였고 단계별로 학생이 주도하는 부분을 점차 늘려갔다.

1단계 : 준비하기 및 주제 결정하기

2단계 : 교과 내용 연계 및 활동 계획하기

3단계 : 탐구 및 표현하기

4단계 : 마무리하기

5단계 : 평가하기

본 학급에서는 아이들의 주도성을 길러주기 위해 1년 동안 크고 작은 프로젝트 수업을 다양하게 시행했다. 그중 학생들이 주도할 수 있는 부분이 늘어나는 모습을 잘 볼 수 있도록 네 가지 주제의 프로젝트 수업을 선정하여 공개해 보고자 한다.

2. 자기주도성으로 성장하기
– 자기주도성 One Thing을 키우기 위한 교육활동

프로젝트별 주도성의 변화

여기서는 1년간 아이들과 함께 수행한 여러 프로젝트 중 네 가지 일련의 프로젝트를 제시할 것이다. 처음에는 교사가 구조화한 부분이 많다. 아직 아이들의 주도성이 많이 성장하지 않은 상태이기 때문이다. 처음부터 아이들에게 너무 많은 것을 맡긴다면 아이들은 혼란스러워한다. 또 아이들에게 꼭 가르쳐주어야 할 것을 놓치는 경우가 많다. 한두 가지 프로젝트 수업을 거치며 주도성이 성장한 아이들에게 조금씩 결정권을 내어

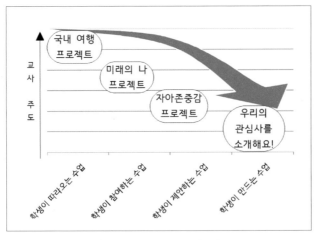

〈 프로젝트별 주도성 추이 〉

준다. 종국에는 주제부터 활동 방법, 소재 등 아이들이 직접 만든 프로젝트 수업이 탄생한다.

　다음의 표에서는 처음 실시한 '국내 여행' 프로젝트와 마지막에 실시한 '나의 관심사를 표현해요!' 프로젝트에서 수업 설계부터 평가하기까지 교사가 주도한 부분과 학생이 주도한 부분을 확인할 수 있다. 아직 주도성이 부족한 상태의 아이들이 진행한 첫 번째 프로젝트와 주도성이 많이 성장한 아이들이 실시한 마지막 프로젝트에서 아이들이 어떻게 수업을 만들어가는지 비교해 볼 수 있다.

〈 '국내 여행 코스 짜기' 프로젝트(교사 주도 > 학생 주도) 〉

프로젝트 설계 단계	교사 주도	학생 주도
1단계. 준비하기 및 주제 결정하기	교사 주도적으로 '국내 여행코스 짜기' 주제 선정	–
2단계. 교과 내용 연계 및 활동 계획하기	프로젝트 수업 날짜와 시수 제시	발표 날짜 선정
	음악, 사회, 국어 선정 및 세 교과에서 프로젝트와 관련하여 배울 내용 안내	
3단계. 탐구 및 표현하기	각 교과별 수업 활동 및 프레젠테이션 제작 방법 안내	탐구할 지역 및 모둠 선정, 자료 조사 및 탐구, 발표 자료 제작 등
4단계. 마무리하기	발표 규칙 안내 및 발표 피드백	모둠별로 발표하기
5단계. 평가하기	평가 방법 제시	동료 평가 실시

〈 '우리들의 관심사를 소개해요!' 프로젝트(교사 주도 < 학생 주도) 〉

프로젝트 설계 단계	교사 주도	학생 주도
1단계. 준비하기 및 주제 결정하기	프로젝트 주제 가능 여부와 관련한 학생들의 질문에 답변	프로젝트 주제 선정을 위한 학급 회의 제안 및 주제 선정
2단계. 교과 내용 연계 및 활동 계획하기	프로젝트로 사용 가능한 수업 시수 제시	프로젝트 모둠 선정, 실행 방법, 발표 방법 등 토의 및 선정
	프로젝트와 교과와의 연계성 안내	프로젝트와 관련된 교과 내용 요소 확인
	학생들이 선정한 활동 가능 여부 확인 및 조언	여러 교과별로 연계할 수 있는 활동 선정, 평가 방법 결정
3단계. 탐구 및 표현하기	선정된 교과 성취기준별로 부족한 부분 보충하기	모둠별로 소통하고 관련된 내용 서로 가르쳐주기
	프레젠테이션 제작 등 기술적인 부분에서 필요한 도움 주기	모둠별 프로젝트 진행 및 발표 자료 만들기, 발표 날짜 선정
4단계. 마무리하기	발표 및 부스에 필요한 기술적 지원하기, 피드백하기	모둠별 발표, 체험 부스 만들기, 발표 피드백 나누기,
5단계. 평가하기	평가 태도 안내	자기평가, 동료평가 실시

처음에는 프로젝트의 시작부터 프로젝트 방법까지 교사의 안내와 설명으로 시작한다. 그러나 마지막에는 프로젝트 주제를 선정하는 것부터 진행 방법, 평가까지 학생들이 주도적으로 결정하고 수행한다는 것을 알 수 있다. 다음으로는 네 가지 프로젝트별로 학생들이 어떤 활

동을 주도적으로 하였는지 구체적으로 살펴보고자 한다. 아이들이 성장하는 모습을 살펴보자.

국내 여행코스 짜기 프로젝트

본 프로젝트는 3월에 첫 번째로 실시한 것이다. 아이들의 주도성이 아직 성장하지 않았기 때문에 교사가 미리 구조화시켜놓고 학생들을 이끌어가는 부분이 많다. 주제 선정에서부터 프로젝트 주제가 부르기, 프레젠테이션을 통한 발표 방법 등 대부분을 교사가 유도하고 결정했다. 그러나 핵심은 아이들이 정한 부분이다. 모둠을 도, 광역시 등 우리나라의 행정구역별로 나누었는데, 모둠을 구성하고 어떤 행정구역과 어떤 여행지를 선정할 것인지는 모두 아이들이 정했다. 아이들은 조사할 지역을 자신들이 정한다는 것에서부터 큰 흥미를 느꼈다.

'국내 여행코스 짜기'라는 주제가 우리 학급에 적절했던 이유는 지역적인 특성에 있다. 우리 학교는 세종 신도시 지역에 있는 학교라 이 지역 토박이 학생들이 없다. 게다가 아이들의 고향을 조사해 보니 전국 곳곳에 분포해 있다는 것을 알게 되었다. 현재 살고 있는 세종시보다 자신이 태어나고 자란 지역에 애착이 있는 아이들도 많았다. 아이들에게는 자신에게 의미 있는 지역을 공부하는 것 자체만으로도 큰 동기부여가 되며 이렇게 자신의 것을 공부한다는 내재적 동기부여는 주도성의 바탕이 된다. 또 학기 초 학부모 상담에서 많은 부모님들이 코로나19로 인해 아이들이 체험 학습이나 가족 여행을 가지 못한 것을 아쉬워했다. 아이들이 여행코스를 계획하면서 간접적으로라도 아쉬운 마음을 달랠 수 있을 것이라고 기대하였다.

차시	교과	교과서 단원	내용
1	사회	1. 국토와 우리 생활	우리나라 백지도를 보고 자신이 가 본 곳과 가 보고 싶은 곳을 찾아서 이야기 나누기
2	음악	1. 만남으로 열리는 마음	노래 '여행을 떠나요' 배우기 (프로젝트 시간마다 부르며 시작하기)
3	사회	1. 국토와 우리 생활	우리나라 행정 구역의 위치를 알아보고 여행 코스를 짜고 싶은 장소 정하기 조사하고 싶은 행정구역별로 모둠 만들기
4	창체	자율활동	기본적인 프레젠테이션 제작 방법 익히기
5~8	사회	1. 국토와 우리 생활	모둠별로 맡은 행정구역의 여행 코스를 짜고 발표 자료(PPT) 만들기
9~10	국어	7. 기행문을 써요	여행을 한 경험을 알릴 때 여정, 견문, 감상이 들어가야 한다는 것을 알고 자신이 조사한 여행 코스 랜선 여행 기행문 쓰기
11~12	사회	1. 국토와 우리 생활	여행 코스 발표회 열기 (동료 평가를 통해 평가하기)

[관련 성취기준]
[6사01-02]우리 국토를 구분하는 기준들을 살펴보고, 시·도 단위 행정 구역 및 주요 도시들의 위치 특성을 파악한다.
[6사01-03]우리나라의 기후 환경 및 지형 환경에서 나타나는 특성을 탐구한다.
[6음01-01]악곡의 특징을 이해하며 노래 부르거나 악기로 연주한다.
[6국03-05]체험한 일에 대한 감상이 드러나게 글을 쓴다.

[관련 교과역량]
사회: 문제 해결력 및 의사 결정력, 의사소통 및 협업 능력, 정보 활용 능력
음악: 음악적 감성 역량
국어: 자료·정보 활용 역량

인상 깊었던 것은, 아이들이 자신이 맡은 지역을 재미있게 그리고 자세하게 알리겠다는 책임감을 가지고 준비했다는 것이다. 아이들은 그 지역의 특산물을 직접 가지고 와서 퀴즈의 상품으로 걸기도 했고, 그 지역을 상징할 수 있는 작은 기념품을 친구들에게 나누어주기도 했다. 다른 친구들이 하는 발표를 들을 때에는 교사가 강의식으로 수업을 할 때보다 더 높은 집중력을 보여주기도 했다. 친구들이 하는 발표를 나중에 참고할 것이라며 필기를 하는 아이들도 있었다. 아이들은 그 과정에서 즐겁고 자연스럽게 우리나라 곳곳의 지리적 특징을 공부할 수 있게 되었다.

미래의 나 프로젝트

두 번째 프로젝트는 아이들에게 미래를 상상하는 기회를 만들어주기 위하여 기획하였다. 많은 아이들이 코딩과 로봇 같은 미래의 기술에 관심이 있으며 장래 희망 조사 결과 과학자를 꿈꾸는 학생의 수가 학급 내 1위를 차지한다는 사실을 알게 되었다. 또 우리 반은 확실한 장래 희망을 찾고 싶어하는 아이들도 많다. 이에 학급 동아리인 인공지능 동아리 시간을 활용하여 미래사회의 핵심 기술인 인공지능과 소프트웨어를 체험해 보고 미래의 직업에 대해 조사해 보는 프로젝트 주제를 선정하게 되었다.

미래의 나 프로젝트에서는 첫 번째 프로젝트보다 학생들에게 더 많은 결정권을 부여하였다. 프로젝트의 큰 주제는 교사가 유도해 냈으나 우리 학교에 있는 소프트웨어 교구인 터틀봇의 기능을 여러 교과를 배울 때 어떻게 활용하면 좋을지 학생들의 의견을 들었다. 그러자 창의적이고 다양한 의견을 많이 도출할 수 있었다. 수학, 사회, 음악에서 터

〈 학생 프레젠테이션 작품 〉

틀봇을 활용하여 공부를 할 수 있다는 아이디어는 학생들의 주도성이 '즐거운 공부'로 이어질 수 있다는 것을 의미한다. 또한 학생들은 자신의 장래 희망과 인공지능 등을 연결지어 각 직업이 미래에 어떤 모습일지 탐구하였다. 꿈이 없던 아이도 프로젝트를 하면서 장래 희망을 고민해 보는 계기가 되었으며 다른 아이들도 자신의 꿈에 더 애착을 갖고 조사하며 막연했던 꿈을 구체화시켜 나갔다.

이번 프로젝트에서 인상 깊었던 것은 아이들이 인공지능으로 인해 직업들이 '사라지는 것'에 주목하지 않았다는 것이다. 아이들은 현재의 직업들이 인공지능과 함께 어떤 모습으로 변화할 것인지에 주목하였다. 4차 산업혁명은 어느 날 갑자기 오는 것이 아니라 인공지능이 조금씩 우리 삶으로 들어오는 과도기를 거친 후 오게 될 것이다. 이 아이들 또한 그러한 과도기를 살아갈 아이들이다. 아이들은 그것을 잘 알고 있었던 것이다.

차시	교과	교과서 단원	내용
1	창체	동아리활동 (AI 동아리)	'AI vs 인간' 영상 시청 후 인공지능이 바꿀 미래에 대해 이야기 나누기
2~3	창체	동아리활동 (AI 동아리)	터틀봇 체험하기(카드코딩, 라인코딩, 음악코딩) 터틀봇으로 할 수 있는 활동 제안하기
4	수학	3. 규칙과 대응	터틀봇과 함께 규칙과 대응 찾기
5~6	창체	진로활동	영화 〈더 기버 : 기억전달자〉 감상 감상 후 이야기 나누기
7	국어	6. 토의하여 해결해요	토론하기 (주제 : 직업을 정해주는 세상)
8~9	사회	1. 국토와 우리생활	터틀봇과 함께 꿈의 지도 찾기
10~11	음악	2. 함께하며 즐거운 마음	터틀봇으로 노래 만들기
12	실과	6. 나의 진로	인공지능과 미래의 직업 변화 탐색
13	창체	자율활동	모둠별로 미래의 직업 PPT 만들기
14~15	미술	2. 우리를 둘러싼 색	Quiver 프로그램으로 명도, 채도 공부하기 Quiver 미술 작품 전시회
16	실과	6. 나의 진로	나의 꿈은 미래에 어떤 모습일지 상상하고 간단한 그림과 글로 표현하기
17~18	창체	자율활동	모둠별로 미래의 직업 PPT 만들기 1) 나의 장래희망은 미래에 어떤 모습일까? 2) 친구들에게 소개해주고 싶은 미래 직업
19~20	미술	4. 개성과 특징을 담아요	미래의 나의 꿈 모습 꾸미기
21~22	창체	동아리활동 (AI 동아리)	PPT 및 미술작품 발표회

[관련 성취기준]
[6수04-01]한 양이 변할 때 다른 양이 그에 종속하여 변하는 대응 관계를
　　　　　나타낸 표에서 규칙을 찾아 설명하고, □, △ 등을 사용하여 식
　　　　　으로 나타낼 수 있다.
[6국01-03]절차와 규칙을 지키고 근거를 제시하며 토론한다.
[6사01-02]우리 국토를 구분하는 기준들을 살펴보고, 시·도 단위 행정구역
　　　　　및 주요 도시들의 위치 특성을 파악한다.
[6음01-05]이야기의 장면이나 상황을 음악으로 표현한다.
[6실05-01]일과 직업의 의미와 중요성을 이해한다.
[6실05-02]나를 이해하고 적성, 흥미, 성격에 맞는 직업을 탐색한다.
[6미01-01]자신의 특징을 다양한 방법으로 탐색할 수 있다.
[6미01-05]미술 활동에 타 교과의 내용, 방법 등을 활용할 수 있다.

[관련 교과역량]
수학: 문제 해결, 창의·융합, 의사소통, 정보 처리, 태도
국어: 비판적·창의적 사고 역량, 자료·정보 활용 역량, 의사소통 역량
사회: 문제 해결력 및 의사 결정력, 의사소통 및 협업 능력, 정보 활용 능
　　　력
음악: 음악적 창의·융합 사고 역량, 음악적 소통 역량
실과: 실천적 문제해결 능력, 생활 자립 능력
미술: 창의·융합 능력, 자기 주도적 미술 학습 능력

자아존중감 프로젝트

　세 번째 프로젝트에서는 아이들이 결정하는 것이 이전의 프로젝트
보다 더 많아졌다. 교사가 안내한 것은 주제뿐이다. 도덕 교과 속 '자아
존중감'과 '긍정적인 생활'을 배우는 단원에서 아이들에게 프로젝트 수
업을 해보는 것이 어떻겠느냐고 제안했다. 아이들은 흔쾌히 수락했고
어떤 활동을 하고 어떤 결과물을 낼 것인지 토의에 돌입했다.

　자기주도성은 자아존중감과 깊은 연관이 있다. 자기주도성이 있는
학생의 궁극적인 모습은 자신의 모습을 사랑하고 자신 있게 자신의 일
을 결정할 수 있는 자아존중감이 높은 학생의 모습이기 때문이다. 따

〈 학생 활동 작품 〉

라서 도덕과 성취기준과도 연관이 있는 자아존중감을 프로젝트 주제로 잠정적으로 결정하게 되었다. 아이들도 이 주제와 관련된 프로젝트를 진행하는 것에 크게 호응했다. 아이들은 주도적인 학급 회의를 통해 자아존중감과 긍정적인 생활을 표현하는 방법으로 춤과 그림 뮤직비디오 제작을 결정하였다.

자아존중감 프로젝트에서 인상 깊었던 점은 '교실에서 찾은 희망' 댄스팀의 결정이었다. '교실에서 찾은 희망'이라는 곡과 춤은 월드비전에서 매년 학교폭력 예방 캠페인으로 만드는 음악이다. 매주 춤 영상을 촬영한 학급 중 우수한 작품을 선정하여 상품을 전달하는 이벤트도한다. 댄스팀 아이들은 월드비전 공모전에는 출품하지 않겠다고 했다. 그 공모는 학급 전체가 참여해야 하는데 우리는 일부만 이 노래로 참여하는 것이고, 공모전을 하지 않더라도 재미있게 춤을 춰보는 것만으로 만족하기 때문이라고 한다. 자신들이 주도적으로 기획하고 이루어 낸 수업은 경쟁적 요소가 없어도 충분한 동기로 작용할 수 있다는 것을 보여주는 장면이다.

차시	교과	교과서 단원	내용
1	도덕	3. 긍정적인 생활	자아존중감의 의미를 알고, 간이 자아존중감 테스트하기
2	도덕	3. 긍정적인 생활	긍정적인 마음을 가져야 하는 이유 알아보기
3~4	도덕	우리가 만드는 도덕 수업 1. 바르고 희망차게 가꾸어 가는 나의 삶	긍정적인 마음을 전하기 위해 어떤 활동을 하면 좋을지 학급 토의하기 (회의 결과, 긍정적인 마음을 담은 노래를 찾아 춤과 그림으로 표현하는 것으로 결정)
5	음악	2. 함께하며 즐거운 마음	긍정적인 마음을 표현한 노래 찾기 (찾은 노래 : 2021 교실에서 찾은 희망 포기하지마 할 수 있어)
6~9	체육 미술	9. 이야기가 숨쉬는 미술 / 4. 표현	댄스팀 : 노래에 맞추어 동작 표현 작품 만들기 미술팀 : 노래에 맞추어 그림 뮤직비디오 만들기
10	체육 미술	9. 이야기가 숨쉬는 미술 / 4. 표현	촬영한 영상을 편집하여 작품 만들기
11	도덕	우리가 만드는 도덕 수업 1. 바르고 희망차게 가꾸어 가는 나의 삶	편집한 영상을 감상하고 느낌 공유하기 긍정적인 생활 실천 다짐하기 자기평가, 동료평가하기

[관련 성취기준]
[6도01-02]자주적인 삶을 위해 자신을 이해하고 존중하며 자주적인 삶의 의미와 중요성을 깨닫고 실천 방법을 익힌다.
[6도04-01]긍정적 태도의 의미와 중요성을 알고, 어려움을 극복하기 위한 긍정적 삶의 태도를 습관화한다.
[6음01-01]악곡의 특징을 이해하며 노래 부르거나 악기로 연주한다.
[6음01-02]악곡에 어울리는 신체표현을 한다.
[6음03-01]음악을 활용하여 가정, 학교, 사회 등의 행사에 참여하고 느낌을 발표한다.
[6미01-04]이미지를 활용하여 자신의 느낌과 생각을 전달할 수 있다.
[6미01-05]미술 활동에 타 교과의 내용, 방법 등을 활용할 수 있다.
[6체04-07]주제 표현 활동을 하는 데 필요한 다양한 표현 방법을 바탕으로 개인 또는 모둠별로 작품을 창의적으로 구성하여 발표하고 이를 감상한다.

[관련 교과역량]
도덕: 자기 존중 및 관리 능력, 도덕적 대인 관계 능력
음악: 음악적 소통 역량, 음악정보처리 역량
미술: 창의·융합 능력, 자기 주도적 미술 학습 능력
체육: 신체 표현 능력

우리의 관심사를 소개해요! 프로젝트

아이들의 주도성이 극대화하여 나타난 프로젝트가 바로 '우리의 관심사를 소개해요! 프로젝트'이다. 이 프로젝트는 학생들의 제안으로 시작되었다. 학급 회의에서 매달 우리 반만의 특색 활동을 정하는데, 운동회나 어린이날 이벤트 같은 행사를 만드는 것이 아니라 새로운 프로젝트를 만들어 보고 싶다고 한 것이다. 주제를 정하는 것부터 과정, 발표 방법, 날짜 등 거의 모든 것을 아이들이 정하기로 하였다. 교사가 안내한 것은 수업으로 사용 가능한 시수와 배워야 할 교과 내용 요소뿐이었다.

그렇게 탄생한 주제가 바로 '우리의 관심사를 소개해요!'다. 아이들은 관심사를 10가지 정도 마인드맵을 통해 추출했고, 각 관심사마다 두 명씩 모둠을 만들어서 발표 자료 만들기를 진행했다. 관심사의 다양성이

〈학생 활동 작품〉

인상 깊었다. 수의사를 꿈꾸는 아이와 반려동물을 사랑하는 아이가 모둠을 만들어서 강아지와 고양이에 대한 프레젠테이션을 기획하기도 했고, 방송인, 연예인이 되고 싶어 하는 아이들끼리는 영화를 주제로 발표하기도 했다. 발표 방법도 다양했다. 다양한 동물의 종류에 대해 발표를 한 아이들은 집에서 키우는 도마뱀을 들고 와서 직접 친구들에게 보여주기도 했다. 크리에이터가 되고 싶은 아이들은 자신의 게임 장면을 멋지게 편집하여 화면으로 보여주며 호응을 이끌어내기도 했다.

눈에 띄었던 점은 수업을 늘 어려워하던 아이도 적극적으로 참여했다는 점이다. 이 아이는 '위험하고 신기한 동물'을 주제로 발표를 하였는데 관련된 PPT와 영상 자료를 활용하여 친구들의 집중도를 이끌었다. 친구와 협력하여 발표를 진행하는 모습도 인상적이었다. 가만히 앉아서 수업 듣는 것을 힘들어하던 아이라도 자신이 주도해서 수업을 이끌어 나갈 때에는 집중력을 보여줄 수 있다는 것을 확인할 수 있었다. 바로 주도성의 힘이다.

차시	교과	교과서 단원	내용
1	창체	자율활동 (학급회의)	학급 회의를 통해 프로젝트 주제 선정하기 (선정된 주제 : 우리의 관심사를 소개해요!)
2	국어	3. 의견을 조정하며 토의해요	관심사 마인드 맵 (11가지의 관심사 추출) 관심사가 비슷한 친구끼리 두 명씩 짝을 지어 모둠 만들기
3	실과	6. 나의 진로	관심사와 관련된 경험을 소재로, 모둠별로 이야기 나누며 모둠별 주제 조정하기
4	국어	5. 여러 가지 매체 자료	모둠별 주제를 학급 친구들에게 효과적으로 전달할 수 있는 방법 논의하기
5~8	창체 국어	진로활동 5. 여러 가지 매체 자료	모둠별로 발표 자료 제작하기
9~11	국어	5. 여러 가지 매체 자료	모둠별로 제작한 자료 발표하기 관심사 관련 체험 부스 만들고 서로 알려주기

[관련 성취기준]
[6국01-02]의견을 제시하고 함께 조정하며 토의한다.
[6국01-04]자료를 정리하여 말할 내용을 체계적으로 구성한다.
[6국01-05]매체 자료를 활용하여 내용을 효과적으로 발표한다.
[6실05-02]나를 이해하고 적성, 흥미, 성격에 맞는 직업을 탐색한다.

[관련 교과역량]
국어: 비판적·창의적 사고 역량, 자료·정보 활용 역량, 의사소통 역량,
　　　자기 성찰·계발 역량
실과: 생활 자립 능력

3. 자기주도성 열매맺기

선생님의 학급에서는 어떤 변화가 일어났나요

아이들의 주도성이 성장했다고 느꼈던 일들이 있었습니다. 어느 날 점심시간에 교실로 가니 아이들이 웅성거리는 소리가 들렸습니다. 혹시나 학교폭력이 일어난 것이 아닌가 하는 걱정으로 급히 교실 문을 열었습니다. 놀랍게도 아이들은 학급 회의를 하고 있었습니다. 회의의 주제는 학급 규칙을 어긴 친구들과 목격자의 이야기를 들어보고 벌점을 줄지 말지 결정하는 것이었습니다. 학급 규칙과 벌점 제도는 아이들이 학기 초에 학급 회의를 하면서 정한 것이었고 아이들은 그 규칙에 따라서 주도적으로 학급 회의를 하고 있었습니다. 그렇기에 그 아이들도 결과에 승복하고 회의를 마무리 지을 수 있었습니다. 아이들에게는 놀이 시간으로 소중했을 점심시간을 활용하여 회의를 열고 열띤 토론을 벌이는 것을 보고 교사의 지시 없이도 의미 있는 활동을 스스로 구성할 수 있는 주도성의 성장을 확인할 수 있었습니다.

프로젝트 수업을 하면서 있었던 일입니다. '미래의 나' 프로젝트 활동 중 '퀴버' 앱으로 3D 컬러링을 하는 미술 수업 후 갑자기 우리 반 아이들이 컬러링한 종이들을 한 곳으로 모으더니 교실 앞 복도에 테이프로 하나둘 붙이는 것이었습니다. 그러더니 몇몇 아이들이 "퀴버를 이용해 친구들의 작품을 확인해 보세요!"라는 안내판을 복도에 붙여놓았습니다. 처음에는 우리 반 환경을 담당하는 아이의 주도로 시작했다가 나

중에는 모든 학생들이 나와서 전시회를 꾸미는 것에 동참했습니다. 이 외에도 학생들은 사회시간에 인권을 배운 뒤 인권 영화를 만들어 보고 싶다고 제안하는 등 교과와 관련된 의미 있는 활동들을 먼저 교사에게 제안하는 모습을 보여주었고, 학생들이 제안하고 주도하여 이끈 활동의 결과물들은 늘 기대 이상이었습니다.

화룡점정은 학기 말에 일어났습니다. 우리 반 아이 한 명이 친구들을 위해 학기말 복습게임을 PPT로 만들어온 것입니다. 그동안 PPT를 활용한 프로젝트를 많이 해서 그런지 아이가 만든 자료는 선생님들이 바로 교실에서 활용해도 될 만큼 질이 높았습니다. 그리고는 스스로 규칙을 정하여 자율활동 시간에 복습게임을 했습니다. 아이들은 이렇게 복습하니까 너무 재미있다면서 다음에는 서로 자신이 게임을 만들어오겠다고 했습니다. 아이들에게 주도적인 역할을 부여한다고 해서 마냥 노는 것만 좋아하는 것이 아닙니다. 아이들은 이렇게 자신들에게 필요한 것을 잘 파악하고 자신들만의 방식으로 즐겁게 해결할 수 있는 잠재력이 있습니다.

"선생님, 팀 바꿔도 돼요?"

물론 자기주도성은 단번에 길러지는 것이 아니었습니다. 아이들이 기획하여 진행한 체육대회를 하기 전에 팀원 구성에 불만이 생겼는지 한 아이가 와서 살짝 이야기했습니다. 자신들이 회의를 통해 정한 팀인데도 여전히 스스로 결정하는 것에 확신이 부족한 모습들이 있었습니다.

"너희들이 정한 팀이니까 팀을 바꾸고 싶으면 친구들과 같이 상의해보렴."

그러자 아이는 친구들에게 자신의 의견을 설명했고 대회 시작 전에 원만하게 잘 해결할 수 있었습니다. 주도성은 이렇게 일관성 있는 믿음을 주는 것이 중요합니다. 이런 방법을 아이들과 함께 찾으며 교사도 같이 발전한다는 점에서 주도성 교육은 교사에게도 긍정적인 변화를 가져오는 것 같습니다. 덧붙여 학생 주도성은 교사 주도성으로도 이어집니다. 학생들의 주도성을 인정해주기 위해서는 학급 교육과정 운영이 조금 더 유연해질 수밖에 없습니다. 주도성을 길러주는 학급을 만들기 위해 여느 때보다 교육과정 공부를 많이 하고 학생들의 말에 귀 기울이게 되는 저의 모습을 발견할 수 있어서 뿌듯했습니다.

주도성 학급을 운영할 때 필요한 것은 무엇이라고 생각하나요

학생들과 교사의 라포 형성은 주도성 학급에서 교육의 성패를 결정하는 중요한 요소입니다. 학생·교사 간 라포의 핵심은 신뢰 관계입니다. 아이들에게 스스로의 결정을 믿고 따르라고 가르치면서 교사 스스로가 학생들을 믿지 못한다면 아이들은 자신을 믿고 주도적으로 행동하는 것을 주저하게 됩니다. 아이들이 스스로 문제를 해결하는 힘을 얻기 위해서는 학급을 운영하는 교사가 자신을 신뢰하고 있다는 안정감이 필요합니다. 주도성이 자란 아이들은 교사에게 수업과 관련된 의미 있는 제안을 합니다. 교사에게 그런 것을 제안할 수 있다는 것은 교사가 신뢰할 만한 존재이며 주도적인 자신의 의견이 존중받고 있다는 것을 느끼기 때문입니다.

같은 맥락에서 아이들의 말을 경청하는 것도 중요합니다. 교사가 자신들의 말을 경청하고 있다는 그 자체만으로도 주도적인 성장을 촉진하는 지도에 큰 도움이 됩니다. 또 아이들은 수업의 주제가 자신들의 삶과 관련이 있을 때 학습 동기를 자연스럽게 느끼게 됩니다. 그러기 위해서는 교사가 아이들의 삶에 다가가 경청하고 아이들에게는 어떤 것이 중요하며 어떤 것이 관심사이고 트렌드인지 파악하는 것이 필요합니다. 아이들은 그러한 교사의 노력을 모두 알고 있습니다. 그리고 학생들은 피그말리온 효과처럼 교사의 그 노력에 부응하듯 기대 이상의 과정과 결과를 보여줍니다.

또한 학생들의 주도성은 아이들이 수업 활동을 즐겁게 할 때 발현됩니다. 저는 이를 위해 프로젝트 수업에서 경쟁을 배제합니다. 경쟁적인 요소가 없으면서도 아이들이 수업에 열심히 참여하는 원동력이 무엇일까요? 그것은 아이들이 원하는 주제로 프로젝트 수업을 진행했기 때문입니다. 그 주제는 어떻게 알 수 있을까요? 바로 그들의 말을 잘 듣는 귀에 해답이 있습니다.

주도성이 지속적으로 생기게 하려면 어떻게 해야 할까요

주도적인 행동에 대한 평가는 주도성이 지속되게 합니다. 저는 특히 학기 말에 가정에 통지표로 보내는 교과 발달 사항이나 행동 발달 사항에 신경을 씁니다. 많은 경우 형식적인 말과 긍정적인 말만이 가득한 생활기록부에 학생과 학부모들이 크게 의미를 두지 않는다고 합니다. 그러나 교과마다 학생이 주도적으로 달성한 것을 기록하고 구체적인 과정과 결과를 기록한다면 반응은 달라집니다. 학생들은 자신의 통지표를 몇 번이고 읽어봅니다. 친구들 사이에는 그것이 이야깃거리가 되기도 합니다. 곧 자신의 학습에 대한 반성적 성찰로 이어집니다. 아이들의 활동이 일회성으로 끝나는 것이 아니라 자신의 기록으로 의미 있게 남는다는 것을 학생들은 특별하게 여깁니다. 이는 주도성이 지속되는 데에 큰 힘이 될 것입니다.

생활 통지표 발송 때뿐만 아니라 학부모 상담 등을 활용하여 학부모와 학생의 주도성 정도와 주도적인 행동 등 관찰 결과를 공유하는 것도 큰 도움이 될 것입니다. 주도성은 한 사람의 생활 양식(life style)과도 밀접한 관련이 있기 때문에 학교에서뿐만 아니라 가정에서도 함께 노력해야 올바르고 일관적인 주도성 교육이 이루어질 것입니다. 학생 주도성의 필요성에 대해 대부분의 학부모님은 공감합니다. 교사, 학생, 학부모 간 이러한 공감대를 가지고 신뢰를 쌓아간다면 아이의 주도성이 지속적으로 성장할 것입니다.

4장

협력
교실로
초대하다

김라영 선생님의
One Thing,
협력

《AI 최강의 수업》의 저자 김진형 명예교수는 미래사회에 필요한 4C 능력으로 협업 능력(Collaboration)을 언급했다. 미래의 역량을 고민하는 전문가들은 함께 고민하여 문제를 해결하고, 팀워크를 발휘해 창의적인 결과를 함께 도출하는 등 함께 잘하는 방법을 아는 인재 양성에 관심을 보이고 있다.

협업은 일반적으로는 협력, 협동, 팀워크 등을 같은 의미로 쓰기도 한다. 국어사전에서는 '힘을 합하여 서로 도움'으로 정의하고 있다. 그러면 단순히 누구를 도우라는 의미인가? 협력과 협동의 의미는 차이가 없을까? 교육계에서는 엄밀하게 협력학습과 협동학습을 다음과 같이 구분하고 있다. 협력이 협동보다 구성원 간의 활발한 의사소통을 요구하고 있고, 공동의 목표 달성을 위한 상호작용에 초점을 두고 있다.

사실 인간은 사회적인 존재이기 때문에 협력은 인간의 본성이라고 할 수 있다. 사람들은 이미 오래전부터 협력의 중요성을 깨달아 공동의 일 해결에 활용해 왔다. 학교라는 공간에 한정 지어보면 우리는 아이들이 사회적 기능을 배워 공동의 활동에 참여하고, 다른 사람들과 함께 배우고 같이 살아가며 성장하길 기대한다. 왜냐하면 세상은 혼자 살아갈 수 없고 다변화하는 시대에 적응하려면 누군가를 통해 배우고 서로 협력해야 하기 때문이다. 학교 밖에서도 협력은 다른 사람들과 지역 공동체를 강화시키고 집단적 도전에 맞서는 데 중요한 요소였다. 농경시대에 집단을 이루어 살아온 시절부터 온라인으로 토론을 하는 시대까지 협력하는 방법은 달라졌지만 혼자 일할 때보다 더 나은 결과를 도출했고, 함께 일할 때 사회적 가치가 더 증진되었음을 알 수 있다.

✳ 협력학습과 협동학습

- 협력학습과 협동학습은 여러 명의 학습자가 모여 상호작용을 하고 공동의 학습목표 달성을 위한 학습을 한다는 점은 같음.

- 협력(Collaboration)은 작업과정을 강조하고, 역할분담보다는 집단의 책무 속에서 구성원의 참여와 합의를 통해 공동의 학습목표를 추구한다. 학생의 자율성을 강조하고 학생중심학습을 지향함 = 탈구조화된 또래 가르치기

- 협동(Cooperation)은 작업결과인 산출을 강조하고, 소집단에서 학습자 개인별로 역할분담을 통해 개인의 책무를 가진다. 개인 과제 달성으로 공동의 목표를 달성하기 때문에 협력이 꼭 필수적이지는 않음 = 구조화된 또래 가르치기

※ 《수업을 바꾸다》의 저자 김현섭은 원칙적으로 조별 학습에서 협동학습으로, 협동학습에서 협력 학습 단계로 발전해 나가는 것이 바람직하다고 하였다. 학습할 의지가 적은 학생들이 많은 경우에는 협동학습, 학습 의지가 높은 학생들이 많은 경우에는 협력학습이 좋다고 할 수 있다.

1. 협력 씨앗 틔우기

협력 교실 철학 세우기

현시대가 필요로 하는 교육의 목적은 과거와는 분명히 다르다. 단순한 기억력, 암기력을 통해 점수를 받고 혼자서 어떤 일이든 유능하게 해결하는 인재 양성보다는 핵심 역량을 강화시키고 자신의 능력을 자유롭게 발휘하여 더 나은 세상을 만들 수 있는 교육을 강조하고 있다.

디지털 기기와 정보 통신 기술의 발달이 급속도로 진전되고 있음에도 인간적인 능력으로 그 가치를 평가받는 시대이므로 다양한 역량을 갖춘 아이들이 성장하도록 교육하고 있다. 디지털 세계의 발달과 인간적인 관계를 중시하는 요즘 아이들은 과거와 달리 1인 미디어를 통해서 자신을 적극적으로 표현한다. 이런 흐름에 맞추어 교육의 방향도 아이들이 어떤 것에 관심을 두고 자신의 꿈을 찾아가는지를 지켜보고 지원하는 과정에서 자연스럽게 놀이하듯 실제적인 학습 경험을 축적하여 다른 이와 소통할 수 있도록 변화되고 있다.

19세기 후반 교육자 존 듀이는 교육은 교사가 학생에게 지식을 전수하는 것이 아니라 교사와 학생 간 대화와 토론을 통해 새로운 지식을 창출하는 것이라고 했다. 경험을 강조하면서 체험을 통한 학습의 중요성을 이야기하고자 한 것이다. 어린이는 오로지 경험을 통해서만 배울 수 있도록 해야 한다는 루소의 사상도 체험을 통한 학습이라는 듀이의 사상과 일맥상통한다. 이런 주장들은 학생들에게 활동 중심의 흥미진진한 실생활 문제를 제시하면서 도전의식과 동기를 유발하고 자기

주도적으로 학습하고자 했던 우리 교육에서 강조한 사항이기도 하다.

저자는 존 듀이의 사상을 통해 그간 '자책을 해왔던 수업'에서 '성찰하는 수업'으로 수업의 방향을 바꾸었다. 성찰은 건강한 자아를 바탕으로 자기의 모습을 있는 그대로 알아차리는 것이다. 더 이상 문제에 집착하거나 열등감에 빠져 있지 않기 위해 노력을 했고 수업 성장에 도움이 되지 않은 것들은 과감하게 비우기 위해 노력했다. 과거에 나에게 주어졌던 수업 코칭, 수업 멘토링, 수업 공개 등의 과정에서 자기만족, 자기계발에 목표를 두고 노력하면서도 내적으로는 채워지지 않는 무언가로 고민을 했었다. 그나마 게슈탈트 심리학을 가슴으로 이해한 후 익숙한 내 수업을 낯설게 바라보는 알아차림을 통해 수업에 대한 성찰의 목적을 바꾸기 시작했다. 알아차림을 통해 문제나 과거에 집중하던 습관을 버리고 문제 상황을 현명하게 직면하는 방법을 준비하며 이해되지 않은 행동은 그 순간 모두 이해하려 하지 않고 꾸준하게 이해해 가고자 노력했다.

수업을 성장시키는 과정에 많은 도움이 되었던 것은 나의 스타일에 맞는 방법을 선택하고 나의 수업의 장단점을 이해하는 것이었다. 나의 교수 유형을 이해하고 수업에 대한 변인變因을 통제하자 아이들도 배움의 과정에 온전히 집중할 수 있었다. 나는 과연 어떤 선생님인가를 알아차리고 교육철학을 단단하게 세운 후 무엇을 어떻게 가르칠 것인지 마음을 열어 수업에 다가간다는 것은 힘들었지만 의미 있는 과정이기에 꼭 다른 선생님들도 실천해 보셨으면 하는 바람이 있다. 아이들을 존중하며 학습활동을 흥미 중심으로 유도하고자 했던 듀이의 교육 기본 원리를 제대로 실천하고자 노력하고 있으며, 교육적 경험이 내적 변화로 그리고 다른 이와 상호작용을 통해 진정한 배움을 가질 수 있는 교육 활동을 전개하고 있다.

21세기를 살아갈 아이들은 우리와 다른 사고방식을 가지고 다른 생활을 할 것이다. 아이들은 매일매일 변화하고 있지만 교육현장의 변화는 더디게 일어나고 있다. 다가올 시대를 살아갈 아이들을 위해 아이들 본인만 알고 있는 지식이나 교사로부터 배운 지식들이 온전한 역량으로 거듭나야 한다. 이제는 여러 사람들이 지식과 역량을 공유하여 실시간으로 평가받고 검증된 것들만이 인정받게 될 것이다. 그렇기 때문에 나는 교육 현장에서 일어나고 있는 변화의 궤도를 철학적으로 조망하면서 협력 역량을 통한 성찰의 길로 나아가길 희망하고 있다.

현재 교육은 평가와 학생들의 교육적 경험에 관한 한 학습 성과를 점점 중시하는 과도기에 있다. 이런 시기를 교육의 미래에 대해 더 깊이 있게 생각해 볼 중요한 계기로 삼고자 한다. 우리는 교육공동체로 서로의 욕구와 꿈을 지지하며 성장해 가야 한다고 배우며 살아왔다. 개개인이 존중받고 있다는 느낌을 누리며 각자의 꿈이 실현되도록 다각도의 경로를 마련하는 데 협력관계를 유지해야 한다는 것을 잘 알고 있다. 그런 뜻을 품은 생성적 관점의 철학을 바탕으로 One Thing 협력교실을 운영하고자 한다.

교사의 강점

알아차리는 능력

교사로서 지금까지 가르치는 기술, 가르치는 방법에 대해 꾸준히 연구해 왔다. 수업기술에만 치우쳐있었던 부분에서 한 단계 오를 수 있는 변환점은 사람에 대한 이해가 부족하다는 것을 깨닫고 난 후부터였다. ADHD 성향의 아동, 가정환경으로 인해 마음이 무너진 아동, 우울하고 자기중심적인 사고가 강한 아이들을 만났을 때 나는 더 모질고

강하게 대했다. 고백하기 부끄럽지만 그런 행동을 멈추기 시작한 것은 나의 그런 행동이 어리석었다는 것을 깨달아서 멈추어 선 게 아니라 내 삶이 자꾸 힘들어지고 나의 내면이 초라해진다는 것을 알아차리기 시작하면서부터였다. 그 후 나는 교직 생활을 반성하기 시작하였고 무엇이 잘못되었는지를 되돌아보게 되었다.

통찰력, 핵심을 짚는 능력

그 시점에서 나 자신에 대한 성찰이 없었던 것과 아이에 대한 탐구를 철학적, 심리학적으로 분석하는 노력을 하지 않았다는 것을 알게 된 것은 다행스러운 일이었다. 곧바로는 현명하게 대처하지 못했다. 나의 부족한 부분을 빽빽한 연수 시간으로 채워도 보고 이해가 어려운 교육 서적을 뒤적거리며 교과연구회에 꾸준히 참여하는 방식으로 탈출구를 찾기 시작했다. 이렇게 보면 나의 강점은 강한 인내심과 꾸준한 노력이라고 볼 수도 있겠다. 무엇보다도 끈기를 갖고 내가 변화되기를 원했고 변화되어야만 하는 방향을 찾아 그 길로 가고자 했다.

다행히 그 시기에 나를 특별한 선생님으로 느끼게 해준 조력자를 만나게 되었다. 고맙다는 인사를 아직도 드리지 못했으니 그분은 내가 자기를 인생의 깨우침을 주셨던 스승으로 생각하는 줄도 모르고 계실 것이다. 수업의 실패 앞에서 나를 일으켜 세울 수 있었던 '경험적 지식'이라는 단어와 "선생님에게는 특별한 능력이 있습니다."라는 그 조언들이 나를 변화시키는 힘이 되어 돌아왔다. 흘러가듯 말씀해 주셨지만 진심이 느껴졌던 그 눈빛과 조언을 간직하고서부터 나는 달라지기 시작했다. 나라는 사람을 특별하게 바라봐주는 누군가가 있다는 것과 우리가 함께, 그리고 함께 교육과 아이들에 대해 고민을 해보는 안정감 있는 교육 공동체의 울타리에 속해 있다는 소속감은 좀 더 좋은 교사로 변화해 가는 시작이었다.

자발적 태도와 함께 성장하는 학급운영

그 뒤 실제 교실에서 학생들에게 질책보다는 칭찬을 많이 해주었고 교실에 있는 모니터보다는 아이들의 눈을 더 바라보고자 노력했다. 이러한 작은 행동은 아이들의 변화로 나타났다. 아이들이 나에게 "선생님은 친절하다." "수업이 즐겁다." "수업 시간이 행복하다."라고 이야기하기 시작한 것이다. 이제는 이런 상황이 다시 예전처럼 변화되지 않기를 바라며 노력하고 있다.

현재 나는 자신 있게 강의식 학습이 적절한 단원에서는 강의식 수업을, 개별 학습이 필요한 부분에는 개별 학습을, 협력학습이 필요한 단원에서는 협력학습을 능숙하고 자유롭게 적용하고 있다. 지식과 개념을 전달하는 것에서 끝나는 것이 아니라 아이들의 흥미 중심 수업을 위해 배움을 설계하며, 이는 철학이라는 토대 위에서 굳건하게 유지되고 있다. 이제는 어떤 한 방법이 좋아서 한 부분만을 파고들지 않고 시대의 흐름, 교육의 흐름에 맞추어 스스로 답을 찾아갈 수 있게 되었다. 그 과정에서 꾸준히 아이들의 마음과 상황을 헤아려주고 있다.

나의 교육적 파트너는 이제 나의 주변 교사들과 우리 반 학생들이다. 세련된 교수 기술을 찾아서 외롭게 고민하는 것은 멈추었다. 우리 반 아이들에게 필요한 지식이나 개념, 문제를 가장 효과적으로 가르칠 수 있는 교수학습 방법을 찾아 주변 동료들과 함께 적용하거나 마땅한 방법이 없다면 새롭게 개발하여 가르칠 수 있도록 하는 성장의 과정을 게을리하지 않고 있다. 나의 이런 자발적인 태도와 변화에 유연한 실천력을 강점으로 꼽는다.

실태분석

  단순히 암기하는 식의 공부에 익숙해져 매일, 매주, 매월 학원의 진도표대로 문제집을 풀고 채점을 하고 피드백을 받는 상황에 길들여진 아이들이 생각보다 많았다. 정형화된 교과서는 매우 싫어하지만, 우물 안 개구리 신세를 벗어나지 못하며 더 좋은 점수를 받고 경쟁에서 이기기 위해 노력하고 있었다. 사실 지금도 숱한 사례들을 통해서 알 수 있듯이 더 이상 학교에서의 1등이 사회에서도 1등인 시대는 오지 않을 것이다. 학교 성적이 우수하다는 것은 다양한 장점 중 하나에 불과하게 될 것이고 학교에서 배우는 것 이외의 지식, 학교 성적 이외에 실제 상황에서 무엇을 할 수 있는 역량들이 더 중요해질 것이다. 그럼에도 불구하고 절반가량의 학생들은 아직 부모님이 시키는 교육에 순응하며 생활하고 있다. 또 절반의 학생들은 혼자서 책 읽기를 즐겨하며 배우는 것에 흥미를 보인다.

  나머지 아이들의 경우는 원격수업 이후 학교에 오면 아이들과 놀 수 있다는 생각에 가득 차 있거나, 친구 관계가 서툴러 고민거리가 많거나, 개인주의적 성향이 강하고 아무것도 하기 싫은 무기력증을 갖고 있었다. 이런 아이들에게는 수업을 '받는' 것이 아니라 수업을 '하는' 적극적인 참여자로 만들어주는 과정이 필요해 보였다. 그리고 더 나아가 큰 그림을 그려 학습 그 자체가 목적이 아닌 사회의 구성원으로서 사회참여를 실현 가능하게 만드는 것이 무엇일까에 집중하였다. 최근 떠오르고 있는 새로운 교육 모델에 집중하여 그곳으로 아이들과 함께 가기로 마음먹었다. 앞으로 교사들에게 가장 중요한 역량은 사람에 대한 이해라 생각한다. 우리 반의 아이들을 위한 큰 그림 유형의 One Thing 교실 세우기를 어떻게 실현해 볼까?

One Thing 교실 세우기

　성공적인 협력자들은 그들 자신에 대해 잘 안다. 자신이 누구인지, 무엇을 중요하게 생각하는지, 무엇을 알고 무엇을 모르는지 너무나도 잘 알고 있다. 즉 성공적인 협력자들은 자신의 강점을 알고, 개선해야 할 점을 알며, 자신이 다른 이를 위해 어떻게 기여해야 하는지를 아는 것이다. 나는 교사로서 아이들이 좋은 삶의 주인이 되기를 바란다.

　이를 위해서는 아이들에게 나 자신을 알고 성취하기 원하는 목표를 정해 자신의 강점을 활용하여 어떤 방식으로 돕고 배워야 하는지를 깨닫게 해주려 한다. 협력을 기르는 과정이 체계적으로 제시되어 있을까, 협력을 배우기 위한 단계가 있을까에 대해 많은 고민을 해왔다. 협력과 비슷한 의사소통 능력, 공동체 능력 등의 유사한 역량은 결국 협력으로 연결된다. 교실 속에 존재하는 갈등과 경쟁을 해결하기 위해서는 아이들이 서로 돕고 성장해 갈 수 있는 협력의 기술에 대한 연구가 필요했다.

　경험해 보고도 실수를 반복하는 아이들, 친구들에게 자신의 주장을 고집하는 아이들, 시행착오에도 변화가 없는 아이들에게 그 지점에 협력이 필요함을 알고 깨닫게 해주는 것이 인생에 있어서 중요한 부분이라고 생각한다. 그래서 더 나은 소통의 방법으로 협력 역량을 강조한 교실을 운영하고자 한다. 어린 시기에 사회적 기능과 사회적 관계를 유연하게 터득하고 있는 학생들도 있지만 아직은 미성숙한 아이들에게 성숙해질 기회와 경험을 제공해야 다 같이 함께 성장할 수 있다.

큰 그림형 학급살이 계획

　큰 그림형 교육과정은 지역 교육과정의 철학을 바탕으로 한 교사교육과정을 세우는 유형이다. 아이들에게 살게 해주고 싶은 세상, 그 세상 속에서 중요하게 생각하는 것을 기준점으로 삼아 학생들에게 지역에 대한 유대감을 갖게 하고, 학생들과 지역 공동체가 함께 성장할 만한 환경을 만들어 세부 활동을 전략적으로 실천할 수 있도록 돕는 설계 방법이다.

미래교육과정에서는 지역교육과정의 역할이 더더욱 재정립될 것이다. 기존에는 국가교육과정과 학교교육과정을 잇는 가교의 역할만 주로 했지만 앞으로는 구체적으로 학교의 실태와 지역사회의 색깔이 더 담길 것이기 때문이다. 이러한 변화 속에 아이들의 삶에 분리된 교육을 하지 않기 위해 지역교육과정을 분석하여 교사교육과정 속에 녹아들 수 있도록 설계하는 것이다.

〈 교과를 통한 육첩반상 커리큘럼 다지기 〉

예술 (음악,미술)	과학 (sw)	수학 (놀이)	언어 (유창성읽기)	인문과학 (철학,토의)	체육 (건강)

One Thing 협력 교실의 큰 그림형 주제: 3D프린터, 읽기 유창성
협력 교실의 문제해결 절차: 준비단계→문제해결 단계→평가 단계
협력 교실의 3요소
- 중요하게 생각하는 것 알아가기
- 소중하게 여기는 가치와 충실할 수 있는 방법 알아가기
- 감정의 역할과 감정을 다스리는 방법 알아가기

One Thing 협력 교실의 수업 절차

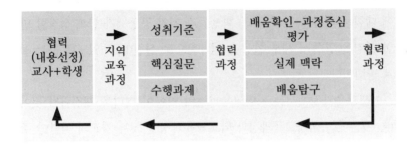

지역 교육과정의 생각 자람 교육 방향과 교사의 철학을 바탕으로 한 One Thing 협력 교실을 위해 자연, 인문을 연결시키는 지성, 공동체를 가꾸는 의사소통능력, 자신의 생각과 느낌을 표현하며 타인과 타협하는 도덕 능력을 길러 새롭게 완성될 수 있도록 하였다. 지역교육과정을 개인 인생행로에 대한 해석으로 보는 관점을 선택하여 한 개인이 상호간의 재개념화를 통해 자신, 타인, 세계에 대한 이해를 넓혀가는 사회적 과정으로 교육과정을 구성하였다. 학습자의 특성, 경험, 흥미, 적성, 관심, 성취 수준을 반영하는 학습자 중심의 지역 교육과정을 운영하기 위해서는 지역 사회의 독자적인 환경, 습관, 특성, 요구를 파악하여 교육활동에 적용하는 과정이 필요하다.

한해살이를 하기 위해서 학급 내용체계표를 개발해서 적용하는 과정은 분명 필요한 과정이다. 하지만 아이디어를 어떻게 내고 어디에서 무엇을 도움받아야 할지는 막막하다. 막막하기에 교사들 대부분이 주어진 형식이나 과거의 형식을 사용하고 새로운 것을 생성하는 과정을 꺼린다. 큰 그림형은 아주 간단하게 큰 항목을 골라 지역 교육과정의 흐름과 함께하는 교사의 교육과정을 계획하여 실천해보는 데 가장 쉽게 다가갈 수 있는 방법이기도 하다.

2. 협력으로 성장하기

– 협력 One Thing을 키우기 위한 교육활동

One Thing 협력 교실의 문을 열기 전에

협력 교실을 만들기 위해서는 먼저 선행되어야 하는 것들이 있다. 교실의 분위기, 교사와 학생 간의 관계, 수업의 방향 및 설계 방법 등에 대해 이야기한 후 협력으로 성장하는 교실을 안내하고자 한다.

첫째	둘째	셋째	넷째
교사의 언어 점검하기	무엇이든 먼저 질문 만들기로 소크라테스 그림자 밟기	테크놀로지와 함께 가기	배우는 방법을 같이 협력하여 배우기

첫째, 교사의 언어 점검하기

- 의미전달을 위해 사용하는 명령하기, 경고하기 어투에서 죄책감이나 적대감을 불러일으키지 않게 하기
- 가르치기, 훈계하기를 부드럽게 하여 열등감, 굴욕감을 불러일으키지 않게 하기
- 평가와 판단하기를 천천히 하여 방어와 분노를 불러일으키지 않게 하기

- 수긍이 안가는 질문 캐묻기, 심문하기로 위협을 느끼지 않게 하기
- 비난하기와 꼬리표 붙이기로 부정적인 생각 품지 않게 하기

위의 다섯 가지 교사의 언어 점검하기는 협력 교실을 만들기 위해 꼭 점검해야 하는 사항의 첫 단계로, 허심탄회하고 건설적인 의사소통이 가능하게 한다. 자신의 어투와 발문 습관을 고치는 것은 어려운 일이다. 하지만 진정으로 아이들과 교사가 협력하여 노력한다면 이 글을 읽고 있는 지금부터 오늘 일어났던 교실의 문제도 쉬운 방향으로 해결이 가능할 것이다. 하루하루 학생의 비위 맞추기는 완전히 해소하지 못하는 문제가 또 끊이지 않고 다시 불거지게 된다. 이러한 문제의 근본적 해결은 교사가 하지 말아야 하는 언어 습관을 점검한 후 한해살이를 시작하는 것이다.

둘째, 무엇이든 먼저 질문 만들기로 소크라테스 그림자 밟기

교사가 가장 먼저 준비해야 하는 과정은 학습 주제와 관련된 다양한 질문을 만들어 보고, 그중에서 핵심적인 질문을 찾아서 정리하는 것이다. 나름대로 핵심적인 질문을 먼저 정리하는 과정을 거치는 것은 수업을 향한 교사와 학생 사이의 사회적 상호작용이라 할 수 있다. 그렇기 때문에 교사의 준비된 질문으로 이야기하는 수업 방식을 다양하게 활용하여 진행하였다. 전체에게 하는 이야기, 지명한 아이에게 하는 이야기, 모둠별로 하는 이야기가 다 포함될 수 있도록 하면 수업 중간에 한 명 한 명을 놓치지 않게 되고 '듣는 수업'에서 '참여가 가능한 수업'으로 바뀔 수 있게 된다.

또한 학생의 출발 과정에서 흥미를 갖고 배움에 동참할 수 있도록 자신의 현재 상황과 앞으로 도달해야 할 내용을 관련지어 "왜 배워야 하

는가?" "어떻게 참여할 것인가?"에 대해서 적극적으로 이야기하는 시간을 단원 도입과 함께 재구성하였다. 그 과정에서 혼자 가는 배움의 과정이 아닌 함께 가는 배움 과정의 중요성을 깨닫게 된다.

One Thing 교실에서 성장하기는 학생뿐만 아니라 교사의 One Thing 협력 교실 성장이기도 하다. 이런 실천을 이끄는 수업으로 가기 위해서는 교사가 한 방법만 알고 하나를 가르치는 것이 아니라, 열 가지 방법을 알지만 그중에서 고민하여 가장 적절한 하나를 선택하여 가르치는 방식으로 나아가야 한다. 핵심 질문에 대해 학생들이 문제의식을 가지고 해결해 나가는 수업이 더 의미 있는 배움을 만든다. 교사가 끊임없이 배우고 실천하면서 수업의 지평을 넓혀 가고자 하는 실천이 뒤따라야 한다.

셋째, 테크놀로지와 함께 가기

매일매일 아이들은 감정도 다르고 배우고자 하는 열정의 수준과 특징도 다르기 때문에 다양한 요소를 고려하여 교실 활동을 이끌어 가야 한다. 아이들이 공통적으로 거부하지 않는 단 하나의 자료는 미디어 영상이다. 패드와 휴대폰을 허용적으로 다룰 수 있게 하기 위해서 지켜야 할 규칙을 정하는 것부터 시작하여 사용이 서툰 친구들을 도와주는 과정까지 이 모든 것이 협력의 시작이다. 호기심은 수업의 몰입으로 이어졌고 교사의 실재감을 느끼게 해주었다. 문제를 재미있게 만들고 풀고 싶은 아이들의 욕구를 카훗 프로그램과 구글 설문지를 활용하여 제시하였을 때 국어 교과서에 나와 있는 질문 만들기, 수학 교과서의 "왜 그렇게 생각하는지", 이야기해 보기가 더욱더 의미 있는 과정으로 남을 수 있었다.

물론 테크놀로지만을 강조하다 보면 생기는 문제도 많다. 아이들에게 별자리와 관련된 내용을 인터넷 조사활동으로 제시하였지만 인터넷 검색만으로는 한계가 있다. 유튜브 영상을 보다가 조사활동으로 정해놓은 시간을 훌쩍 넘기기도 하고 별자리 운세에 빠져 수업 분위기를 다른 방향으로 이끌어 가기도 한다. 다양한 방법으로 도서관에 가서 책을 찾는다든지, 선생님께 여쭤보거나 태어난 월이 같은 친구에게 물어보는 등 검색 외의 여러 가지 방법을 사용했을 때 조사 발표 자료는 훨씬 더 풍부해질 수 있다. 그래서 테크놀로지와 함께 갈 수 있는 다양한 교수학습 자료를 제공하는 방법을 사용하여 단점을 보완하는 과정이 뒤따라야 한다. 말 그대로 다양한 방법과 테크놀로지가 함께 가는 One Thing 협력 교실이다.

넷째, 배우는 방법을 같이 협력하여 배우기

아이들은 말하는 과정에서, 놀이하는 과정에서 자연스럽게 배워야 하는 것을 터득한다. 자신의 경험뿐만 아니라 서로의 경험을 통해 배우고 서로 협력적으로 그들의 지식을 형성해 가고 실천력을 향상해 나아간다. 사실 그래야 자기주도 학습 능력뿐 아니라 자신의 목적이 무엇인지에 대한 감각도 발전된다.

아래 제시된 표는 협력을 단계별로 어떻게 배워가는지를 제시한 것이다. 제시된 단계는 수업의 차시로도 가능한 단계임과 동시에 학급의 문제 해결 상황에서 교사가 지도할 수 있는 과정이다.

준비단계	문제 해결 단계	평가단계
문제 진단 공동 계획	협력적 개선 (교육실천)	비판적 성찰

〈협력의 문제해결 절차〉

협력하여 배우기의 **준비단계**에서는 학급의 규칙이나 주제의 문제 해결을 위해 협력할 구성원을 아이들이 원하는 방법으로 선정하여 문제 해결을 위해 활동 중 지켜야 할 규칙을 정하고 적절한 역할을 배정한다.

문제 해결 단계에서는 주어진 상황과 문제를 어떻게 탐구하고 해결할 수 있는지 그 과정을 구성원 간 논의를 통해 해결 방법을 결정한 뒤 공유한다. 그리고 문제를 해결하기 위한 과정을 설계하고 수행한다. 탐구 활동으로 얻어진 결과를 바탕으로 결론을 도출하는 의사결정을 거친 뒤 최종적으로 결정된 해결책을 제시한다. 이 과정에서 자연스럽게 협력과 더불어 배려, 책임과 관련된 인성 요소들도 함양될 수 있으므로 교사의 적절한 안내가 필요하다.

마지막으로 **평가단계**에서는 자신들이 수행한 문제 해결 과정을 평가한다. 이 단계는 해결안에 대한 내용을 보충하는 관련 자료를 찾아보고 스스로를 평가하면서 반성적 사고로 자신의 활동을 되돌아보게 된다. 이 과정을 상황에 따라 축소할 수 있지만, 자신의 역할과 협력의 가치를 깨닫게 하기 위해서는 반드시 거쳐야 하는 과정이며 때로는 교사의 피드백과 방향 제시로 마무리될 수 있다.

One Thing 협력 교실의 문 열기

큰 그림형 교사교육과정 설계에 의해 협력 교실에는 3개의 요소가 세워졌다. 그리고 이 요소는 수업에도 적용된다. 그리고 협력 교실은 형성기-격렬한 갈등기-준비된 규범기-진정한 성장기라는 4단계의 성장통을 겪는데, 단계별로 교실 사례를 풀어보고자 한다.

'나(I)'와 '너(You)'의 학습 도착점은 서로 다르지만 '목표와 우리(We)'

로 다시 연결되는 협력의 개선 순환 과정 안에는 One Thing 협력 교실의 3요소가 있다. 단계별로 3가지의 요소를 알아차리고 열린 마음으로 대화하면서 서로 존중하는 과정을 통해 협력을 배워갈 수 있도록 구성하였다.

교사의 시선

- 내(네, 목표와 우리)가 중요하게 생각하는 것 알아가기
- 내(네, 목표와 우리)가 소중하게 여기는 가치와 나(너, 목표와 우리)에게 충실할 수 있는 방법 알아가기
- 내(네, 목표와 우리) 감정의 역할과 감정을 다스리는 방법 알아가기

교사의 시선

위의 3요소에 교사는 알아차림의 시선으로 아이들을 감싸며 우리의 연결 관계를 더욱 긴밀하게 만들어가야 한다. 교사가 먼저 학생들에게 시선을 집중해서 상황에 귀 기울이고, 적극적인 피드백과 상호 작용으로 학생들에게 다가가야 한다. 아이들이 생각하는 가장 선생님다운 모습으로 다가가서 아이들에게 가장 너희다운 모습을 기대할 때, 아이들은 협력을 통해 자신의 발달 상황을 뛰어넘어 의미 있는 배움에 도전할 것이다.

형성기	격렬한 갈등기	준비된 규범기	진정한 성장기
서로에 대한 믿음, 애정 존재/낙관주의적이고 허용적인 분위기 조성	경쟁 문화 시작/서로 다른 욕구와 목표로 불편함과 갈등 시작	서로가 기대하는 것 공유/투명하고 공정하게 설득하며 의사결정	서로가 배우고 경험한 것을 제안하며 전해주기/최종 목표로 소속감 갖기

〈협력 교실의 4단계 경험기〉

앞 장에서 제시된 협력의 문제 해결 단계는 각자 역할을 맡아 수업의 각 단계마다 논의를 거쳐 합의를 이끌어내는 활동과 문제 해결을 반복하도록 설정되어 있다. 이러한 과정에서 아이들은 서로에게 허용적으로 다가가기를 시작으로 이유 모를 불편함과 갈등하기를 반복하며 공정하게 설득하기가 필요하다는 것을 깨닫고 서로 협력하는 진정한 성장기로 나아간다. 이런 협력의 경험기는 공동의 문제를 해결하기 위해 다른 사람과의 의사소통, 아이디어의 교환 등의 과정을 필요로 한다. 이러한 것을 알아가고 시도하는 것은 사회적 기능과도 연결 지을 수 있다.

One Thing 협력 교실의 교육과정 재구성으로 들어가기

우리 아이들의 협력 역량 함양을 위해 교육과정을 재구성했다. 보통의 프로젝트학습은 문제해결 중심으로 학습의 흐름을 잡아가는데, 저자는 활동에 초점을 맞춘 주제로 재구성했고 그 활동 속에서 협력이 이루어질 수 있도록 수업을 구성했다. 구체적인 주제로 1년간의 활동을 만들고 이끌어내는 과정은 순탄치 않았지만 흥미가 유지되며 의미 있는 배움이 일어나고 있다는 것은 아이들의 반응을 보고 단번에 알아차릴 수 있었다.

학교의 역할이 변하고 있다. 학교는 가르침과 배움이 일어나는 공간적 의미를 가져왔던 차원에서 평생의 진로를 전제로 하는 배움이 강조되고 있다. 또한 학교는 기존 교육의 편협한 사고를 넘어서서 자유로운 상상을 가능하게 하는 곳이어야 한다. 이 모든 게 가능한 3D프린터를 주제로 교육과정 문해력을 바탕으로 수업에 반영해야 할 교육과정의 여러 요소를 고려했다. 덧붙여 교육과정 안에서 수업과 평가가 연계되어 실행할 수 있도록 디자인해 보았다. 수업과 평가의 연계는 수업 속에서 배운 내용을 기반으로 평가되어야 한다. 배움을 각자에게 맞추어 심화 발전할 기회를 제공해 학습을 위한 평가의 역할도 충분히 가능할 수 있도록 계획하였다.

3D프린터 주제 선정 이유

- 지역, 학교 교육과정의 중점 과제를 해결할 수 있는 주제
- 미래사회에 필요한 주제
- 협력의 배움이 가능한 주제
- 아이들이 흥미 있어 하는 주제
- 학교에 구비된 활용 가능한 기자재
- 교사가 전문적으로 방향을 제시할 수 있는 주제

형성기의 One Thing 협력 교실

교육과정 디자인

- 핵심질문 : 미래의 바람직한 국토는 어떤 모습일까?
- 성취기준
  [6사01-05] 우리나라의 인구 분포 및 구조에서 나타난 변화와 도시 발달 과정에서 나타난 특징을 탐구한다.
  [6사01-06] 우리나라의 산업구조의 변화와 교통 발달 과정에서 나타난 특징을 탐구한다.

수행과제

국토의 변화 모습을 정리한 내용을 바탕으로 미래의 우리 국토는 어떤 모습일지 틴커캐드(Thinkercad : 온라인CAD로 3D디자인)를 활용하여 만들어보기

- 협력하며 수행과제를 해결할 수 있게 하는 조건들

조건 1 변화된 우리 국토의 인구 분포, 인구 구성, 교통 및 산업 발달의 특징 중 모둠에서 발표했던 자료의 내용을 참고하여 표현하고 싶은 것을 1개 이상 선택하여 표현하기

조건 2 왜 그렇게 디자인했는지에 대한 답변 준비하기

조건 3 시간 안에 결과물을 그림파일로 저장하여 패들렛에 제출하기

조건 4 도움이 필요한 모둠원에게 구원의 손길 내밀기

협력의 순간을 담은 교실 상황 속으로

상황 1

학생 A 선생님 잘 안돼요.

교사 잠깐만요. 먼저 질문한 친구 문제 해결해 주고 금방 갈게요.

학생 B 내가 알려줄게.

학생 A 어.. 그래. 고마워..

상황 2

학생 A 선생님 저는 e-학습터 내용 안 보고 왔는데요?

교사 잠깐만요. 모르는 부분을 확인해 봐야 하니 조금만 기다려주세요.

학생 B 그거 이 문제 해결하고 나면 쉽게 할 수 있어. 내 것 봐봐.

학생 A 선생님 옆에 친구한테 도움받을 수 있어요. 다른 친구 봐주세요.

학생들 스스로가 생각하는 본인의 강점을 알고 모둠 역할이 정해진

3월의 교실 풍경은 서로에 대한 믿음과 애정이 존재한다. 교사 또한 학기 초가 되면 모든 것을 새로 계획하고 실행해야 하는 시기라서 바쁘긴 하지만 올해 아이들은 왠지 모르게 착하고 순한 아이들이라는 낙관주의적 생각이 가득하다. 덕분에 허용적인 분위기가 조성이 되며 이렇게만 한해살이가 가능하다면 좋겠다고 생각한다.

첫 프로젝트가 2주가 지난 시점에 다들 학급의 규칙과 질서에 순응하고 공동체의 규칙을 서로 잘 지켜야 한다는 생각이 강하기 때문에 약간의 문제 상황을 제외하고는 대부분의 활동에서는 허용적인 분위기이다. 앞의 수업들은 사회 교과와 창의적 체험활동 시간을 활용하여 계획하였다. 우리 국토에 대한 올바른 인식과 국토애를 함양하는 데 주안점이 있기에 변화된 모습을 인식할 수 있는 자료 찾기 조사활동으로 시작하여 다양한 형식의 주제도, 그래프, 백지도 등의 자료를 활용하여 변화와 발달 모습을 탐구할 수 있도록 하였다.

초기에 e-학습터를 활용하여 미래사회의 변화에 대해 인식할 수 있는 영상을 탑재하고 시청할 수 있도록 하였으며 수업 시간에 영상과 관련된 내용에 질문을 제기하고 토의하며 고민해 볼 수 있도록 하였다. 그 후 3D프린터에 활용 가능한 프로그램을 선택하여 학습을 위한 방법을 선행할 수 있도록 과제로 제시하였다.

맛보기 무료 강의를 시청한 학생들은 자신이 표현하고자 하는 결과물을 다 같이 협력하여 창의적으로 표현하였으며, 컴퓨터 활용 능력에 대한 지도가 필요한 학생들은 개별적인 교사의 지도와 모둠원의 도우미 활용을 통해 모두가 수행과제를 해결할 수 있도록 하였다. 형성기의 아이들은 호기심이 가득했으며 하교 후 주말에도 틈틈이 무엇인가를 만들고 공유하며 그들만의 배움 이야기로 One Thing 협력 교실에 적응해 갔다.

격렬한 갈등기의 One Thing 협력 교실

교육과정 디자인

- 핵심질문 : 어떻게 하면 나의 식생활을 건강하게 만들 수 있을까?
- 성취기준
  [6실02-01] 건강을 위한 균형 잡힌 식사의 중요성과 조건을 알고
  　　　　　자신의 식사를 평가한다.
  [6국01-02] 의견을 제시하고 함께 조정하며 토의한다.

수행과제

균형 잡힌 식사의 조건을 정리한 내용을 바탕으로 나에게 꼭 필요한
음식 모형을 틴커캐드를 활용하여 디자인하기

- 협력하며 수행과제를 해결할 수 있게 하는 조건들

  조건1 균형 잡힌 식사의 조건을 파악하며 질문을 작성하고 모둠 토
  　　　론하기
  조건2 우리 집 식단으로 가능한 균형 잡힌 식사에 대해 패들렛에
  　　　의견 적기
  조건3 자신을 위한 균형 잡힌 식생활 일기 쓰기
  조건4 나에게 꼭 필요한 음식 틴커캐드를 활용하여 만들어보기

협력이 필요한 교실 상황 속으로

상황 1

학생 A   선생님, 저희 아빠 당뇨병 있다고 놀려요.

교사   아이쿠나, 오늘 ○○이가 아침부터 속상한 일이 있었는데 더 속상해졌겠네요. 무슨 상황이었는지 선생님께 말해 줄 수 있겠어요?

학생 B   저한테 소시지만 먹으니 뚱뚱하다고 놀리잖아요.

학생 A   난 소시지 줄이라고 했는데? 너도 모둠활동할 때 놀렸잖아.

상황 2

학생 A   이게 김치야? 웬걸 똥인 줄 알았네.

교사   A야. 방금 한 말에 대해서 다시 한 번 생각해 봐야 할 것 같아요.

학생 B   그러니깐 제가 모둠 바꿔달라고 했잖아요. 아 진짜 짜증 나.

학생 A   누가 할 소리를? 나도 너 싫어. 맨날 잔소리에 왕짜증이야.

격렬한 갈등기의 교실 분위기를 겪다 보면 두말할 나위 없이 교직은 힘에 겨운 직종이라는 것을 깨닫게 한다. 교사들은 학급의 환경을 최상으로 유지하려는 계속된 노력이 힘에 부치고 한계에 맞닥뜨리기도 한다. 이 시기에 교실의 분위기는 교사에 대해 적대적인 저항도 나타내지만 은밀하게 숨겨진 저항도 내재하고 있다.

그렇지만 격렬한 갈등기를 통해 아이들은 또 한 번 성장할 기회를 얻을 수도 있다. 언어적인 것이든 비언어'적인 것이든 학생들끼리의 갈등이나 다툼, 그리고 교사를 향한 저항에 무조건적으로 대응하거나 가르치려고 해서는 안 된다. 이 시기에는 경쟁의 문화가 시작되었지만 그 시기를 지도할 효과적인 방법이 있다.

우선은 표면적인 갈등 상황에서 학생에게 해답을 주려고 하거나 잘못되었다고 말하기 전에 지금 상황에 대해서 학생들이 다시 한 번 생각할 수 있도록 해야 한다. 문제행동을 보인 학생이 화나거나 흥분된 상황이라면 조금은 시간을 갖고 흥분을 가라앉도록 기다려야 한다. 그리고 도어 오프너를 학생에게 던진 후에 적극적인 듣기를 활용하면 효과적이다. 엄밀하게 도어 오프너, 즉 열린 질문을 던지는 것으로 문제 상황에 다가가면 자신의 감정과 태도를 학생들이 들여다보게 할 수 있고 그 위기를 기회로 잡아 진정한 지적 성장을 북돋워 줄 수 있다.

이렇게 미묘한 단서에 귀 기울이게 되면 교사는 교실 환경을 개방하고 생산성을 높이면서 학급 운영을 보다 쉽게 이끌어 갈 수 있게 된다. 학생들의 생각과 감정을 교사가 수긍하고 수용한다는 사실을 전해주고 전적으로 적극적 듣기만을 활용해도 아이들은 놀랍게 서로의 문제를 해결하기 위해 생산적인 행동을 하게 된다. One Thing 협력 교실에서 적극적 듣기는 협력을 위한 의사소통의 시작인 것이다. 물론 상황에 따라 좋지 않은 결과를 가져올 수도 있고 완전한 해결이 어려울 수도 있지만 이런 과정을 통해 나머지 아이들도 교사의 비평가적이고 자유로운 문제 해결 과정을 따라서 배우게 된다. 서로 다른 욕구와 목표로 불편함과 갈등이 시작되었다는 것을 알면 타인의 욕구와 목표에 대해 협력적인 태도로 대하게 된다. 적극적으로 듣고 공감해 줄 때 나와 너의 메시지가 우리 모두에게 전달될 수 있기 때문이다.

핵심 질문을 해결하기 위한 수업 활동도 더디게만 느껴지는 격렬한 갈등기가 지나가고 있다. 수업 시간 안에 수행해야 할 과제를 늦게 해결하는 친구들도 있었지만 의견을 제시하고 함께 조정하며 토의해야 하는 과정의 중요성을 깨닫게 되는 것이 의미 있는 일일 것이다. 함께 가는 과정은 더디지만 모두가 소외되지 않고 진정한 배움으로 향하는 길이다.

준비된 규범기의 One Thing 협력 교실
교육과정 디자인

- 핵심질문 : 미래에 내가 탐사하고 싶은 행성에서 살아남기 위해서 필요한 것은 무엇일까?
- 성취기준
  [6실02-01] 태양이 지구의 에너지원임을 이해하고 태양계를 구성하는 태양과 행성을 조사할 수 있다.
  [6국01-02] 미술 활동에 타 교과의 내용, 방법 등을 활용할 수 있다.

수행과제

탐사하고 싶은 행성 1개를 선택하여 그 행성을 디자인하고, 3D프린터로 출력 후 그 행성에 대해 친구에게 설명하기

- 협력하며 수행과제를 해결할 수 있게 하는 조건들

조건1 태양계를 구성하는 행성 1개를 선택하여 조사하고 친구에게 설명하기

조건2 행성의 크기를 알맞은 비율로 정한 후 3D프린터로 출력하여 태양계 꾸미기

조건 3 행성에서 살아남기 위해(1주일간 생활하기) 필요한 리스트 작성하기

조건 4 모둠별로 행성 모형을 모아서 태양계 만들기

협력의 순간을 담은 교실 상황 속으로

상황 1

학생 A 선생님, B가 만든 것 좀 보세요. 목성을 이렇게 표현했어요.

교사 목성에서 볼 수 있는 색깔을 자세히 관찰해서 표현했구나.

학생 B A도 잘했어요. 조사활동할 때 책도 추천해 줬는데 도움이 됐거든요.

학생 A 네가 원래 똑똑해서 잘한 거야.

상황 2

학생 A 난 역시 B가 있어서 든든해. 내 것에 댓글을 네가 항상 달아주니 고맙다.

교사 선생님이랑 똑같은 생각을 했네요. 선생님도 이런 여러분들이 있어서 너무너무 행복합니다.

학생 B 뭐.. 의도한 건 아닌데 쑥스럽잖아.

학생 A 칭찬을 할 건 해줘야지. 역시 우리 반 회장님 멋져요!

성인들도 대화의 과정에서 비판과 비난의 차이를 인지하지 못하는 경우가 많이 있다. 의사소통의 과정이 익숙하지 않은 아이들은 더더욱 비판과 비난이 가져올 결과에 대해서 예상하지 못할 것이다. 비판과 비난을 하기에 앞서 서로가 주장하는 것을 건설적으로 공유하며 대화할

수 있게 된다면 투명하고 공정하게 설득하며 의사결정을 하는 사람으로 성장할 수 있다. 이런 과정도 협력적 분위기나 자세가 갖추어져 있으면 훨씬 수월하게 진행될 수 있다.

상담가의 면담이나 상담에서 사용하는 적극적인 듣기의 과정을 의사소통 과정에서 실천한다면 여러 갈등 상황이 자연스럽게 해소될 것이다. 아이들도 갈등 상황에서 상대방을 경고하거나 충고하는 방식을 줄여가고 더 이상 싸움에서 무조건 이겨야겠다는 생각을 고쳐가고 있다. 아이들은 사회적 관계에 대해 미숙하기 때문에 갈등 상황에서 상대방의 입장보다는 자신의 욕구를 만족시키려고 한다. 아이들은 자신의 욕구 만족이 다른 사람에게 문제를 안겨 줄 수도 있다는 사실을 잘 알지 못하기 때문에 나의 행동에 대한 결과를 생각 못하고 행동하는 것이다. 본인의 행동이 불러일으킨 결과를 구성원 간의 의사소통 과정을 통해 스스로 인지하는 과정이 필요하다.

준비된 규범기에서 교사가 의도한 개념에 대한 학생의 이해과정은 완전하지 않았다. 태양계와 행성에 대한 지식 습득의 과정도 더디게 진행된다. 하지만 내가 알고 싶어 하는 나와 연결된 진정한 배움을 다른 이와 함께 하는 과정을 통해 One Thing 협력 교실은 성장하고 있다.

교실은 매일 힘겨루기, 승자와 패자가 나뉘는 일에 직면하게 된다. 어떤 것은 아주 사소한 것이고, 또 어떤 것은 제법 심각한 것으로 대개의 갈등은 이 둘의 수직선 안에 놓여 있다. 물론 이런 갈등의 해결 과정을 거치면서 아이들은 협력적인 태도로 성인들의 사회적 상호 작용에 대해서 배우게 된다.

진정한 성장기의 One Thing 협력 교실

교육과정 디자인

- 핵심질문 : 내가 만약 ○○였다면 국가적 위기를 어떻게 극복했을까?
- 성취기준
  - [6실03-06] 대표적인 유적지(행주산성, 남한산성 등)의 인물들(이순신과 곽재우, 김상헌과 최명길 등)의 활동을 통하여 임진왜란, 병자호란 등과 같은 국가적 위기의 극복 과정을 탐색한다.
  - [6국05-06] 작품에 대한 이해와 감상을 바탕으로 하여 다른 사람과 적극적으로 소통한다.
  - [6국05-06] 작품에서 얻은 깨달음을 바탕으로 바람직한 삶의 가치를 내면화하는 태도를 지닌다.
  - [6국05-06] 다양한 발상 방법으로 아이디어를 발전시킬 수 있다.

수행과제

추체험을 할 인물을 선정하고 대자보에 인물의 주장이 담긴 글 써보기

- 협력하며 수행과제를 해결할 수 있게 하는 조건들

조건 1 관심 있는 인물을 선택하여 인물들의 활동을 시각적으로 정리하기

조건 2 나와 같은 인물을 선택한 모둠원들과 함께 시대적 흐름을 파악할 수 있는 자료 만들기(퀴즈, 그림, 연표, 도표 등 형식은 자유)

조건 3 국가적 위기 상황을 알리며 극복하기 위해 노력할 점을 대자
보로 적기

조건 4 미래의 국가적 위기 리스트를 본 후 그중 중요한 6가지를 선
정하여 주사위 표면에 나타내어 3D프린터로 출력하기(한글,
영어, 기호, 상징 등 형식은 자유)

조건 5 추체험할 인물의 내면에 대한 대사를 준비하여 연습하기

협력의 순간을 담은 교실 상황 속으로

상황 1

학생 A 1학기에 픽토그램을 많이 만들어 놨는데 그거 사용해야겠어요.

학생 B 오~ 멋진데? 나도 내용 정리해 놓은 거 있는데 한 번 봐줄래?

학생 A 선생님, 오늘 활동은 시간을 더 주시면 좋을 것 같아요.

학생 C 저희 모둠도 미래 위기에 대해서 이야기해 보는데 생각이 너무
다양한 것 같아요. 이 내용으로 토론도 해보고 싶어요.

교사 그래요. 활동3을 국어시간과 연계할 수 있을 것 같아요.

상황 2

학생 A 얼른 10월이 되었으면 좋겠어요. 제가 만든 미니 활로 웃기게
연기하는 것을 보여드리고 싶어요.

학생 B 이번 수업 공개 때 저희 부모님이 ZOOM으로 참여 가능하다고
하셨어요. 저도 발표하냐 물어보셨는데 다 참여한다고 하니 좋아
하셨어요.

학생 C 나도 자랑 좀 해놓았지. 내가 이순신 장군 역할이잖아. 밤마다
연습을 좀 했거든. 내가 연주하는 곡도 나오니 기대된다.

교사　선생님도 우리 모두가 준비한 연극이 어떻게 펼쳐질지 주변에 소문 좀 내놓았어요. 다들 보고 싶다고 난리에요.

교실에서 발생하는 문제의 해결은 갈등에 직면하고 이를 순차적으로 해결해 나가는 과정을 필요로 한다. 마지막으로 미국의 심리학자인 토마스 코든*Thomas Gordon*의 교사 역할 훈련에 언급된 내용으로 진정한 성장기 One Thing 협력 교실에서 교사가 고민해 볼 만한 문제 해결 단계는 아래와 같다. 비슷한 맥락으로 교실에서 '무패 방법이 효과적인 이유' 부분에 교육학자 존 듀이가 제안한 문제 해결 과정이 자세히 제시되어 있다.

1단계: 문제 정의하기
2단계: 가능한 해결 방법들 도출하기
3단계: 해결 방법들 평가하기
4단계: 최상의 해결 방법 선정하기
5단계: 해결 방법을 어떻게 이행할지 결정하기
6단계: 해결 방법이 효과적이었는지 평가하기

토마스 코든은 개인의 삶에서 부딪치는 문제를 과학적인 방법으로 도입하여 해결하였다는 것을 알 수 있다. 위에 제시한 문제 해결 과정 6단계는 어떤 갈등에서 한 가지나 그 이상 단계가 생략될 수도 있다. 꼭 이러한 단계를 거치지 않더라도 갈등 과정에서 체계적인 단계를 생각하지 않고 행동하는 교사도 있을 것이고, 나름의 노하우로 위와 비슷하게 대처하는 교사도 있을 것이다. 그러함에도 위와 같은 방법들을 생각해 보아야 하는 이유는 교사들이 학생과의 갈등에 매달릴 때 이 단계를 유념하면 적어도 분노를 일으키지는 않게 될 것이기 때문이다. 왜냐하면 우리에게 발생하는 문제는 우리 자신과는 관련 없는 상황에 의해 생길 때가 더 많기 때문이다. 그리고 문제에 대한 해결 방법은 혼자서 찾는 것이 아니라 함께 찾고 협력하여 결정하는 것이다.

아이들에게 협력 역량을 길러주는 것도 중요하지만 교사와 학생이 협력하여 성장하는 것이 진정한 성장기의 One Thing 협력 교실이다. 진정한 성장기를 보낸 아이들에 대한 기억과 추억이 교사로서 성장하는 삶에 영양제가 되어 나를 아이들에게 더욱더 필요한 존재로 만들어준다.

3. 협력 열매 맺기

모두가 승자가 되는 One Thing 협력 교실

한 사람 한 사람이 모두 성공하고, 모든 학생이 자기가 누구이며, 무엇을 원하는지 발견하게 해주는 모습이 협력 교실의 목적입니다. 대부분의 아이들은 천성적으로 또는 자라면서 성공하기 위해서는 경쟁해야 한다고 생각합니다. 하지만 진정한 성공을 위해서는 지식을 스스로 구성하면서 지식을 넓히고 생각을 수정하는 역량의 성장으로 나아가야 합니다. 배움의 성공을 위해서는 쌓아온 지식을 기억하는 것이 아니라 비판적으로 검토하여 문제를 해결하는 과정에서 경험을 발전시키는 것이 필요하기 때문입니다. 경쟁에서 누군가는 성공을 얻고 누군가는 실패를 얻는 것이 아니라 도전과 호기심을 통해 필요한 것을 함께 탐색하고 서로 배우는 경험이 중요합니다. 아이들은 각각의 다름을 연결하여 더 나은 방법으로 삶의 주인이 되는 방법을 배워야 합니다.

그런 의미에서 때로는 혼자만의 목표가 아닌 공동의 목표를 세우고 함께 성장하는 모두가 승자가 되는 One Thing 협력 교실이 필요했습니다. 예전의 표준화와 경쟁을 통한 교육은 산업화 시대에 자연스럽게 어울렸던 효율적인 접근 방식이었습니다. 4차 산업혁명이 시대적 담론의 중심에 있는 지금, 물론 개별화된 학습을 만족시켜주는 시스템과 교육 환경은 중요합니다. 그러나 그런 교육으로는 학생의 균형 있는 성장을 이루는 데는 한계가 있습니다. 지켜보고 개입하고 도와주는 누군가에 의해 경쟁이 협력으로 변화할 수 있을 것이며 점차 다원화되는 시대에서 사회적 관계를 이루며 살아가는 올바른 삶의 주인이 될 것입니다.

One Thing 협력 교실 수업의 변화를 알려줄 수 있나요

교사가 만들어간 One Thing 협력 교실의 하루는 교과마다 의도한 수업 목표대로 배움이 일어날 수도 있고, 수업 목표와 상관없이 잠재적 교육과정으로 배움이 일어날 수도 있습니다. 교육에서 배움은 의도한 배움이 잘 이루어지고 있는지 확인하고 접근하는 것을 이야기합니다. 자기 주도적 학습도 교사가 학생들을 방치해서 이루어지는 배움이 아니라 교사의 계획 안에서 학생들의 자발성을 통해 이루어지는 배움이 되어야 합니다.

One Thing 협력 교실을 통해 아이들은 왜 그렇게 해야 하는지 무엇을 배우고 못 배웠는지를 파악하는 아이들로 변화되었습니다. 그전에 아이들이 가장 많이 하는 말이 '누가 무엇을 했고 못했다'였다면 이제는 '내가 누구와 무엇을 함께 했고 함께 진행을 못했다'는 말을 가장 많이 합니다. 고학년 음악 시간을 어떻게 구성해서 가창 활동을 하는가로 교사들은 많은 고민을 하기도 합니다. 그러나 우리가 함께 하는 One Thing 협력 교실의 가창 수업은 아이들이 기다리는 시간이 되었습니다. 혼자서 소리 내어 부르기가 부끄러웠던 아이들, 아이돌 가수의 노래는 좋고 교과서에 있는 노래는 싫다던 아이들, 북·장구 등 전통 악기 연주 시간이 지루하다는 아이들이 사라졌습니다.

성취기준에 근거하여 가르쳐야 할 내용 요소를 가지고 어떻게 하면 재미있고 즐거운 음악시간이 될 수 있을까에 대안이 될 수 있는 핵심 질문으로 학습목표의 역할을 대체하여 같이 수업을 만들어가는 과정에서 더 이상 아이들은 수업을 듣는 존재가 아니라 배움을 위해 같이 협력하는 존재가 되어갔기 때문입니다. 각자의 성취기준에 대한 도달의 시기가 다를 뿐 배움의 과정에서 그만하고 싶거나 포기하고 싶은 아이들이 사라졌습니다. 성취하는 기준의 시기와 방법을 자신에게 맞추어 나만의 색깔을 입혀 연습하고 노력하는 기쁨을 맛보고 있었습니다.

One Thing 협력 교실의 효과를 표현해줄 수 있나요

협력 역량 효과를 검증하기 위해 구성원의 탐색과 이해, 조직 구성 및 유지, 의사소통, 자기 행동 반성(평가) 4가지를 권정인이 제시한 사회적 역량 분석틀의 하위 항목으로 분석했습니다. 표면적으로는 평가기준에 맞추어 One Thing 협력 교실의 효과를 평가하고 점검하자는 의미가 있었고 잠재적으로는 평가항목과 기준을 보면서 아이들 스스로 자신을 되돌아보고 무엇이 중요한가를 깨닫게 하고 싶었습니다. 결론적으로 One Thing 협력 교실의 설계 과정을 실현하면서 아이들이 주체가되어 모든 과정에 흥미를 갖게 된 것은 충분히 효과를 검증할 수 있었습니다. 그리고 구성원의 장단점 또는 성향을 인식하고 구성원의 능력을 발견하면서 서로 소통하며 협력하는 과정은 학기 초보다 학기말에 자연스럽게 일어났습니다. 왜 우리가 협력을 해서 살아가며 배워야 하는지를 알고 실천하는 아이들을 보면서 나 또한 주변의 배움 공동체에 적극적으로 참여하여 성장해 가는 교사가 되어가고 있었습니다.

One Thing 협력 교실을 운영하면서 평가는 어떻게 해결했나요

마지막 수업의 목적과 함께 진행되었던 평가 이야기를 해보겠습니다. 평가는 지도와 학급에 꼭 필요한 요소입니다. 공식 평가든 비공식 평가든 바람직한 평가가 되려면 학생들의 학습과 성취를 북돋워 줘야 합니다. One Thing 협력 교실을 운영하면서 아이들의 동기부여가 가능하도록 건설적 피드백을 해주었습니다. 자신의 현재 상황을 이해하도록 도와주어 실력을 향상시키도록 격려도 하였습니다. 또한 효율적인 평가가 되기 위해서 성취도 부분과 관련하여 학생들의 실제 수행과 성취 상황에 대한 정보를 제공해 주었습니다. 그리고 가장 중요하게 생각하는 부분은 수행 과정 중 학생의 학습 도달도를 확인하고, 부족한 점을 즉각적으로 처방해 주는 처방적 피드백의 활용입니다. 이를 통해 자신의 성장과 발달을 위해 스스로의 진전도와 잠재성을 스스로 판단하고 알 수 있도록 하였습니다.

One Thing 협력 교실을 운영하면서 아이들로부터 100점이라는 점수의 등장은 평가 부분에서 다시 한 번 교육과정－수업－평가와 기록의 일체화에 대해 생각하는 계기가 되었습니다. 사실 수업과 평가의 과정에서 100점이라는 표시를 한 적이 없는데 아이들이 100점이라는 결과를 원하며 내 피드백 옆에 빨간색 색연필로 표시한 부분에서 많은 것을 생각해 보게 되었습니다. 그 당시에는 자랑하고 싶고, 칭찬받고 싶은 마음을 점수에 보상하려는 학생의 심리를 고려하여 "그럼 100점이지! 체험한 일에 대한 감상이 아주 잘 드러나게 글을 썼잖아."라고 이야기한 후 넘어 갔었습니다. 하지만 과정 중심 평가를 실천하고 평가에 대한 고정관념에서 벗어나기 위해 시도하고 있는 지금 이 시기에 주변 교사들과 함께 20~25문제, 평가 따로 수업 따로의 습관을 꼭 버릴 것이라고 다짐합니다. 그렇게 하는 평가보다 수업과 평가가 연속선상에서 함께 이루어지는 교육과정을 설계하고 있는 지금, 평가에 대한 고정관념을 같이 벗어나려고 노력하는 것이 더 효과적이고 꼭 필요한 과정인 것 같습니다.

그리고 평가 통지 방식은 우리 반의 최고 정보를 가지고 있는 학습 누적물의 창고 패들렛과 활동지를 활용했습니다. 시기 고정형 가정통 지와 수시 가정통지에는 학생들의 꿈을 키워주는 동시에 그 꿈의 달성에 필요한 지도와 지원을 제공해 줄 수 있는 아이의 강점에 대해 기술하고 현재 가지고 있는 역량에 대해 객관적으로 서술하면서 앞으로 어떤 방향이 아이의 성장에 도움이 될 수 있을지에 대해 작성하였습니다. 패들렛을 활용한 통지에서 학부모님들의 댓글 피드백이 기억에 남습니다. "내 딸, 내 아들 훌륭하게 학교생활에 적응했구나."

One Thing 협력 교실을 현장에서 적용할 때 어떻게 다가가야 할까요

모둠, 팀으로 수업을 진행할 때 나타나는 문제는 왜 다른 사람과 같이 해야 하는지에 대한 불만입니다. 더 잘하고 싶고 혼자 하고 싶어 하는 학생들의 마음을 변화시켜야 합니다. 사실 협력은 쉽게 길러질 수 없고 1년 사이에 완벽하게 갖춰진다고 보기는 힘듭니다. 당연히 처음부터 잘 될 수는 없습니다. 서로의 노력이 필요하고 모둠, 팀을 이루어서 공부하는 게 어떤 의미가 있는 것인지에 대해 좀 더 분명하게 알려 줄 필요가 있습니다. 협력은 단지 목적을 이루는 수단이 아니라 그 자체로 가치 있는 역량이라는 사실을 이해시켜야 합니다. 협력에 성공적인 아이들은 자신에 대해서 잘 알고 있습니다. 내가 누구인지, 무엇을 중요하게 생각하는지, 무엇을 알고 모르는지 너무나 잘 알고 있습니다. 자신의 성찰을 통해 상대방을 이해하면 자신에 대해 더 잘 알 수 있기 때문입니다. 그렇기에 협력자가 될 아이들이 자신의 강점을 알고, 개선해야 할 점을 알며, 자신이 어떻게 해야 하는지에 대해서 잘 알려주어야 합니다. 그렇게 성장하는 과정을 겪고 나면 One Thing 협력 교실을 어떻게 다시 시작해야 하는지 더 알게 될 것입니다. 결론은 아이들이 자기 자신을 잘 알 수 있도록 하는 자기인식의 과정을 교사들이 안내해 주어야 할 것입니다.

닫는 글

한 가지 역량으로 미래를 대비할 수 있을까

한 사람이 모든 것을 잘할 수 없는 것과 같이 한 가지의 역량으로 불확실하고 복잡계에 해당하는 미래사회를 대비할 수는 없다. 그렇다면 왜 One Thing 미래역량교육인가? 한 가지의 역량은 한 가지로 끝나지 않기 때문이다. 한 가지의 역량은 다른 역량들과 연결되며 발전되고 진화되어 간다. 예를 들어 디지털 리터러시를 핵심역량으로 선택한 One Thing 미래역량교육은 자기주도적으로 정보를 찾고 판단하는 과정을 거치게 된다. 또한 불필요한 정보나 배움에 도움이 되지 않는 디지털 소비를 스스로 조절하는 자기조절력도 기르게 된다. 혼자서 정보를 모두 찾고 배움의 형태로 전환하기 어렵기 때문에 여기에서 협력의 역량이 자연스럽게 길러지게 된다.

아이들이 만나는 교사마다의 One Thing 교육의 정의와 방법은 다르다. 이를 통해 학생은 해마다 만나는 교사의 다양한 역량이 담겨있는 One Thing 교육, 지금 우리가 말하는 교사교육과정을 경험하게 될 것이다. 단 일 년에 아이들의 인생을 바꿀 수 없고 모든 것을 배우게 할 수 없다. 교육은 천천히 그러나 올바른 방향으로 진전되어야 하기 때문에 다양한 교사들의 One Thing 교육이 미래사회에 살아갈 아이들에게 다양한 빛깔의 배움으로 채워줄 것이다.

이제, 당신의 One Thing을 찾아라

가르침은 교사의 인생이 배어 나오는 것이기 때문에 온전히 나를 내보이는 일이다. 학생에게는 많은 관심과 애정을 가지지만 그들을 가르치는 교사로서의 나는 살펴보지 않는다. 그러함에도 가르치는 것에 변화가 없는 까닭은 가르치는 사람인 나의 변화가 없기 때문이다.

변화의 시작은 교사인 나를 살펴보는 일이다. 학생들이 무엇을 잘하고 무엇을 못하는지 알고 있지만 정작 교사인 내가 잘하는 것과 잘하지 못하는 것을 알지 못한다. 당장 우리는 완벽해질 수도 없고 그럴 필요도 없다. 교사로서 열심히 준비하며 수업에 임하지만 답답함이 있는 것은 진정한 나에 대한 이해가 없기 때문이다.

One Thing 교실의 시작은 결국 나를 돌아보는 것부터 시작된다. 내가 잘하는 것을 찾다 보면 그것은 아이들에게 가르쳐야 할 역량과 연결될 것이다. 여기에서 제시된 One Thing의 역량은 예시일 뿐이다. 나 자신이 잘하는 일이라면 그것은 교사인 나를 만들었을 것이고 그러한 역량이 미래에 필요한 역량과 다르지 않을 것이다.

전문성을 발휘하는 교사들의 실로 많은 콘텐츠와 책들이 나오고 있다. 다채롭고 다양한 내용은 결국 교사인 그들의 One Thing 역량이었을 것이고 우리 교육 현장의 풍부한 실천적 교육적 진화에 기여하고 있다. 어떤 이의 One Thing은 놀이가 될 수도 있고 어떤 이는 예술적 재능일 수 있다. 그러한 One Thing이 한 교실의 정체성을 규정하기에는 단순하고 단편적인 것처럼 보일지 몰라도 다듬어지고 다른 것과 연결된다면 미래에 필요한 역량으로 재탄생할 것이다. 교육학자와 미래학자들이 정해놓은 역량과 거리가 있을지 몰라도 그것의 본질은 학생 중심의 미래역량교육의 방향과 크게 다르지 않을 것이다. One Thing 교실은 나를 찾는 것에서부터 시작되며 완성된다. 이제는 당신과 우리가 가야 할 길이다.

원씽One Thing 교실

2021년 12월 13일 초판 1쇄 발행

저자	전은주, 김라영, 유성민, 김진오

교정·윤문	전병수
발행인	전병수
편집·디자인	배민정
발행	도서출판 수류화개
	등록 제569－251002015000018호 (2015.3.4.)
	주소 세종시 한누리대로 312 노블비지니스타운 704호
	전화 044-905-2248
	팩스 02-6280-0258
	메일 waterflowerpress@naver.com
	홈페이지 http://blog.naver.com/waterflowerpress

값 16,000원
ISBN 979-11-971739-9-8 (03370)